数据驱动的智能驾驶

殷玮 ● 著

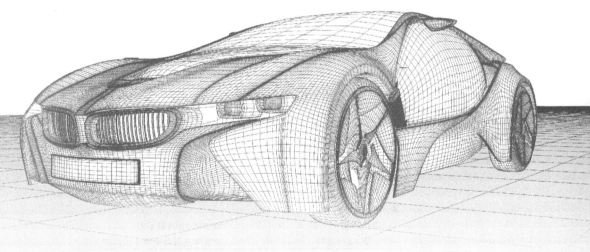

人民邮电出版社
北京

图书在版编目（CIP）数据

数据驱动的智能驾驶 / 殷玮著. -- 北京：人民邮电出版社，2022.12（2023.9重印）
ISBN 978-7-115-59386-3

Ⅰ．①数… Ⅱ．①殷… Ⅲ．①汽车驾驶—自动驾驶系统 Ⅳ．①U463.61

中国版本图书馆CIP数据核字(2022)第094579号

内 容 提 要

随着大数据技术和物联网技术的不断发展，智能驾驶成为工业革命和信息化相结合的重要抓手，是近年来备受关注的热门技术领域。本书围绕智能驾驶技术展开介绍，旨在通过多维度的讲解与分析，帮助读者了解智能驾驶所涉及的知识和思维模式。

全书内容分为9章，涉及智能驾驶的基础概念、汽车架构、交互系统、处理系统、车端软件、云端数据平台、数据处理自动化、智能驾驶的研发体系，以从业者的视角，系统地讲解了与智能驾驶汽车研发相关的知识点。

本书适合智能驾驶领域的工程师、研发人员及其他相关从业者阅读，也适合对智能驾驶技术感兴趣的读者阅读。

◆ 著　　　　殷　玮
　　责任编辑　胡俊英
　　责任印制　王　郁　焦志炜

◆ 人民邮电出版社出版发行　北京市丰台区成寿寺路 11 号
　　邮编　100164　电子邮件　315@ptpress.com.cn
　　网址　https://www.ptpress.com.cn
　　北京天宇星印刷厂印刷

◆ 开本：800×1000　1/16
　　印张：20.5　　　　　　　　　　2022 年 12 月第 1 版
　　字数：385 千字　　　　　　　　2023 年 9 月北京第 4 次印刷

定价：99.80 元

读者服务热线：(010)81055410　印装质量热线：(010)81055316
反盗版热线：(010)81055315
广告经营许可证：京东市监广登字 20170147 号

序

汽车的发明与应用可以说是第一次工业革命的主要标志之一，不仅改变了人类的出行方式，更改变了整个世界。伴随着以智能化为特征的第四次工业革命的开启，我们可以预见，汽车的"小型化、电动化、网联化、共享化、自动化和智能化"将更深刻地影响并促进人类社会的变革，为未来交通实现"人享其行，物优其流"带来充分的可能。

本书是一部不可多得的关于"智能驾驶"的好书，不仅立足于行业，广泛地介绍了智能驾驶的基本概念、系统架构、关键技术以及诸多宝贵的研发过程，更分享了一位工程师从多维度洞察"产品"或"工作"时，所需掌握的思考方式、设计逻辑以及工程重点。

更为难得的是，本书从哲学、人性、科学的视角出发，来思考智能驾驶。本书适合智能驾驶领域的专业工程师阅读，也适合对智能驾驶感兴趣的分析人士以及准备入行智能驾驶领域的新人阅读，为读者提供了宝贵的不同于以往教科书式著作的阅读体验。本书囊括了大量以问题为导向、以需求为牵引的思想，总结了诸多实践经验与心得。

通过阅读本书，读者不仅可以真正地理解汽车智能驾驶（辅助驾驶、车路协同、自动驾驶）体系，还将更深入地认知智能驾驶的本质，获得一种不断学习迭代并持续发展的能力。本书的出版将深刻地影响未来的智能驾驶乃至智能交通运输系统应用技术的研发和应用。特此郑重推荐！

杨晓光

同济大学智能交通运输系统（ITS）研究中心主任　杨晓光教授
2022 年 5 月于同济园

前言

智能驾驶是一个纷繁复杂的产业，其技术深度、产业链复杂度、安全性、需求应对速度、成本控制、规模生产，都是至关重要的影响因素。智能驾驶产品的开发需要庞大的知识体系支撑。

智能驾驶汽车是一个充满矛盾的产业，一方面，涉及汽车量产的部分属于传统制造行业，关注安全、质量把控和成本控制，寻求精益和严谨。另一方面，涉及人工智能的部分属于互联网和机器人行业，承载着探寻科技前沿的使命，寻求创新和颠覆。两个看似对立的领域将在智能驾驶产业中进行整合，冲突必然会不断出现。

如果把这些复杂性和冲突性映射到个人，对从业者来说，更多的是困惑与迷茫。应该优先研究哪种技术？这种技术会不会过时？应该广泛学习还是应该选择其中一二深入研究？是要学习整车厂的一套知识体系，还是应该更多关注互联网的开发过程？要回答这些问题，需要对整个智能驾驶汽车系统的脉络有本质而清晰的理解。

笔者从软件算法入行，历经多年的学习和积累。在硬件方面，笔者焊过电路板也焊过整车钣金，开发过硬件也销售过硬件。在软件方面，无论是用 C/C++ 和 Java 动手编程，还是参与嵌入式系统、车端系统和云端系统等平台的设计与研发，只要有需求，我就努力去实现。笔者有幸进入智能驾驶行业，并完成了车联网系统、量产辅助驾驶系统、无人驾驶系统等专业的很多项目，涉及大部分智能驾驶的产品品类。此外，在业余时间，笔者还参与技术授课、职业咨询、资本合作评估、行业标准撰写等工作。

通过这些职业履历，笔者接触了大量相关领域的知识，发现了许多跨领域的相关性及其背后的发展规律。我们正在经历的绝不是某个知识点的更新，而是知识体系的重构和底层思维方式的变化。跨领域的产品思考、追本溯源的创新探索、工程化的落地执行，具备这三种专业素质的从业者才能成为未来智能产品开发的"中坚力量"。

详细掌握智能驾驶汽车的所有知识是不太可能的，从庞杂的信息中把握共性才是关键。如图 0-1 所示，智能驾驶汽车的知识体系是在社会需求和基础科学等本质因素的推动下演化成一个有机整体。笔者对智能驾驶汽车着迷的一点在于，其向外是人类对"类人系统"的探索，向内也是对"自己"的一次全面审视。

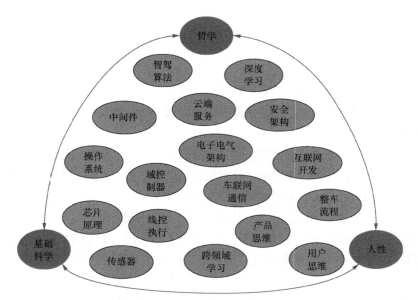

图 0-1 由本质因素演化而来的智能驾驶知识体系

本书的写作目的

作为一个从一线起步的工程师和技术管理者,对于本书的定位,笔者也困惑了一段时间。但在和大量同行们交流后,笔者也有了自己的决定,要写一本可以"促进行业沟通、缓解个人焦虑"的书。

如果让笔者用一句话总结智能驾驶汽车的核心变化是什么,是平台化的汽车架构,还是软件定义汽车?不!应该是将简单留给用户,将复杂留给工程师。

考虑到系统复杂性的分摊,行业的传统合作模式是在牺牲一定灵活性的前提下,换取工程师研发过程的可控性。而目前为了满足用户对灵活性的需求,设计越发集中化,研发越发抽象化,这无疑加剧了复杂性和冲突性。复杂性来源于外部环境,而冲突性则更多地来源于人和人的沟通。两者最终都会作用于从业者,表现出来较多的问题就是"不理解"——人与人之间不理解,人对技术不理解,人对于当下的变化不理解,由此产生的无助、迷茫,便是从业者正在承担的痛苦。

如何正面看待时代对我们提出的新要求,笔者认为其核心是解决知识体系不重叠的问题。如图 0-2 所示,在传统分布式架构下,两个人之间即使没有太多的知识体系重叠,通常也可以基于流程较好地完成工作,因为传统的流程的核心思想就是消除知识的复杂性,增强个体的可替代性。而当下在集中式域控架构下,我们需要更广泛的知识体系重叠才能达成类似的目标,强调的就是个体必须有能力消化掉这种知识复杂性。

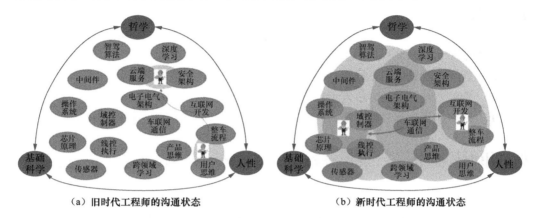

图 0-2 新旧时代下工程师的沟通状态比较

为了消除这种知识不重叠的问题,强化跨领域的理解,本书通过一个清晰的脉络将智能驾驭行业中看似毫不相关的零散的知识点串联起来,梳理各系统协同工作的核心逻辑。当你对全局有了一个清晰的认识以后,自然不会对正在处理的工作和将要去完成的事情心存困惑。

本书特色

首先,本书并不是一本纯粹的计算机工具书。如果时间往后倒退 10 年,计算机工具书可能是我的最爱,但随着互联网教育产业的成熟,网课资源和知识型论坛获得了长足的发展,其知识更新的频率远高于书籍。但书籍并不会过时,反而会更具魅力。将立体的知识压缩到纸质平面上,要求作者进行系统性的梳理和凝练,这是碎片化的互联网内容无法代替的。因此,本书更侧重技术之间的关联性,并对部分关键的技术进行详细阐述,涉及细节的部分会给出资源索引,方便大家扩展学习。

本书专注于介绍从"工程师"视角观察"产品"或"工作"时需要掌握的思考方式、设计逻辑、关键技术点以及工程重点,从而引申出需要掌握的具体技术。

最后,本书并不是一本单纯意义上的专业书籍。本书的绝大部分内容是对行业技术的讨论,同时将关于技术问题的思考映射到其他问题上。这种映射不仅可以帮助读者更好地理解概念,也更容易帮助读者解决智能驾驶之外的其他问题。笔者认为,从"现象"到"本质"的思考越艰难,从"本质"返回"现象"的过程就越具有创新性和普适性。

目标读者

本书的目标读者如下:
- 智能驾驶领域的工程师;
- 智能驾驶行业的分析人士;
- 对智能驾驶感兴趣的新人。

如何阅读本书

全书共分为 9 章,如图 0-3 所示,从智能驾驶系统的基本情况(第 1 章)出发,以智能驾驶汽车的层次架构(第 2 章)为导引,从硬件系统和软硬件协同设计(第 3~4 章)开始并上升到对软件算法闭环的思考(第 5 章),然后从研发工具链与流程(第 6 章)出发分别介绍机器与机器之间(第 7 章)、人与人之间(第 8 章)流程构建的特点,最后回到从业者的视角,分析技术变化对人的影响(第 9 章)。

第 1 章:着重介绍智能驾驶的一些基本概念,帮助读者熟悉该行业的基本情况。

第 2 章:重点讨论智能驾驶的分层架构,包括整车架构、电子电器架构、终端与通信架构、算法架构与平台研发架构。帮助读者梳理各层次架构变革的重点。

第 3 章:系统性地介绍智能驾驶相关的传感器和执行器,并详细介绍这些器件的关键特性,帮助读者理解智能驾驶的"手"和"脚"。

第 4 章:以软硬件协同设计为导引,分层次介绍芯片、操作系统、中间件等底层软硬件的概念和特点,帮助读者理解智能驾驶的"大脑基座"。

第 5 章:进入软件算法的讨论,详细介绍智能驾驶的感知、融合、预测、规划控制(以下简称"规控")等多个模块的概念和特点,以及从规则算法走向数据驱动算法的关键脉络。

第 6 章:重点讨论促使人类和机器协同工作的云端平台构建,以及数据闭环和数据管道概念在智能驾驶汽车中的作用。

第 7 章:展开对"机器的流程"的讨论,详细介绍在数据闭环中,各个功能模块是如何实现自动优化的。

第 8 章:展开对"人的流程"的讨论,介绍整个智能驾驶汽车的研发体系,发掘传统汽车开发流程中的精华。

第9章：重点讨论时代变化对用户、行业以及从业者的影响，并梳理笔者应对这些变化的一些经验。

读者可以根据自己的需求选择阅读的侧重点，但是按照顺序阅读更有利于构建对智能驾驶知识体系的更为清晰的认识。

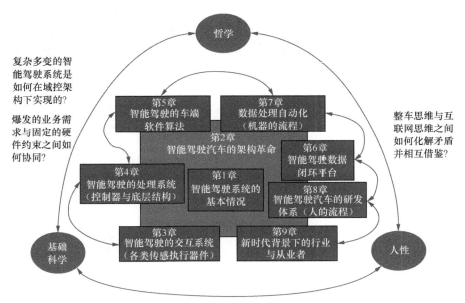

图 0-3　本书各章节的相互关系

致谢

感谢和我一起工作过的领导、老师、同事、同学。正是与你们共同战斗，我才能完成对本书关键内容的梳理与完善。

感谢父母对我多年的教育和培养，引导我养成不断思考的习惯。感谢妻子在我最艰苦的阶段，给予的莫大支持。

感谢知乎上志同道合的创作者朋友对本书的鼎力协助，更要感谢知乎上一如既往支持我的读者朋友们。

感谢本书编辑的指导，使本书的内容水平有了很大的提高。

感谢在工作和生活中帮助过我的所有人，感谢你们，正是因为你们，本书才得以问世。

关于勘误

虽然笔者花了很多时间仔细核对书中的文字和图片，但难免会有一些错误和纰漏。如果发现任何问题或者对本书有任何建议，恳请读者将相关信息通过知乎私信或邮箱455493027@qq.com 反馈给我，我一定尽己所能为大家解惑答疑。感谢大家的理解和支持！

资源与支持

本书由异步社区出品，社区（https://www.epubit.com/）为您提供相关资源和后续服务。

配套资源

本书提供配套资源，请在异步社区本书页面中单击 配套资源 ，跳转到下载界面，按提示进行操作即可。注意：为保证购书读者的权益，该操作会给出相关提示，要求输入提取码进行验证。

提交勘误

作者和编辑尽最大努力来确保书中内容的准确性，但难免会存在疏漏。欢迎您将发现的问题反馈给我们，帮助我们提升图书的质量。

当您发现错误时，请登录异步社区，按书名搜索，进入本书页面，单击"提交勘误"，输入勘误信息，单击"提交"按钮即可。本书的作者和编辑会对您提交的勘误进行审核，确认并接受后，您将获赠异步社区的 100 积分。积分可用于在异步社区兑换优惠券、样书或奖品。

扫码关注本书

扫描下方二维码，您将会在异步社区微信服务号中看到本书信息及相关的服务提示。

与我们联系

我们的联系邮箱是 contact@epubit.com.cn。

如果您对本书有任何疑问或建议,请您发邮件给我们,并请在邮件标题中注明本书书名,以便我们更高效地做出反馈。

如果您有兴趣出版图书、录制教学视频,或者参与图书翻译、技术审校等工作,可以发邮件给我们;有意出版图书的作者也可以到异步社区在线提交投稿。

如果您所在的学校、培训机构或企业,想批量购买本书或异步社区出版的其他图书,也可以发邮件给我们。

如果您在网上发现有针对异步社区出品图书的各种形式的盗版行为,包括对图书全部或部分内容的非授权传播,请您将怀疑有侵权行为的链接发邮件给我们。您的这一举动是对作者权益的保护,也是我们持续为您提供有价值内容的动力之源。

关于异步社区和异步图书

"异步社区"是人民邮电出版社旗下IT专业图书社区,致力于出版精品IT图书和相关学习产品,为作译者提供优质出版服务。异步社区创办于2015年8月,提供大量精品IT图书和电子书,以及高品质技术文章和视频课程。更多详情请访问异步社区官网https://www.epubit.com。

"异步图书"是由异步社区编辑团队策划出版的精品IT专业图书的品牌,依托于人民邮电出版社近40年的计算机图书出版积累和专业编辑团队,相关图书在封面上印有异步图书的LOGO。异步图书的出版领域包括软件开发、大数据、AI、测试、前端、网络技术等。

异步社区

微信服务号

目录

第1章 智能驾驶系统的基本情况 …… 1
1.1 智能驾驶的"第一性原理" …… 1
1.2 智能驾驶的历史与展望 …… 3
1.3 智能驾驶汽车研发的关键路径 …… 4
1.4 智能驾驶汽车研发的核心困境 …… 7

第2章 智能驾驶汽车的架构革命 …… 11
2.1 对架构的基本理解 …… 11
2.2 整车架构设计 …… 13
    2.2.1 传统整车架构及其问题 …… 13
    2.2.2 汽车电气化的发展 …… 16
    2.2.3 整车平台架构构建 …… 18
2.3 电子电气架构设计 …… 20
    2.3.1 电子电气架构的发展趋势 …… 20
    2.3.2 电子电气架构的底层硬件构建 …… 22
    2.3.3 诊断与刷写服务 …… 24
    2.3.4 FOTA 更新服务 …… 26
    2.3.5 时间同步服务 …… 28
2.4 终端架构设计 …… 30
    2.4.1 计算机终端运行的基本原理 …… 30
    2.4.2 车端控制器终端 …… 32
    2.4.3 云端计算集群 …… 34
2.5 通信架构设计 …… 36
    2.5.1 OSI 参考模型与智能驾驶通信应用 …… 36
    2.5.2 面向信号的 CAN 通信 …… 38
    2.5.3 面向服务的以太网通信 …… 40
    2.5.4 通信与计算的匹配关系 …… 43
    2.5.5 对通信的深层理解 …… 46
2.6 软件架构设计 …… 50
    2.6.1 智能驾驶的理论基础 …… 50
    2.6.2 基础理论下的软件架构展开 …… 54
    2.6.3 分层闭环架构与上下行 …… 56
2.7 人工智能算法体系 …… 59
    2.7.1 归纳思维与演绎思维 …… 59
    2.7.2 规则驱动算法与数据驱动算法 …… 60
    2.7.3 智能体对可解释性的处理 …… 62
    2.7.4 智能体对不确定性的处理 …… 64
2.8 AI 之下再谈软件与算法架构 …… 67
    2.8.1 智能体的软件整体结构 …… 67
    2.8.2 分层级联的可控性设计 …… 69

2.8.3 数据驱动的可迭代设计 …… 71
2.8.4 算法与各层次架构的映射关系 …… 73
2.9 研发体系的架构设计 …… 76
   2.9.1 流程的概念和转变 …… 76
   2.9.2 整车研发流程的升级 …… 79
   2.9.3 流程的融合与团队的融合 …… 81

第3章 智能驾驶的交互系统 …… 85
3.1 传感器与智能驾驶系统的关系 …… 85
3.2 感知类传感器 …… 87
   3.2.1 超声波雷达 …… 87
   3.2.2 毫米波雷达 …… 89
   3.2.3 激光雷达 …… 90
   3.2.4 光学摄像头 …… 92
3.3 网联类传感器 …… 93
   3.3.1 GPS全球定位系统 …… 93
   3.3.2 惯性导航传感器 …… 95
   3.3.3 地图（V2X）传感器 …… 97
3.4 传感器的组合与排布 …… 99
3.5 线控执行器 …… 100
   3.5.1 线控转向系统 …… 100
   3.5.2 线控制动系统 …… 101
   3.5.3 三电系统 …… 103
3.6 人机交互设备 …… 104

第4章 智能驾驶的处理系统 …… 107
4.1 域控制器的软硬件一体设计 …… 107
4.2 智能驾驶芯片 …… 108
   4.2.1 芯片的基本概念 …… 108
   4.2.2 智能驾驶芯片的分类 …… 110
4.3 操作系统与中间件 …… 113
   4.3.1 操作系统的概念 …… 113
   4.3.2 中间件的概念 …… 116
   4.3.3 软件的底层运行框架 …… 117
4.4 业务层模型 …… 120
   4.4.1 坐标系 …… 120
   4.4.2 时空同步 …… 123
   4.4.3 环境模型接口 …… 124
4.5 典型案例：算法稳定性设计 …… 128

第5章 智能驾驶的车端软件算法 …… 130
5.1 语义感知层 …… 130
   5.1.1 环境感知的基础与延伸任务 …… 130
   5.1.2 感知特征提取的典型策略 …… 134
   5.1.3 感知特征提取的进阶策略 …… 136
   5.1.4 复杂环境感知模型的核心结构 …… 139
5.2 融合与预测层 …… 141
   5.2.1 传统融合算法的基本概念 …… 142
   5.2.2 传统融合算法的原理及应用 …… 143
   5.2.3 多模态融合预测与各型嵌入表征 …… 146
   5.2.4 从循环网络、记忆网络到注意力网络 …… 149

5.2.5 基于生成对抗网络的
　　　　　信息联想和补全……………152
　　　5.2.6 "可微分"的智能驾驶
　　　　　系统…………………………156
　5.3 规划与控制层………………………159
　　　5.3.1 分层规划控制算法的
　　　　　构成…………………………159
　　　5.3.2 规划的时间一致性与
　　　　　变更过程……………………161
　　　5.3.3 全局规划与场景状态
　　　　　切换…………………………164
　　　5.3.4 运动规划之决策…………168
　　　5.3.5 运动规划之优化…………171
　　　5.3.6 前馈-反馈控制与车辆
　　　　　模型…………………………173

第6章 智能驾驶数据闭环平台………178

　6.1 底层云服务架构……………………178
　　　6.1.1 云存储与云计算
　　　　　概述…………………………178
　　　6.1.2 微服务架构概述…………182
　　　6.1.3 云端数据应用的交互
　　　　　过程…………………………184
　　　6.1.4 数据应用开发的
　　　　　新模式………………………185
　6.2 数据管道构建起来的智能驾驶
　　　大脑……………………………………186
　6.3 功能研发的流程……………………189
　　　6.3.1 DevOps与敏捷开发
　　　　　概述…………………………189
　　　6.3.2 传统开发与敏捷开发的
　　　　　配合…………………………191

　　　6.3.3 智能驾驶开发数据
　　　　　管道的设计…………………195
　　　6.3.4 智能驾驶测试数据
　　　　　管道的设计…………………199
　6.4 车云闭环流程………………………206
　　　6.4.1 车云闭环过程概述………206
　　　6.4.2 数据筛选与影子模式……209
　　　6.4.3 车云数据记录和整理……210

第7章 数据处理自动化——机器的流程………213

　7.1 深度学习训练的自动化……………213
　　　7.1.1 智能驾驶业务推进学习
　　　　　系统演进……………………213
　　　7.1.2 传统深度学习系统的
　　　　　构成…………………………216
　　　7.1.3 自监督学习系统的构成…218
　　　7.1.4 可训练构件的
　　　　　"工具箱"……………………220
　7.2 众包地图……………………………223
　　　7.2.1 地图的基本概念…………223
　　　7.2.2 高精度地图与众包
　　　　　地图的差异…………………225
　　　7.2.3 地图加偏对业务的
　　　　　影响…………………………227
　　　7.2.4 众包地图闭环数据流……229
　7.3 规划仿真……………………………230
　　　7.3.1 规划仿真与强化学习……230
　　　7.3.2 场景库的数据驱动
　　　　　方法…………………………232
　　　7.3.3 规划训练的闭环
　　　　　数据流………………………233

7.4 弱监督训练 235
    7.4.1 弱监督学习的概念和重点 235
    7.4.2 弱监督在自监督框架中的定位 238
    7.4.3 规则驱动的真值系统 239
    7.4.4 低维流形与对比学习 241
    7.4.5 GAN 与域适应 244
    7.4.6 模型压缩与蒸馏学习 246
7.5 数据管道的两种典型风格 248

第 8 章 智能驾驶汽车的研发体系——人的流程 252

8.1 从个人视角看研发流程全貌 252
8.2 整车开发流程 255
    8.2.1 整车开发流程概述 255
    8.2.2 整车开发流程的关键结构 256
    8.2.3 整车项目管理 261
    8.2.4 整车需求定义与分解 264
    8.2.5 造型、产品工程与制造 266
    8.2.6 零部件采购流程 268
    8.2.7 质量保障体系 271
8.3 智能驾驶系统的指标体系 276
    8.3.1 系统功能边界的定义 276
    8.3.2 层次设计的分解与量化 278
    8.3.3 可靠性与健壮性 280
    8.3.4 方差与偏差 283
8.4 智能汽车文化 285
    8.4.1 文化宣贯与产品力 285
    8.4.2 质量文化 286
    8.4.3 安全文化 287
    8.4.4 敏捷文化 290
    8.4.5 敏感数据的保护 291
8.5 混合思维下的研发策略 292

第 9 章 新时代背景下的行业与从业者 295

9.1 时代趋势之下的从业者 295
9.2 变革对用户的影响 296
    9.2.1 用户的需求层次上移 296
    9.2.2 用户为软件付费 298
    9.2.3 智能驾驶系统的用户体验差异 299
9.3 变革对行业的影响 300
    9.3.1 产业链与核心竞争力 300
    9.3.2 时代的主旋律与发展的"轮回" 302
    9.3.3 市场与营运策略的变化 303
    9.3.4 汽车成为智慧城市的核心节点 304
9.4 变革对从业者的影响 305
    9.4.1 产品复杂性与人力资源的关系 305
    9.4.2 复合知识体系的意义 306
    9.4.3 构建高效知识体系的方法推荐 307
    9.4.4 给新入行的朋友一些建议 308

后记 311

第1章
智能驾驶系统的基本情况

简单来说，智能驾驶是利用传感器系统、信息处理系统和执行系统等对驾驶员、周围环境、车辆状态进行监控和控制，并且在发生危险时向驾驶员发出警告或者接替驾驶员完成操作。以上是技术层面的定义，并不能完整反映智能驾驶的本质与魅力。本章我们将从一个更深层次的视角去探讨智能驾驶。

1.1 智能驾驶的"第一性原理"

在理解智能驾驶这个新事物之前，我们需要一些合适的思考方法，笔者认为掌握"第一性原理"的思考方式是非常重要的。"第一性原理"通常是指追本溯源之后确立的不变假设，由这个假设出发的一系列思考通常能更好地预判未来，消除矛盾。事物的多元性决定了任何事物都不是纯粹的，理解每个事物都需要一个出发点，确认出发点之后，才能梳理好切入的维度，并据此找到庞杂信息背后的脉络，最后得出有意义的结论。这个出发点越接近本质，思维就越自由，思考就越有成效。

相反，如果不这样做，就会更容易陷入所谓的"认知惯性"中。人类对新事物的理解通常有一个适应过程，在适应之前，认知是片面甚至错误的。由于蒸汽能量传递的距离较短，工厂会围绕蒸汽机布置成圆形产业园。即使在发电机得到普遍应用后，大多数工厂仍习惯采用圆形布设。有开创性的企业管理者综合发电机的特点，采用了更有效率的长方形布置，汽车流水线由此发展而来。企业管理者能够做出改变，很大程度上是因为了解了"电"和"蒸汽"这两种能量在传递过程中的本质区别。由此我们发现，要成为新事物的引领者，需要克服认知惯性，采用"第一性原理"思考问题。

如果运用"第一性原理"思考智能驾驶，可以总结为，当下所有技术研发方向都聚焦于促进系统完成"类人结构"改造以形成"自我学习"的机制，通过与环境和人的交互，实现自我成长。

过去我们把汽车看作交通工具，而当下我们把汽车看作"智能体"。这个根本差异触发了大量矛盾的产生。过去我们认为汽车就是产品本身，现在汽车只是智能体的"身体"。过去的"交互"发生在用户和汽车之间，现在的"交互"是汽车和人之间、汽车和环境之间分别形成的闭环，是汽车自我学习的管道。大量的新概念（影子模式、数据管道、敏捷开发、信息能量交换等）在这个过程中产生，令人应接不暇。理解了这个根本差异，大部分矛盾也就有了解决的方向。

"第一性原理"涉及两种思维方式——"技术思维"和"产品思维"。"技术思维"是自下而上的，有很强的专业性，但也容易陷入"拿着锤子找钉子"的误区，即迫切希望为一项先进的技术找到产品来实现，无论这项技术是否真正适合这个产品，这种思维很常见。而"产品思维"是自上而下的，相对更加发散，需要从用户角度出发去思考问题，贯彻"拿着钉子找锤子"的原则。这种思维通常会倒逼工程师进行更多跨领域的学习，去寻找最适合产品实现的技术。

这里将重点介绍产品思维的形成。在一个体系中研发一款产品时，工程师通常可以很好地处理技术问题，因为学校都会教授解决这些问题的知识，但却经常忽略产品问题，因为产品思维需要在工作实践中有意识地进行学习。例如安全这个产品特性，在系统、软件、硬件、测试等环节的分解中有着全然不同的技术形态，因此工程师需要扩大自己的知识面覆盖。各个产品维度之间是相互联系且矛盾的，例如成本与安全、敏捷与质量、体验与成本等。解决这些矛盾需要有效的横向沟通，除知识覆盖外，工程师还需要更高层次的"文化宣贯"（即文化的宣传、自我意识形成贯彻实行），因此难上加难。

如图 1-1 所示，笔者总结了三种思维方式在研发过程中的关系。技术思维（系统、硬件、软件等）是基础中的基础，是研发的底层推动力。产品思维（体验、成本、安全、质量等）会贯穿部分或者所有技术维度，是实现研发目标的重要保障。当工程师运用技术思维和产品思维推进研发时，还需要利用"第一性原理"来解决问题。问题上升一个层次就有可能得到解决，否则就继续上升，上升的"终点"就是事物的"第一性"。

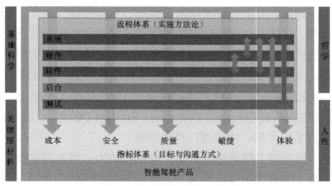

图 1-1　三种思维方式在研发过程中的关系

总体来说，在"第一性原理"的指导下，有意识地强化"产品思维"并夯实"技术思维"，对参与和认识智能驾驶是有极大益处的，这也是理解本书的前提条件。

1.2 智能驾驶的历史与展望

任何一轮重大的技术迭代都会经历几个阶段。首先是关键概念的提出，然后是产业各块线资源的试探性跟进，紧接着便是产品的发布和商业化落地，最后是政策、法律等配套完成。整个迭代过程伴随着不同思路和方法的竞争，以及不同企业之间的归并重组。智能驾驶的发展历程同样如此，如图1-2所示，笔者认为可以简单总结为如下几个阶段。

- 科幻期（1925—1950年）：产业不成熟形态下的科技畅想。
- 萌芽期（2004—2014年）：产业关键零部件研发，国外高校进场试水，国内高校跟进，大量国外头部智能驾驶企业初步成立。
- 起步期（2014—2018年）：Google、特斯拉等头部智能驾驶企业发布首款产品，L2/L4两条技术路线方向同时确立，新兴整车厂商和智能驾驶解决方案供应商密集成立，集中式电子电气架构开始流行，行业迎来"软件定义汽车"时代。
- 深入期（2018—2022年）：人工智能芯片获得市场认可，智能驾驶系统架构逐步确认，"软件定义汽车"进入深水区，智能驾驶正式开始商业化落地。

智能驾驶概念出现在第二次工业革命前，当时只是使用了非常简单的遥控技术。经历多次工业革命之后，这个概念到现在依然保持活跃，足可见智能驾驶这一需求的重要性。严格意义上来讲，智能驾驶技术的发展主要发生在第三次工业革命阶段。在这个阶段，传感器、微型计算机和总线技术蓬勃发展，为智能驾驶系统提供了扎实的硬件基础，"智能体"的"身体"逐步走向成熟。而这个阶段"智能体"的"大脑"仍然不算成熟，虽然软件也有了长足的进步，但是整个行业仍然缺少对人工智能理论更深入的理解，而这种不成熟既是遗憾也是契机。笔者认为人工智能的成熟将会是第四次工业革命启动的一个标志，同时意味着第三次工业革命的结束。

纵观每一次技术的重大调整，可以发现技术迭代周期在不断缩短。2004年，智能驾驶技术开始发展，技术架构每2年会发生一次重大变化。2018年后，可持续提升的高阶辅助驾驶功能使用户看到了智能驾驶技术落地的希望，市场开始商业化，迭代速度进一步缩短为每年一次，与手机技术的迭代速度趋同。中国企业在这个过程中，也逐渐从"跟随者"向"领导者"转变，越来越多的企业纷纷入场，与国际化水平之间的差距在不断缩小。

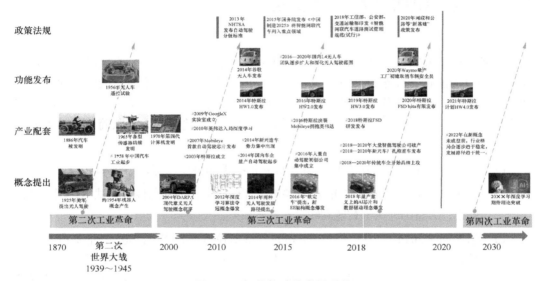

图 1-2　智能驾驶的发展历程

智能驾驶的关键历史事件有很多，这里不再一一罗列，分析历史不是为了回顾过去，而是为了预测未来。对个人而言，重要的是要能够预判"智能化"这个关键方向，确认学习目标；能够意识到技术迭代的加速，同步加快自己的学习步伐。

1.3　智能驾驶汽车研发的关键路径

智能驾驶不可避免地会涉及智能驾驶分级定义，以下进行简单的介绍。如今智能驾驶行业认可的是美国汽车工程师学会（Society of Automotive Engineers，SAE）在 2014 年制订的智能驾驶分级制度，按照智能驾驶对于汽车操纵的接管程度和驾驶区域做出了 L0～L5 共六个评级。

- L0 级完全不具备机器辅助驾驶功能。
- L1 级提供简单的机械性驾驶支援。初步的智能驾驶包括定速巡航、紧急制动、倒车雷达等简单功能,这些功能已经在当今的经济型轿车中普及。
- L2 级是较为高级的驾驶支援技术,接管了人类部分感知功能。除具备 L1 级的定速巡航、倒车雷达等功能外,还具备车道保持、自动变道等高级功能。
- L3 级则属于驾驶模式的质变,其与 L0~L2 最大的不同在于把道路环境的观察者从人变更为系统,但仍然需要人对系统状况进行实施监控,避免系统出现意外状况。
- L4 级的智能驾驶,常规状况下基本不需要驾驶员对系统进行监控,只需在极端状况下对系统发出部分指令,多数情况下系统能够独立应对驾驶任务。
- L5 级是智能驾驶的终极形态,机器的驾驶能力将远超人类,并且可以应对任何极端状况,不需要人类对车辆做出任何指令。

上述六个评级可以简单理解为 L1 解放腿,L2 解放手,L3 解放眼,L4 解放脑,L5 解放人。国内方面,工信部已经正式发布《汽车驾驶自动化分级》推荐性国家标准,并于 2022 年 3 月开始实施,代表我国拥有了自己的智能驾驶分级标准。智能驾驶等级划分的意义在于明确定义,并为法律界定和社会性评估提供标准。

本书希望读者能够理解驾驶自动化分级的真正意义。如图 1-3 所示,在实践过程中,L3 级别的位置非常特殊,跨越 L3 级别会产生交通责任划分的问题,直接引发关于伦理道德的讨论。L3 的位置就像一个"水坝",尽管"技术水位"不断提升,仍然难以跨越。为了突破 L3 级别的各项瓶颈,当下整个智能驾驶行业仍有许多艰巨的任务要完成。

为了应对"水坝问题",智能驾驶行业出现了两条研发主路径,以特斯拉为代表的"渐进派"和以 Waymo 为代表的"跃进派"。"渐进派"的实施逻辑是自低向高的,不断逼近 L2.999 级,期待在不断的迭代和积累过程中一举突破,完成量变到质变的过程,向 L3~L5 的应用倾泻"能量"。而"跃进派"则直接跳过"水坝",在 L4 级别上蓄能,通过在有限范围内营运来打通产品逻辑,构建智能化移动出行服务体系。

如图 1-4 所示,不同的路径有各自需要升级的方向,"渐进派"需要面对的是智能驾驶汽车个体的伦理问题规避,而"跃进派"需要面对的是在智能交通背景下,智慧交通的重构问题。"渐进派"在解决问题后,必然会与"跃进派"的方向融合,这也代表着"驾驶员"这个角色将逐渐退出历史舞台。

当前,几乎所有智能驾驶产品的技术架构都是按照 L4 级别进行设计的。因此从技术方向划分不同产品已经逐渐失去意义,更多的还是从产品角度进行细分。

第 1 章
智能驾驶系统的基本情况

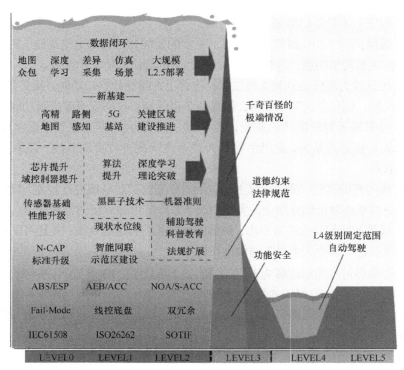

图 1-3 智能驾驶两条主路径在技术上的核心区别

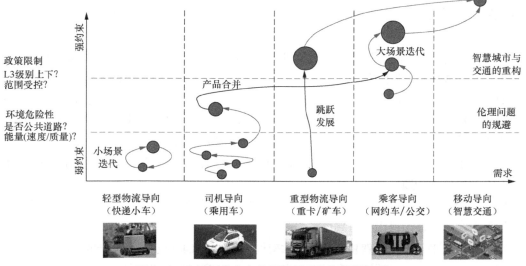

图 1-4 产品研发方向的不同侧重点和相互关系

园区快递小车等应用无须过分注重等级的划分。如果一定要划分，可以直接认定为 L4/L5 级，只是其前置条件十分严格。这类智能驾驶应用相比其他公共道路智能驾驶而言受到的挑战较小，是软件算法导向的公司适合探索的领域。这类产品通常会面向小件物品递送来设计整个车辆平台的软硬件，从目前各公司的交付产品来看，定位较为清晰。

与快递小车功能接近，但面向更大质量货物递送问题的产品是无人集卡或无人矿车。这类产品的发展路径会有所区别，目前卡车智能驾驶从低阶智能驾驶系统起步的逻辑受到了乘用车发展路径的影响，笔者并不认可。由于货运集卡等车辆的惯性巨大，对智能驾驶系统的反应时间要求极高，在无法对环境进行长距离预判的情况下，无论司机还是智能驾驶系统都无法做出有效决策。而目前 L2 级别智能驾驶普遍搭载的传感器性能，并不满足长距离预判的要求，因此这类智能驾驶系统的发展必须跨过 L1~L3 级别，全力聚焦 L4 级别进行整体系统设计。

具有高阶辅助驾驶功能的乘用车，是刚才提到的"渐进派"的典型代表。即使无人驾驶最终被证明是一个"遥不可及"的目标，逐渐接近人类能力的智能驾驶系统也足以为这些公司积累所需的数据和资金，来支持其继续探索。从产品角度出发，高阶辅助驾驶功能的中心仍然是"司机"，因此汽车产品设计的思想仍然是连贯的。

而配置无人驾驶系统的 Robotaxi 则全然不同，这类产品的重心不是司机而是乘客。在目前已有的实践中，从"乘客"角度出发的 Robotaxi 设计屈指可数，这里不得不提到 Zoox。如图 1-5 所示，Zoox 面向乘客需求，从整车设计开始就体现了很强的产品思维。整车级的重构是无人驾驶系统难以回避的问题，因此很多公司从"轻资产"软件公司逐步转型为"重资产"的软硬件公司。L4 级别这种面向"乘客"的产品，更重要的是继续向智慧城市、智慧交通方向发展，Robotaxi 的未来必定是"智慧出行"。一定要警惕的是，避免与辅助驾驶的乘用车产品同质化，从而失去未来市场。

图 1-5　Zoox 产品形态

1.4　智能驾驶汽车研发的核心困境

首先要考虑的是智能驾驶的复杂性。汽车产业无疑是传统制造业中非常复杂的产业。

虽然从科技含量、产业链复杂度、安全要求、市场变化、批量生产任意一个方面来说，汽车行业都排不上第一，但除汽车行业外，极少有其他行业完整涵盖这五个方面，其复杂性可见一斑。

汽车的整个研发生产过程究竟有多复杂？汽车有上万个零部件，纯电动汽车零部件也数以千计，相关的供应商有成百上千家，涉及的任意一个零部件在设计、研发、测试、生产、质保、物流等任何一个环节出现问题都将导致整车无法量产。另外，大规模的整车生产流程衔接要求极高，为了降低库存压力，实现精益生产，订单的延误通常以分钟计算，足可见各环节配合的紧密程度。

除复杂的构件组成外，汽车还有严苛的安全与质量要求。对于大部分行业而言，产品设计完成后即可直接投入量产，不需要经过反复的验证过程。即使量产之后发现问题，还可以对设计和工艺进行修正。但这在汽车行业是不允许的。因此，如果一家制造企业同时生产汽车产品和非汽车产品，就需要专门成立一个汽车事业部来满足质量与安全要求。现代历史上重要的生产和质量管控革命，几乎都是从汽车制造业开始的。

智能驾驶技术的融入为汽车产品增加了更多复杂性。智能驾驶作为一个边缘学科，与机器人技术、人工智能技术等不属于传统汽车行业的学科体系密切联系。智能驾驶逐步开始与交通系统、物联网系统建立起连接，这打破了汽车作为独立产品的概念，还要面对"法律与政策问题""伦理与道德问题"，甚至是"宣传和教育问题"，汽车企业开始与政府以及行业外的企业建立更多联系。

智能驾驶技术的发展，无形中提高了汽车的技术要求（安全、质量、敏捷性等）。过去，汽车只需要承担驾驶过程的被动安全，在后期发展过程中，主动安全设计开始受到关注。进入智能驾驶时代，汽车还需要替代人成为安全责任的主体。汽车的功能迭代周期原本为 1~2 年，在现今的消费市场环境下已经被压缩至月级别。

总而言之，汽车的设计生产过程变得更加复杂，但这其实并不是当前汽车行业陷入研发困境的原因。传统汽车行业面对复杂性已经总结出了行之有效的方法论，研发陷入困境的原因并不是无法消化复杂性，而是在消化复杂性的同时还要解决一些"灵活性"的问题。

整车研发有一套完整的流程来完成对复杂性的分解。我们将在第 8 章展开相关讨论，这里需要确定的是，对复杂性进行分解的过程一般需要 1~2 年的时间。这个时间周期并没有经历过挑战，甚至有时候耗时长更能体现品质好，毕竟慢工出细活，但当下的市场似乎不再默许这个状态。

用户的需求变化越来越快，这也要求车企必须缩短从需求获取到需求落地的时间。在复杂性的牵制下，整车制造厂商很难在原有技术框架下实现"灵活性"。这就引发了一场轰轰烈烈的技术革新。

在介绍解决"复杂性"和"灵活性"矛盾的方法之前，我们需要一些背景知识。所有架构设计通常存在分散式和集中式两种设计思路。

分散式设计原则是将系统整体分解成相互并行且弱耦合的多个独立个体，由个体协同工作满足整体目标要求。这种设计的好处是复杂性可以比较均衡地被分散到个体上，方便个体更好地处理功能。同时也更容易处理风险和安全，因为个体复杂度越小，其风险也越低。另外，当系统被良好分解后，个体还可以更好地进行标准化设计，有利于产品的规模化生产。其缺点是当个体均完成各自的模块化之后，在进行整体变更时，效率往往不尽如人意，容易受到不同个体原有设计的牵制。

而集中式设计原则是将系统内的资源集中到个体上，由个体来负责整体目标的实现。这种设计的优缺点与分散式设计正好相反，其复杂性通常被高度集中在单个个体上，不利于标准化。但在变更过程中，因为其核心资源集中，所以有较高的变更效率和灵活性。

传统汽车倾向于应用分散式设计，而手机和家用计算机更倾向于应用集中式设计，看起来似乎汽车只要沿用手机的硬件设计思路就可以解决问题，这就是所谓的域控架构，但问题其实并不是这么简单。

手机或者计算机产品的升级有一个共同的特点，即产品性能的提升通常与硬件性能的提升紧密相关。但最近情况开始发生变化，因为摩尔定律正在逐渐失效。摩尔定律是英特尔创始人之一戈登·摩尔发现的，可以简单理解为，每 18 个月芯片的性能会提升一倍，价格会降低一半。但芯片单位面积内可以集成的电路数量存在一个物理极限，而当下的设计工艺已经非常接近这个极限。因此面对这种状况，我们需要换一种思路来提升产品性能。

例如有一种异构 SoC 芯片，其背后的核心逻辑是设计从"通用化"向"定制化"的转移。相较于满足所有可能的需求，满足特定业务的需求通常可以进一步拓展出一部分产品上升的空间。诸如软硬件一体化设计，汽车或手机的一体式电池设计都是这种"定制化"思想的体现。

"定制化"在舍弃通用性的同时，也舍弃了分散式设计的可能性。采用"定制化"的大趋势下，配合对"灵活性"的要求，促使集中式定制化的设计正在取代离散式通用化的设计成为主流。

需要关注的是，模块化和离散式的设计并不会逐渐消失，只是更换了一种形式，以知识产权和软件服务为"单位"的新模块化出现，规模效应会在一个新的维度上发挥作用。知识产权和软件服务也可以视为一种新的"分解"，继续发挥其在标准化和规模化方面的成本优势。具体到汽车行业，就是我们常说的"软件定义汽车"。在市场上流动的资源，从"硬件"转变为"软件和知识产权"，硬件则逐渐趋于"固定"，由少数供应商进行集中生产，这也是软件和知识产权越来越重要的根本原因。通过集中式的硬件配合分散式的知识产权和软件服务，我们将同时获得分散式和集中式设计产生的收益。

我们似乎找到了一种完美的方法，但是在没有基础科学创新的基础上，所有架构调整的收益都不会凭空出现。在获得产品性能全面提升的同时，一定会付出必要的代价。这个代价就是单点集中的复杂性，其劣势在于必然会增加研发难度，而优势在于其可能是唯一一个在提升一个产品维度时，不影响其他产品维度的特性。真正为此付出代价的是为研发难度买单的大批从业者。因此，从业者碰到的问题，才是这场变革面对的最大问题，即开篇谈到的研发工程师的"不理解"或"不适应"。

我们正在面临的这场架构调整，并不是由技术驱动的。其中涉及的软硬件技术在互联网发展的早期都已经出现，但如果个人或企业对这种变化坚持"不理解"和"不适应"的意见，技术上的变化不仅不会改善现状，甚至会助推产品向更糟糕的方向发展。

智能驾驶的核心困境如图 1-6 所示，在需求灵活性提升、基础科学受限以及产品复杂性飙升的共同作用下，各层次的架构设计必须从"分散式模块化"逐步转向"集中式服务化"，这场"大迁移"带来的一系列问题都必须由从业者面对，因此从业者在一定程度上决定了这场变革的成败。

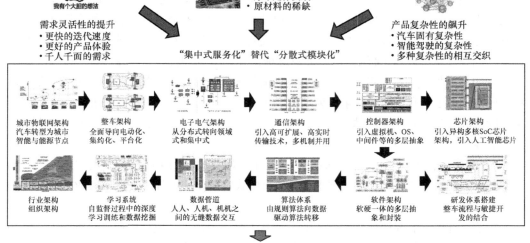

图 1-6 智能驾驶的核心困境

第 2 章
智能驾驶汽车的架构革命

通过阅读第 1 章，我们了解了发生技术变革的背景。本章将概括介绍这场变革对智能驾驶汽车各层次的架构设计造成的影响，各层次之间的共同点及互相作用。

2.1 对架构的基本理解

架构是多维度考量下一系列相关的抽象模式的综合结构。研究架构的目的是把一个想法分解为可实施的结构，在分散复杂性的同时尽可能提升结构复用性，从而可以有效地控制产品的研发周期和质量。架构是幻想与现实的交叉点，现实是指能够被翻译成架构的内容，无法被翻译的则是幻想，二者的交叉点是开发的上限。无论是互联网行业的开发还是汽车行业的开发都非常重视架构设计，合理的架构是保证项目成功落地的必要条件。架构同时是理解智能驾驶最好的切入点，因此本章我们将重点介绍智能驾驶汽车各个层面的架构。

理解架构一般有两个步骤：第一，对概念有全面精准的理解，确保脉络清晰。不理解概念或者视角错误，必然会导致逻辑混乱。第二，擅于切换视角分析同一个事物，并做出综合性的决策。任何事物都是多元化的，综合性地看待架构分解，才能在实践中保障任务的有序推进。

从硬件层面上看，制造、机械运动、装配都是分析架构的常用视角。从制造层面出发，一般可以被独立制造（冲压、铸造等）出来的叫作零件，如螺母就是一个零件。两个以上零件通过不可拆卸的方法（铆、焊）联结在一起的叫作合件。从机械运动的层面出发，构件是指由各类零件装配而成的运动部件的基本单元。机构则由各个构件组成，可以处理更加复杂的力量传递和运动转换。从装配层面上看，通常会涉及零件、组件和部件（总成）的概念。组件是一个介于零件和部件中间的概念，可以理解为多个零件组合，满足一些基本功能。而部件由若干组件、合件和零件组成，是总装流水线上的最小单元，整车厂通常称其为总成。从硬件的架构分解中可以发现，对服务于不同任务的硬件而言，其分解原则是各不相同的，然而其对应的实体通常是一致的。

从软件层面上看，软件分解的核心是追求逻辑层面的复用。常见的视角包括对象、构件、设计模式、框架等。对象（Object）是对数据和方法的简单封装，可以通过生成实例（Instance）来进行逻辑层面上的功能组装。构件（Component）是可复用的软件，是对象的有机整合，与对象类似，但更为复杂。把解决某类问题的方法总结归纳到理论高度，就是设计模式，设计模式是设计层面上的复用。框架（Framework）是某种应用的半成品，具有一定的约束性，供用户选用来完成自己的系统。总体来看，对象和构件是代码重用，设计模式是设计重用，框架则介于两者之间，部分代码重用，部分设计重用。软件和硬件之间存在的重要"构件"包括中间件、操作系统与数据库系统，作为软硬件沟通的桥梁，值得我们特别注意。

另外，通常使用 CAD 模型作为其表达语言，而软件一般会通过 UML 表达，其定义了类图、对象图、包图、状态图、活动图、序列图、通信图、构件图、部署图等，分别代表一种设计细分视角，这里不做详细讨论。

系统架构更多是为了满足一些抽象目标（比如安全、性能等），其通常源于用户对产品的要求，涉及系统、子系统、相关项、元件等概念。如图 2-1 所示，系统架构一般进行两种视角的分解，一种是系统结构视角的分解，即系统和子系统的关系；另一种是系统目标视角的分解，即相关项与元件的关系。

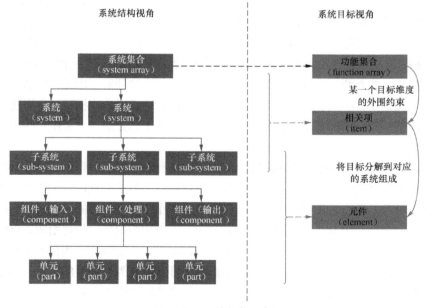

图 2-1　系统架构分解

从系统结构视角来看，一个系统或者子系统（System）通常由输入（感知器）、处理（控制器）、输出（执行器）等要素构成。这些构成要素也被称为组件（Component）和单元（Part），其拆解粒度与分析目标相关，但是其内容可以直接映射到具体的软硬件。这里从功能安全视角出发举例说明。例如，分析 AEB 功能的系统功能安全，需要详细分析其输出组件（刹车系统）的软硬件构成。

从系统目标分解视角来看，相关项（Item）是一个目标范围，可以是单个至多个功能或者单个至多个系统。在确定范围后，即可开始具体目标的讨论和设计。元件（Element）是系统、组件、单元在系统目标分解上的映射，用来指代目标分解后被分配到需要满足特定需求并形成方案的要素。

任何智能产品的研发都可以划分为硬件、软件、系统三个方面，三者的侧重点不同，但是方法论类似。通过对其方法论的讨论，我们能够基本了解一般智能产品的架构逻辑。接下来详细介绍各层架构的设计。

2.2 整车架构设计

2.2.1 传统整车架构及其问题

汽车是一个复杂系统，本书只针对汽车架构的基本组成部分和相关知识点进行简单介绍。如图 2-2 所示，传统汽车的重要部件主要集中在"三大件"，即发动机、变速箱及底盘，因为其复杂的机械设计、组装校调、成本质量控制对汽车的驾驶性能有至关重要的影响。每一个零部件都需要供应商或者整车厂商经历长时间的技术积累。下面简单介绍汽车重要部件的构成，读者需要重点关注的是传统整车架构是如何被颠覆的。

发动机的作用是为汽车提供动力，可以细分为七个子系统。结构件（气缸盖、气缸体和曲轴箱等）为零部件提供安装骨架和结构强度，曲柄连杆机构（活塞、连杆、曲轴、飞轮等）将热能转化为机械能，供给系统（油箱、滤清器、输油泵、喷油泵及调速器等）负责定时、定量、定压地将燃油喷入燃烧室，配气机构（进排气门、摇臂、凸轮轴等）使参与燃烧的空气即时送入和排出车体，起动装置（起动电机、蓄电池等）从静止状态带动发动机进入正常工作循环，冷却系（水泵、节温器、散热器等）把受热部件的热量排放到空气中，保持发动机正常工作温度，润滑系（机油泵、机油滤清器、润滑油道等）通过机油流动减少运动零部件之间的摩擦阻力。发动机作为一个高热、高压、高振动的动力部件，维持其长期稳定工作需要很多外围系统的参与。

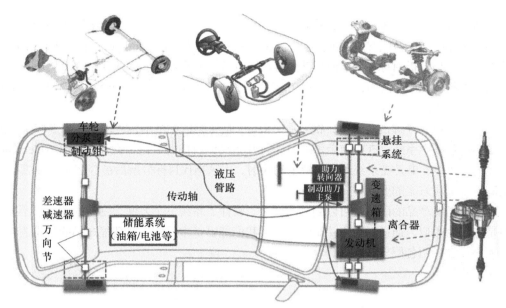

图 2-2 传统汽车架构

变速箱主要由离合器、各种齿轮和液力机构组成,其核心功能是改变传动比,扩大转矩和转速的变化范围,并支持倒车反转。为什么需要变速箱?因为发动机与人的肌肉工作效能相似,都有一个最适合的工作状况。人骑自行车持续上坡非常艰难,但通过改变自行车的齿轮比可以轻松解决。变速箱对于发动机来说也是这个道理。为了适应经常变化的行驶条件,同时保持发动机运行在合理工况,我们需要使用变速箱来桥接。变速箱属于底盘传动系的一部分,其机械设计可能是整车机械结构当中最复杂的。

底盘的作用是接受发动机传递的动力,并使汽车保证正常行驶。如图 2-3 所示,传统汽车的底盘结构分为传动系、行驶系、制动系、转向系四个核心子系统。这些子系统都会通过非刚性的传递结构(万向节、液压管路等)作用于车轮,传动系向车轮传输动力,转向系改变车轮角度,制动系抑制车轮转动,行驶系用来支撑整体重量,缓冲车轮反向传递的振动。

传动系包括离合器、变速器,同时由主减速器(进一步通过降低转速来扩大扭矩)、差速器(转弯过程中同步左右轮的速度差异)和万向传动轴(在轮胎转向和悬挂颠簸时仍然可以非刚性地传递动力)等组成,进一步适配发动机产生的动力。

行驶系由汽车的车架(车桥)、车轮和悬架等组成,将汽车构成一个整体,缓和不平坦的路面对车身造成的冲击,缓冲汽车行驶中产生的振动。

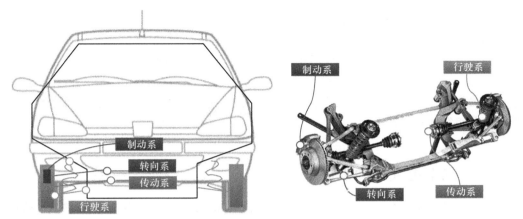

图 2-3　传统汽车的底盘结构

简单来说，除轮胎和部分制动传动装置外，乘用车上的所有零部件均可视为安装在车架上的一个刚体。而连接四个轮胎和整个汽车刚体之间的结构称作悬挂。悬挂又涉及另外两个重要的概念——簧下质量和簧上质量。悬挂下方的四个轮胎及其关联设备的总重称为簧下质量，而悬挂上方的整个刚体的总重称为簧上质量。为了获得较好的运动性能，上下两个重量必须匹配且尽可能减少簧下质量。另外，悬挂本身的构成也很重要，由减振器（阻尼）和弹簧两部分组成。弹簧用来转换能量，缓冲冲击力，但由于本身没有太多能量消耗，因此无法减振，如果只有弹簧而没有减震器，将导致车辆频繁地上下振动。而减振器用来消耗部分振动能量并将其转化为摩擦热能，从而起到减小振动的作用，但其无法代替弹簧为车辆提供必要的结构支撑。因此一个悬挂系统需要同时具有弹簧和减震器。

将方向盘的转向指令和能量通过机械或电气结构传递给车轮的整体结构叫作转向系。将制动踏板的刹车指令和能量通过液压或电气结构传递给刹车钳的整体结构叫作制动系。这两个系统有一个共同的特点，由于人的作用力有限，无法完全提供转向和制动所需的能量，因此两个系统包含各自的助力系统，通过电机助力、液压放大、真空辅助等手段放大作用力，来完成对应操作。在智能驾驶系统中，人的作用力进一步减弱，车辆完全通过自身的动力机构来完成这一系列动作，由此带来的安全和性能问题都是智能驾驶需要重点关注的内容。

传统汽车产业的精华在这几个系统的开发过程中充分展现，这些零部件系统通常反映了工业产品设计与制造的最高水平。需要思考的是，这些设计是否与灵活性的理念相违背？答案是肯定的。上述系统通常与复杂的机械设计相关。机械系统包含如下几个固有缺陷：

- 维护成本高，且伴随不可避免的物理磨损和机械振动；
- 占用宝贵的整车空间；
- 普遍依赖机油润滑、冷却散热、汽液交换等各类关联系统；

- 零部件数量繁多,组装和质量控制工作量巨大;
- 校调难度大,依赖专业技术人员和企业长期的经验积累;
- 校调周期较长,校调锁定后相关特性无法灵活变化或继承复用。

因此,在新的发展趋势下,汽车架构也在发生根本性变化,变化的核心是"电气化"或者"去机械化"。前面已经介绍过机械化的缺点,那么"电气化"如何规避这些问题?以下章节将继续介绍。

2.2.2 汽车电气化的发展

电气化发展的基本方针是尽可能地减少机械零部件,从而快速降低整个汽车系统的硬件复杂度,并为软件提供更大的应用空间。伴随着智能驾驶技术的发展和汽车排放标准的不断收紧,未来的汽车发展趋势已经非常明确。电机技术和线控技术的应用正在减少汽车对机械结构的依赖,而电池系统的发展加速了这个过程。

电动机是利用通电线圈产生旋转磁场,并作用于中央转子形成磁电动力旋转扭矩的一种设备,可替代内燃发动机输出动力。相较于内燃发动机,其结构更为简单,而且成本更低。由于定子和转子不直接接触,因此电动机具有寿命长、保养简单、噪声低、能量转换损失小等优点。相比传统发动机,电动机的控制更加线性化,有利于智能驾驶系统的适配。如图 2-4 所示,由于电动机适应的工况范围远大于内燃机,因此可以简化甚至取消复杂的变速箱机械结构。

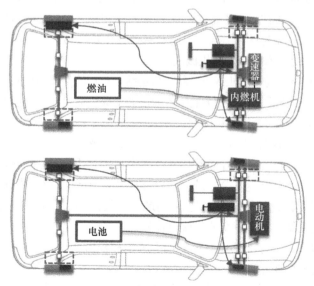

图 2-4 汽车变速箱的"消失"

电机的不同布置方法还创造了更多的可能性。如图 2-5 所示，当采用前后两台电机协同工作时，可以取消原有传动轴的设计，可见的变化是后排座椅中间的凸起部分消失。左右布置的独立电机可以进一步替代原有的减速器和差速器。

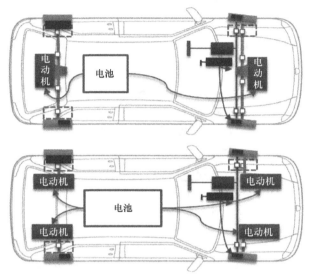

图 2-5 汽车传动系的"简化"

如图 2-6 所示，更富有前瞻性的设计来源于轮毂电机、线控转向与线控制动三项技术的发展，有希望取代当前制动系统的液压管路，以及转向系统和传动系统的万向机械结构。在簧下区域布置电机、转向和刹车结构，仅通过电信号与簧上控制系统连接。这个设计可能成为传统意义上汽车设计的终极形态，极致的用户空间释放和高度集成的机械结构带来的不仅是机械的简化，更有可能促使人们对汽车传统概念的重新理解。虽然目前实现这一设计的技术难题还有很多，包括因此产生的簧下质量过大问题，以及轮毂电机、线控制动转向的成熟度等问题。这些问题并不是无法攻克的难题，相关技术的发展符合技术趋势。

电气化的过程是硬件精简的过程。但是简化的设计并不会使复杂度降低汽车电气化和平台化并没有降低整个系统的复杂性，甚至在某种程度上有所增加。其核心是将传统汽车机械层面的复杂性转移到了软件层面。我们提到的线控转向系统、线控制动系统、电池管理系统、电机控制系统等都是将原本机械结构承担的任务交由软件来实现。通过软件和电气件实现机械可以确保的可靠性通常更为复杂。但软件的灵活性使整个汽车系统的潜力得到了进一步提升，因此汽车行业更倾向于在电气系统和软件研发投入，这是新旧汽车行业格局的一大变化。

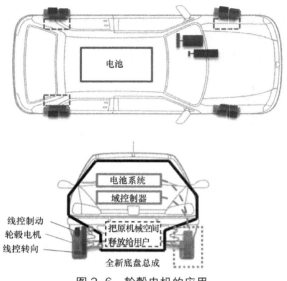

图 2-6　轮毂电机的应用

另外，智能驾驶汽车更倾向于采用纯电架构，核心原因是燃油车的电气设计，特别是供电系统，无法稳定有效地满足大量新增控制器，例如传感器和线控执行器（特别是线控制动）的要求。且线控执行系统相比于传统机械结构，其控制过程更符合线性变化，与智能驾驶系统的适配性更好。

2.2.3　整车平台架构构建

由于汽车研发复杂度和变更成本极高，因此汽车行业一直非常重视架构设计。汽车的研发过程也是一个依托架构逐级验证的过程。我们将在第 8 章详细介绍这个过程。如图 2-7 所示，这里我们借助直观的例子——设计硬点（HardPoint）来解释这个过程。

图 2-7　设计硬点

设计硬点是保证零部件之间协同设计所确定的控制点、控制线、控制面及控制结构的总称，细分有底盘硬点、车身硬点、内外饰硬点、成员硬点等，各自代表一些关键参数的锁定。比如，底盘设计从定义轴距和轮距（轮心位置）开始，其是划分车辆等级强相关的参数。在确认完车宽、车长（前悬、后悬）、车高（离地高度、轮胎尺寸）等关键尺寸硬点后，整车外观特性锁定。乘员的 H 点（即身体活动关节的转动轴心）锁定后，内部座舱空间的布置原则锁定。悬挂的硬点位置确认后，则基本决定了轮胎的运动特性和车身的侧纵倾特性。智能驾驶的传感器布置位置也正在成为新的硬点，其决定了一个智能驾驶系统的感知范围。

所有"硬点"在一定阶段内不允许被修改，以保障多个关联工作组都有一个稳定可并行的工作输入，分散研发的复杂性。"硬点"的理念只是整车架构设计中的常见方法之一，整车厂依靠一系列类似的过程，才能完成对产品复杂性的控制。这些架构设计的核心思想都是通过提前确认的一些关键设计来达成产品的核心要求，并为更细致的设计展开提供边界。

然而在不断压缩的整车开发周期中，设计灵活性的提升也受到限制。对于一个全新车型而言，设计和制造过程存在很多繁杂且不可重用的工作，比如车身制造、零部件布置、验证测试等。如何进一步简化这些过程？整车厂提出了整车平台架构的新概念。其核心思想是尽可能复用一部分已有的设计、硬件、软件、测试以及生产线资源，从而在满足一定"差异化"的同时，尽可能通过复用降低研发成本，提升系统质量，即根据不同的车型基于平台架构进行局部调整而不是重新设计。如图 2-8 所示，以大众公司的 MQB 架构为代表，越来越多的整车厂商都提出了自己的平台化方案。过去整车厂商并不认可整车平台架构，在复杂的供应链体系下，统一所有供应商的认知并不容易。即使是电气化这种大的结构变化，整车厂商在很长一段时间内也一直使用"油改电"的过渡方式进行迭代。但伴随着整车研发周期的缩短，开发平台架构刻不容缓。虽然整车研发生产难以体现软件的灵活性，但是也在尽力缩短迭代周期，实现更快速的交付。

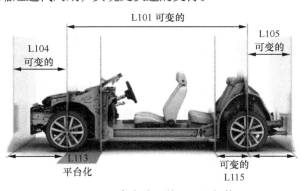

图 2-8 大众公司的 MQB 架构

2.3 电子电气架构设计

2.3.1 电子电气架构的发展趋势

电子电气架构(Electrical/Electronic Architecture, EEA)在汽车软硬件设计上起到了"承上启下"的作用,既要考虑整车的物理约束,又要顾及软件功能的要求。如图2-9所示,这是一个电子电气架构的概要设计(包含云端的概念)。EE架构可以简单描述为传感器、执行器、控制器、通信设备等的"节点与连接属性",包括布置、供电、散热、防水、电磁干扰等硬件考量,也包括通信机制、信号列表、拓扑关系等的软件考量,必要时还需要考虑成本、进度等项目层面的影响。

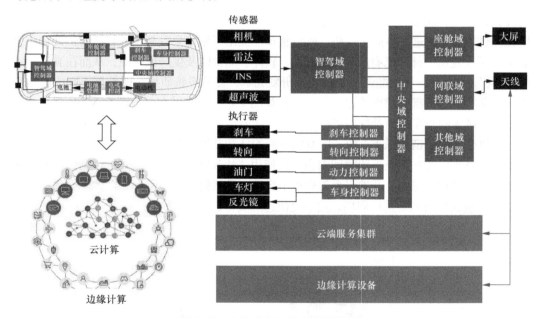

图2-9 电子电气架构的概要设计

电子电气架构大致经历了三个发展阶段。在初期阶段,终端设备(传感器、控制器等)通常都是根据需求进行点对点的通信连接。这种方案最大的问题就是线束过长,间接导致线束材料成本剧增,可靠性骤减,系统不可持续。

因此，架构研发进入第二阶段，借鉴计算机硬件的思路，开始使用总线技术。总线技术可以简单理解为通信连接的"高速公路"，可以有效缩短道路总里程（线束长度）。在总线技术基础上发展起来的是分布式控制器架构，这也是当下电子电气架构的主流形态。

总线技术的优点是在统一应用层协议和数据定义的基础上，汽车成为一个"开放式系统"，具有较强的灵活性。任何遵循协议的控制器都可以加入或者移出该系统，不需要软硬件变更，这符合现代汽车平台化设计的理念。与第一阶段相比，维护成本和敏捷性大大提升。

另外，由于不同的数据通信需求（交通参与者）对总线通信机制（道路）的需求不同，比如有些要求高可靠性，有些要求大容量，有些要求抗干扰。这也催生了差异化的汽车总线网络（LIN、CAN 等）的共同发展。第二阶段的总线架构看似已经非常完美，但发展永无止境。

架构发展至第三阶段，也就是我们常说的"软件定义汽车"阶段。这个阶段的核心目的是进一步加快软件更新的灵活性，这是第二阶段无法实现的。

在分布式架构下，一般由供应商提供带有某个整车功能的独立控制器，整车厂商的工作主要是集成供应商开发的功能控制器，确认控制器之间的通信矩阵（获得控制器所需的输入输出信息），并确保控制器可以在整车上正常工作（布置、集成、标定、验证等）。这种模式在需求变化加快后，会引发两个主要问题。

一个问题是通信矩阵通常是在量产前完成设计的，功能调整涉及多个控制器，而每个控制器由不同的供应商管控，无法实现同时完成调整。

另一个问题是资源不能灵活配置，新需求可能涉及新的计算和通信资源分配，零散独立的控制器资源也相互孤立，如果不更换硬件或者调整物理连接，通常无法达成变更目标。

手机等电子设备可以快速更新，是因为其通常只包含一个核心计算控制器，所有的信号调整和资源分配都在一个硬件上完成，不存在分布式架构的限制。当下的汽车行业也在进行类似的调整。如图 2-10 所示，汽车 EE 架构最大的变化是，将传统分布式微控制器架构调整为集中式域控制器架构，将核心功能合并至少数高算力控制器来支持功能的灵活迭代。在整车 FOTA 更新技术的加持下，建立车云连接，使软件的持续更新成为可能，汽车在架构上成为与手机类似的产品。

这种架构调整不只发生在智能驾驶汽车领域，云管端三大系统都在发生类似的变化。云端较早地提出了这一概念，发展也更为成熟。管端的变化是伴随着 5G 研发展开的，5G 网络与 4G 网络的区别主要在于分散的专用网元设备都更换成集中的通用设备，通信链路调整也由静态转化为动态，来适配不同的通信需求。车端的"软件定义汽车"在管端被称为"软件定义网络"。这场变革的影响远比我们想象的更加深远。

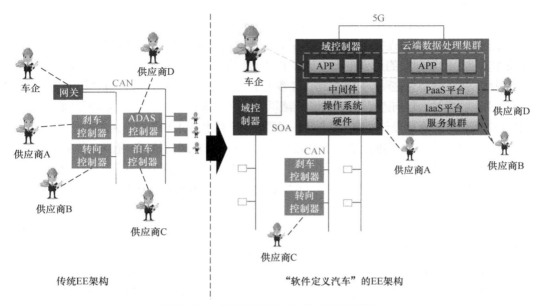

图 2-10 软件定义汽车下的 EE 架构变化

2.3.2 电子电气架构的底层硬件构建

整车电子电气架构的设计是多个层面的。鉴于本书主要探讨软件相关的内容,这里只简单讨论几个与智能驾驶相关的硬件话题。

首先是整车供电结构。除涉及安全的高压线束和信号敏感的通信线束采用双线制外,绝大部分用电设备采用单线连接,通过将负电极连接到金属车体形成回路。主用电设备一般采用并联结构,从属设备采用树状结构连接在主用电设备上,电池为主用电设备供电,主用电设备为从属设备供电,各级都有对应的保险熔断机制。

在热管理方面,一般需要通过热仿真和实测方法,估计各个设备内部平均以及峰值功率下的发热量,外露电气设备(传感器等)还需要考虑光照等外部热源的影响,据此设计主动或者被动散热机制,优化风冷和水冷散热装置的设计。

在防水管理方面,不仅要考虑降水天气的防水问题,还要考虑养护水枪喷射,车辆涉水时的漏水影响。相关线束接插件位置、控制器壳体缝隙位置、外露传感器探头位置都是需要重点关注的问题,一般会通过调整接缝处材料或更换防水零件的方式来解决。除防水外,类似的还有碎石、泥沙冲击和附着等问题的考虑。

电磁兼容性(Electromagnetic compatibility,EMC)干扰也是需要考虑的因素。电流通过导体会产生磁场，当电流大小和方向发生变化时，磁场也会相应发生变化，这种变化会反向影响信号的传播，这就是 EMC 干扰。EMC 干扰现象在装配有大量电子电气设备的智能汽车上尤为明显，特别是对于 GPS 等信号敏感设备。在设计总布置时需要针对该问题进行分析，并通过双绞线、屏蔽线、合理化布置等措施来减弱设备之间的影响。

碰撞安全则与 EE 架构设计相关，比如安全控制器以及黑匣子的位置必须合理，防止安全规避措施在作用过程中失效，防止事故后记录设备损毁导致数据丢失。

EE 架构当中的线束设计也有大量创新。特别是柔性电路板等技术的应用，部分线束可以由半刚性的印刷电路代替，其集成度和设计灵活性要优于线束，可以有效降低线束的使用量从而降低成本，简化设计结构。在制造过程中，柔性电路板相比线束更有利于机械臂进行装配，因此线束用量的减少也会在一定程度上简化制造，提升制造过程的自动化程度。

以上内容是 EE 架构的静态设计，还有一部分动态设计也需要关注，包括在智能驾驶中较为常见的闭环集中控制、冗余安全控制等概念，特别是能量管理、热交换和关键执行器的设计。

从闭环集中控制角度出发，供电管理是一个控制闭环。从用电设备被唤醒或者重启，到用电设备运转耗能，再到设备正常下电，或者在异常工况下切换低功耗、休眠以及熔断保护，都有一个明确的闭环控制逻辑。"主干电源网络"的设计方案出现后，电池和用电设备接入同一个主干，由供电控制器来集中完成电源分配、保护熔断与恢复机制。热交换也是一个控制闭环，很多车辆开始配置热管理控制器，对电机、电池、驾舱和其他发热/制冷设备之间的热交换进行集中管控。执行器的控制闭环更不必说，整个智能驾驶系统都是由大大小小的闭环构成的。

从冗余安全控制角度出发，供电管理有专属的冗余设计，目前整车电子设备电源供给主要来源于高压电池（IGN 电）内 DC/DC 输出的 12V 电压，并联超级电容或者蓄电池（BAT 电）后的稳压输出，考虑冗余电源输入则会另行增加一个蓄电池。有功能安全要求的关键设备例如转向执行器和智能驾驶域控制器等，会同时接入两套供电，其内部还会进行供电线路的交叉，防止一路供电线路失效后，导致整个控制器的功能失效。

除供电外，许多执行器的控制信号也会进行冗余设计。图 2-11 所示是一个整车电子电气架构的典型设计，部分关键终端会同时接入两套通信链路，信号同时传输在两套通信链路上，在一路通信失效时，能保障关键信号不会出现丢失。控制器同样如此，即使主控制器失效，也会由副控制器接管，进行功能的降级处理。

总体来说，EE 架构的底层设计不仅继承了传统汽车研发过程中的重点内容，还体现了服务灵活性的互联网思想。接下来我们继续讨论 EE 架构中与软件相关的诊断刷写、FOTA 更新、时间同步等话题。

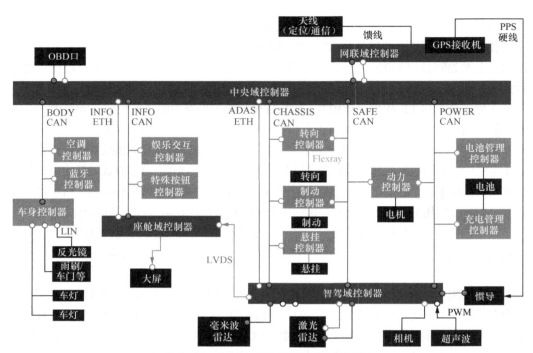

图 2-11 整车电子电气架构的典型设计

2.3.3 诊断与刷写服务

在汽车的全生命周期中,研发、生产和售后阶段都需要对各种电子设备的运行情况进行检查和调整,例如软件刷写、整车配置读写、传感器标定、过程调试、售后 DTC 故障码读取等,这些检查和调整需要通过 EE 架构中留存的接口来完成。如图 2-12 所示,诊断和刷写一般分为有线和无线两种模式,无线还可以细分为 Wi-Fi 与 5G 通信两种情况。对于性能更好的域控制器来说,无线诊断与刷写是目前智能汽车发展的重点。在研发调试阶段,或者面向不具备联网条件的控制器时,有线诊断和刷写服务仍然承担着重要的作用。

过去诊断与刷写服务通常由网关控制器(Gateway)作为统一出口,在域控制器架构下则更换为使用中央域控制器来负责连通 EE 架构内的其他控制器单元。为了便于在整车开发阶段进行调试,各控制器硬件还会预留额外的调试端口,但这些接口在制造阶段都会被取消,转而由标准 ODB-Ⅱ接口实施。

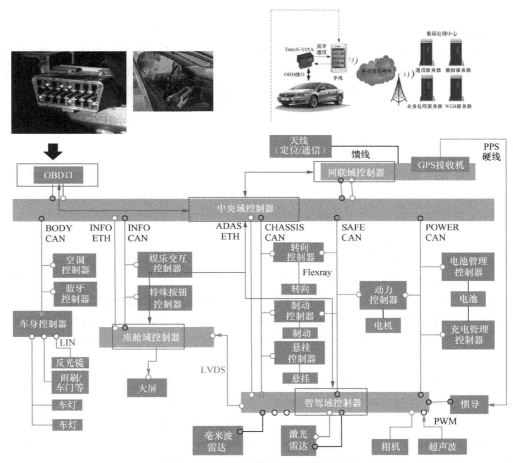

图 2-12 诊断和刷写服务的作用原理

ODB-Ⅱ协议是比较通用的汽车诊断协议,常被用于读取汽车参数和错误码,但ODB-Ⅱ并不是诊断协议的全部。完整的协议标准被称为统一诊断服务(Unified Diagnostic Services,UDS),ODB-Ⅱ协议只是UDS协议的一个子集。OBD-Ⅱ限定了几个服务,而UDS则提供了技术开发人员需要的所有服务,包含诊断、参数刷写、固件更新等。UDS面向整车所有的ECU,在ECU和诊断设备中间增加了一个模块化汽车通信接口(Modular Vehicle Communication Interface,MVCI)来支持扩展与适配。

UDS的任何服务都会包含一个字节的服务ID(SID)。一部分SID保留给OBD-Ⅱ使用,其余由UDS标准定义,部分由厂商自行定义。根据规范要求,测试端发送不同类型的SID参数,各控制器会根据指令确认反馈机制,返回对应的数据,执行对应的动作或者建立安全连接。

UDS 协议一般用在整车生命周期的量产制造与售后维修环节，研发阶段则广泛使用一种更加灵活的读写协议，被称为通用测量和标定协议（Universal Measurement and Calibration Protocol，XCP）。XCP 中的"X"表示其能适配多种底层网络协议和总线类型，主要应用于测量和标定 ECU 内部参数，允许对内存直接进行读写访问，并与 ECU 内部运行的任务和中断形成同步，从而保证当 ECU 软件参数更新时，能够快速采集到所需的数据。

2.3.4 FOTA 更新服务

简单来说，汽车空中升级技术（Over-The-Air，OTA）是一种远程的软件更新服务。由于这是区别传统汽车和智能汽车的一个重要特征，因此我们占用一个独立小节进行介绍。OTA 不仅可以为用户带来软件迭代的良好体验，而且能够有效缓解复杂功能开发的进度压力，软件可以延续到整车量产之后再完成交付。在分布式架构阶段，OTA 受制于算力和标准的差异，实施极为困难，域控制器架构的产生为 OTA 提供了持续发展的基础。

OTA 按照更新程度划分为固件升级（Firmware-Over-The-Air，FOTA）和软件升级（Software-Over-The-Air，SOTA）两种。FOTA 指的是给车辆下载完整的固件镜像（核心服务），涉及所有应用程序，因此影响较大。SOTA 仅更新部分应用软件，只对部分功能有影响。根据销售阶段划分，OTA 可以划分为静默升级（库存车升级）和非静默升级（客户车升级）两种，执行后者时车企对用户有告知义务。更新一般通过 Wi-Fi 或者 5G 网络进行，Wi-Fi 主要用于 4S 店和生产线环境，处理专项的调整。5G 则一般面向用户环境的升级。

OTA 是一个系统工程，涉及车云两端，从研发设计到制造售后整个过程。如图 2-13 所示，OTA 首先需要与制造售后系统联通，同步每辆车的软硬件信息；同时需要与各个研发部门联通，建立最新软件研发成果的上线流程和数据管道；还需要从技术层面与整车 EE 架构打通，明确车端 OTA 整个过程的人机交互、功能实现、环境保障、异常处理、性能达标。串联这些业务的中心角色是云端 OTA 服务平台。

如图 2-14 所示，FOTA 一般由 TBOX 或者网联域控制器发起和组织。通过 4G/5G 网络建立车辆与服务器之间的安全连接，确保待更新的固件被安全地传输到中央域控制器，中央域控制器上一般会运行一个 OTA 管理程序，管控整个 EE 架构的升级过程。

OTA 管理程序是车端更新服务的核心，需要完成多个关键任务。首先，需要通过网联设备和云端建立安全连接并处理升级包的下载、解密、差分重构、合法性验证等工作。然后，需要明确整个更新计划，确保车辆符合升级要求并明确软件升级的具体顺序与时机。最后还需要管控整个更新过程，如果出现软件更新失败的情况，则及时进行回滚操作，并建立与用户、平台的沟通链路，实时反馈更新状态与进展。

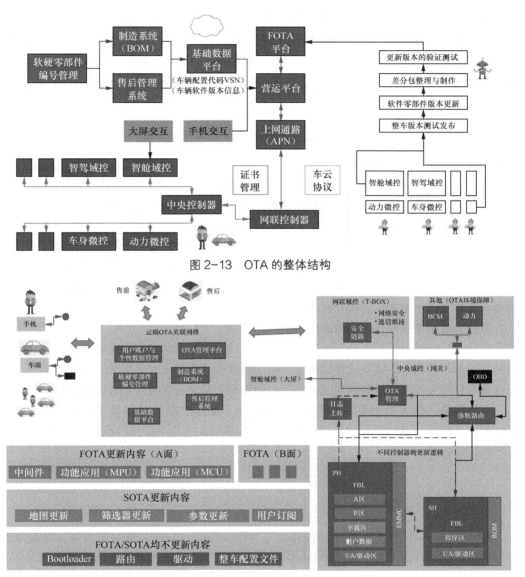

图 2-13 OTA 的整体结构

图 2-14 FOTA 更新的整体流程

从升级任务的组织上看，OTA 主要由升级模型、升级包、升级策略、升级日志四个关键要素构成。升级模型体现了一个车型下各控制器的依赖关系和升级顺序，包括升级规则的定义，明确了下载前后、安装前后须满足的必要条件。升级包是所有升级文件的总和，业务软件供应商提供相关内容物后，由 OTA 营运商进行内容物的加工（压缩合并、描述信息生成以及签名加密）制作而成，其内容包括配置文件、模型文件、数据文件、执行文件等。升级策略是升级任务中用于描述动态升级过程的一种配置，包含升级包下载策略、升级包安装策略以及异常情况下的处理策略，比如是否采用静默升级，升级前是否需要通知用户确认等。升级日志包括云平台的日志、车端与云平台通信产生的日志和车端升级程序搜集上来的日志，主要用于升级失败后的分析过程和正常升级过程的运营管理。

OTA 的产品性能存在安全性、健壮性和更新速度三个指标。从安全性考虑，软件更新的整个过程都会进行加密和认证，以保证更新不被仿冒、窃取和篡改。下载阶段会对更新方进行认证，并对刷写内容进行加密。刷写阶段同样会有专门的安全芯片进行校验、解码。一旦检测到存在安全风险，数据会自动销毁。软件启动阶段也设有保护，安全芯片会进行检查，确保只有可信的软件可以在控制器上被加载运行。

从健壮性考虑，外界异常（刷写过程断电、被刷写设备异常、刷写后不兼容）可能会导致软件更新中断，控制器必须支持软件回滚、断点续传、丢失重传等机制，增加刷写成功的概率。域控制器上会预留历史版本的备份（A/B 面），如果升级过程中发生错误，控制器可以恢复至上一版本，避免彻底失效。

更新速度由下载速度和刷写速度共同决定。对于下载速度来说，除了要确保无线通信的带宽外，一般还会采用差分升级的策略，减小升级包本身的大小，还可以采用静默预下载的方式来改善体验。刷写速度的瓶颈一般出现在使用低速 CAN 更新的微控制器上，设计过程中会优先处理耗时的刷写节点，集中通信和计算资源来并行加速对应的刷写过程。

总体来说，OTA 升级是一个错综复杂的过程。虽然 OTA 技术对整车的意义重大，但无序的灵活性所引发的产品安全问题也需要受到重视，因此主管部门也在收紧对于 OTA 过程的政策管控。

2.3.5 时间同步服务

EE 架构另一个重要的业务是时间同步。智能驾驶作为一个精准控制系统，时间同步的作用不言而喻。简单来说，一个系统对于时间的要求主要表现在两个方面。

首先，算法需要有一个统一的时间域，来自各个控制器和传感器的数据必须使用统一的时间度量，智能驾驶算法才能够正常工作。这个实现很简单，只需要在数据进入智能驾驶主控制器之后，标记一个智能驾驶时间域的时间戳即可。

其次，这个时间戳需要反映事件真实发生的时刻，比如雷达在 1 分 30 秒这一时刻捕获了一个目标，但由于 CAN 通信堵塞、预处理时间过长等原因，其实际进入智能驾驶控制器的时间可能是 1 分 31 秒,这 1 秒的延迟对于智能驾驶而言可能引发严重后果,因为 1 秒的延迟对于一辆高速行驶的车辆而言可能造成十几米的行驶误差。一般这类延迟为 50～300ms,如果不加以补偿,足以影响系统表现。如图 2-15 所示,时间同步服务一般分为硬同步和软同步两种。

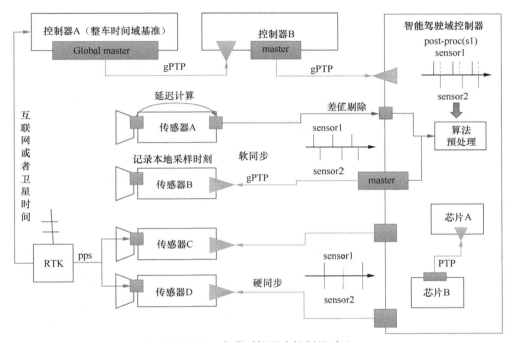

图 2-15 各类时间同步机制的对比

硬同步的目的是希望不同传感器的数据采集可以发生在同一个时刻,一般会用到 GPS(系统内最高精度的授时设备)的秒脉冲(Pulse Per Second,PPS)信号。不同传感器(比如激光雷达和相机)通过检测 PPS 脉冲上升沿,触发同步数据采集,产生有倍数关系的多帧信号(比如激光 10 帧、图像 20 帧),则可以基本认为有 10 帧的信号,相机和激光雷达是同步触发的。

软同步无法像硬同步一样保证触发时刻的同步,但可以通过软件方法估算出从某个事件触发到事件信息进入目标控制器的整个链路延迟,从而进行反向修正,将不同设备之间的时间统一到真实发生时间。通过算法做进一步的帧差值处理,实现类似硬同步的效果。

整个 EE 架构中的各个智能驾驶关联终端之间,主要有两条同步链路,分别是控制器时间同步以及传感器时间同步,最终都会汇聚到智能驾驶控制器上的一个统一时间域上来表达。

控制器时间同步并不一定需要一个真实时间,更多是以一个控制器为基准同步其他控制器,一般基准控制器会选择配置有 GPS 授时的控制器或者中央控制器。基准时间需要保证不存在跳变，在完成一次同步后，基准控制器主要使用实时时钟（Real_Time Clock，RTC）来进行时间推算。

RTC 是晶振时钟，通过晶振的规律震荡累加来推测时间的变化。与惯性导航器件相似，无须连接外部设备，但自身受到温度等因素影响，在较长时间后会出现精度偏移。如果 RTC 和 GPS 在同一时刻启动，运行 24 小时后，RTC 时间和 GPS 时间可能会存在秒级别的差异。不同质量的 RTC 器件，误差会略有不同。

不同控制器的 RTC 累计误差发散略有不同，需要定期进行 gPTP 同步。这里对 gPTP 的概念不做详细介绍，所有同步机制的原理均类似。A 设备发送一个消息给 B 设备，该消息自带离开 A 设备的时间戳（T_1）。B 设备接收后添加自己的时间戳（T_2）。然后消息折返，在离开 B 设备时，添加离开的时间戳（T_3）。A 接收到该响应消息时，添加时间戳（T_4）。一个周期的时延是 Delay=$(T_4-T_1)-(T_3-T_2)$。A 设备相对 B 设备的时间差 Offset=$((T_2-T_1)+(T_3-T_4))/2$。则 A 设备据此修正本地时钟，实现与 B 设备的时钟同步。

传感器时间同步则是一个绝对概念，以真实环境的采样时间为基准，主要问题是传感器（相机、雷达等）的真实采样时间与目标控制器接收时间之间存在的通信阻塞延迟和预处理延迟。传感器一般会在实际采样时刻记录一个本地时间戳，并在消息确认发出时记录另一个时间戳，将两者的差值随消息一同传递给目标控制器，目标控制器在接收到消息后记录一个本地时间域的时间戳并减去差值，即可得到在本地时间域下传感器的实际采样时间，从而完成传感器同步。

满足不同的业务需求，可能需要切换不同的时间域，不同时间域的特点也不同。比如数据记录强调准确性但可以接受时间跳变，而智能驾驶系统的时间域通常不接受跳变，不过准确性的轻微偏差并无大碍。不同时间域的换算一般通过多个时间映射表来完成。

在实际工程实践中，硬同步和软同步（控制器/传感器同步）通常会同时实施，形成一个完整的 EE 架构时间同步方案。软同步和硬同步并没有绝对的好坏之分，更重要的是成本和精度的平衡。但是有一个原则可以参考，即时间同步策略尽可能围绕时间敏感业务所在的控制器展开，从而使时间同步传导的复杂性尽可能降低。

2.4 终端架构设计

2.4.1 计算机终端运行的基本原理

如图 2-16 所示，一个控制器或者计算机一般由硬件层（芯片、总线等）、操作系统层

（实体、虚拟操作系统）、中间件层（调度、诊断服务等）以及应用层构成。微控制器的结构较为简单，而云服务器上的节点则更复杂。域控制器的复杂度适中，但考虑到安全性的要求，其内部仍有一些特殊设计。

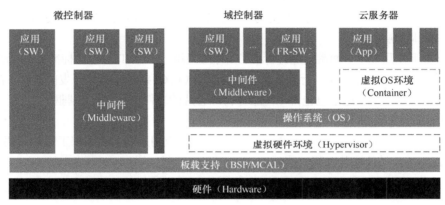

图 2-16　计算终端的基本结构

具体来看，控制器硬件一般由芯片、晶振时钟、外部存储设备、I/O 接口以及外围连接电路等部件构成。芯片可以细分为电源芯片、通信编解码芯片、安全芯片、SoC 计算芯片（包含 DSP、FPGA、ARM、ASIC 等）。

计算机上电后，会优先运行 Bootloader 程序，其实现一般根据硬件来定制。其主要作用是引导其他上层软件的加载，相当于一个简配版 BIOS 系统。Bootloader 会初始化硬件，建立内存空间映射图，并为板级支持包（Board Support Package，BSP）和操作系统（Operating System，OS）准备好正确的环境。

BSP 主要包含与系统有关的基本驱动（串口、网口等），也可以添加一些与系统无关的驱动或程序，因此可以在 BSP 上直接完成简单应用的开发。但对于复杂控制器来说，BSP 一般会适配操作系统的接口规范，引导操作系统的启动。

另外由于芯片结构越发复杂，每种芯片的外设寄存器地址和控制方式各不相同，因此针对每种 Board 编写 BSP 工作量很大。一般芯片公司还会提供 HAL 库，用户可以忽略寄存器的繁杂操作，直接调用 HAL 库函数进行芯片内部外设操作，缩短 BSP 软件的开发周期。

当 OS 启动后，则 BSP 的任务结束，OS 会调用相应的驱动程序来重新初始化系统。包含驱动在内的 OS 内核层可以看作软硬件的一个分界面，OS 内核以上的系统接口调用与硬件无关。

OS 调用层是 OS 内核和用户应用程序之间的"桥梁"，其包括文件系统、通信库等组件，主要功能是为应用层提供与文件、内存、时钟、网络、现实、外设等进行互操作的能力。OS 调用层一般基于可移植操作系统接口（Portable Operating System Interface of UNIX，POSIX）标准进行设计，通常还会提供许多工具类的功能，比如操纵字符串、各种数据类型、时间日期等。OS 内核只与 OS 调用层打交道，而 OS 内核层其实并不关心应用程序怎样使用 OS 调用层。

在 OS 调用层之上，通常是通过标准 C 语言实现的 API 接口，包括标准 C 库函数和系统调用接口。系统应用（命令行等）或者其他应用（C/C++/Python 等开发的软件）都可以在此基础上继续开发。这里也包含一些服务特殊芯片的软件支持包（定制驱动、定制接口），例如 CUDA、OpenCL 等。

具体业务软件的开发还会继续拆分为中间件层和应用开发层来解耦工程和算法，这些内容会在第 4 章具体展开介绍。

2.4.2 车端控制器终端

不同的域控制器（微控制器）在整车功能实现上有不同的功能职责。比如车身控制模块（Body Control Module，BCM）负责集中管理灯光、雨刷、钥匙等设备，电池管理控制器负责汽车的充放电和能源管理，智能座舱域控制器负责人机交互设备的集中控制。这里我们重点介绍对安全要求更高的智能驾驶域控制器。智能驾驶域控制器最显著的特点是在维持高算力的同时还要关注高安全性。域控制器的算力并不一定比一台普通 PC 高，但普通 PC 一定不具有域控制器的安全设计。

我们将重点围绕安全设计展开关于车端域控制器的介绍，首先要谈的是 E-GAS 安全架构。如图 2-17 所示，该架构的设计理念来源于"Standardized E-Gas Monitoring Concept for Gasoline and Diesel Engine Control Units-Version 5.5"，已经得到世界各大整车厂商（OEM）和一级供应商（Tier1）的广泛认可，特别是在发动机、变速箱等关键零部件上的应用。E-GAS 架构分为三层，分别为 Level 1 功能层、Level 2 功能监控层和 Level 3 芯片监控层。Level 1 功能层包含正常发动机控制功能，如扭矩控制、零部件诊断、信号检查等。Level 2 功能监控层负责监控 Level 1 功能层的一些重要计算，比如发动机扭矩，一旦进入异常范围即触发故障响应。Level 3 芯片监控层分别运行在主芯片和监控芯片上，执行查询/应答流程，检查 Level2（主芯片）是否在正常工作，发现中断即触发故障响应。

E-GAS 的逻辑很简单，每一层都负责监控上一层的部分维度，通常是维度越靠近底层，监控内容越精练，复杂度越低，但功能安全的要求更高。

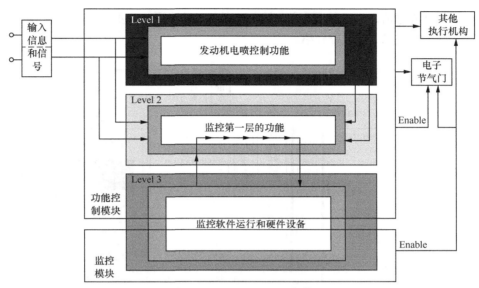

图 2-17 E-GAS 三层架构

当下智能驾驶域控制器的安全架构其实是 E-GAS 架构升级版本。从功能安全的等级来分析，域控制器上一般有两类计算芯片，ASIL-D 安全计算芯片与 ASIL-B 性能计算芯片。越靠近底层的软件，ASIL 等级越高，Bootloader、BSP、Hypervisor、OS 以及部分特殊应用（安全监控、通信、能源管理）在安全芯片上的等级都是 D 级。性能芯片上的底层软件安全等级范围一般为 B 级~D 级，应用层算法和依赖库的等级范围一般为 QM 级~B 级，一个智能驾驶应用算法达到 ASIL-B 级别已经相当出色。研发编译类工具库的 TCL 等级通常为 3 级，其他调试工具的等级需要达到 1 级。但以上都是经验值，安全等级划分最终取决于安全需求和架构。

如图 2-18 所示，为了使整个系统达到 D 级，一般会有三道以上的防线。L1 负责对性能芯片上的各种应用软件模块进行安全监控，一般部署在性能芯片上，但可能运行在一个高安全等级的 OS 上。L2 负责监控 L1 的状态，除高安全等级的 OS 外，还会在芯片层采用 LockStep 机制，防止芯片运算错误。L3 负责监控 L2，会直接运行在一个独立的安全芯片上。芯片硬件、操作系统、监控软件等都会达到 ASIL-D 级别，对性能芯片上的软件运行状态进行整体监控。这其实与 E-GAS 的逻辑相同。

另外，除车端控制器外，智能驾驶系统还包括传感器、执行器以及网联设备。这类终端设备负责控制器（电信号）和外部环境（机械能、化学能、电磁波）的交互和转换。传感器（毫米波、摄像头、激光雷达等）主要负责环境信息的输入，网联设备（5G、GPS 等）

主要负责与外界通信，执行器（动力、转向、刹车、悬挂等）主要负责车辆的控制输出。相关内容我们将在第 3 章展开介绍。

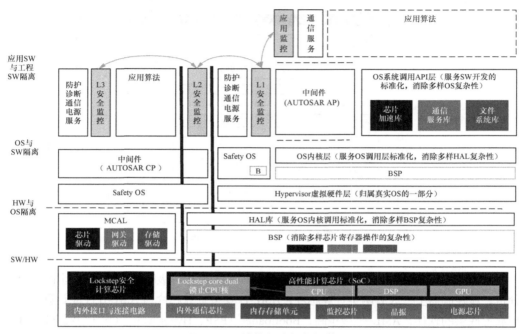

图 2-18 域控制的架构细节

2.4.3 云端计算集群

与常规认知不同，当下智能驾驶真正的"大脑"多存在于云端，因此我们也需要关注云端计算集群的架构。虽然车端控制器和云端计算集群的本质都是计算机应用，但在设计上有很大差异。

云端计算集群是在云计算的背景下展开的。云计算的核心逻辑是输入输出业务，与计算业务不在一个物理主机上。整个云计算由云、管、端三大部分组成，云端负责计算，终端负责输入/输出，管端负责两者的连接。其部署的计算机通常不是单个物理主机，而是大量标准化的计算设备组成的集群。如果车端控制器是一个经过完善精密设计的"诸葛亮"，那么云端计算集群就是千万个协作良好的"臭皮匠"。

如图 2-19 所示，按照计算机的层次结构来划分，云计算可以分为基础设施即服务（Infrastructure as a Service，IaaS）、平台即服务（Platform as a Service，PaaS）、软件即服务

（Software as a Service，SaaS）和数据即服务（Data as a Service，DaaS）等几种类型。操作系统以上由客户管理的是 IaaS，IaaS 将基础设施作为服务来交付，例如租用云主机。中间件以上由客户管理的是 PaaS，PaaS 将平台作为服务交付，例如 MySQL 数据库服务。而软件应用以上由客户管理的是 SaaS，SaaS 把软件直接作为服务交付，微信、钉钉等就属于这个类型。当下还有 DaaS 即用户只负责提供数据并享受数据收益的服务模式。智能驾驶作为一个综合性的云端业务，从 IaaS 到 DaaS 都有应用。

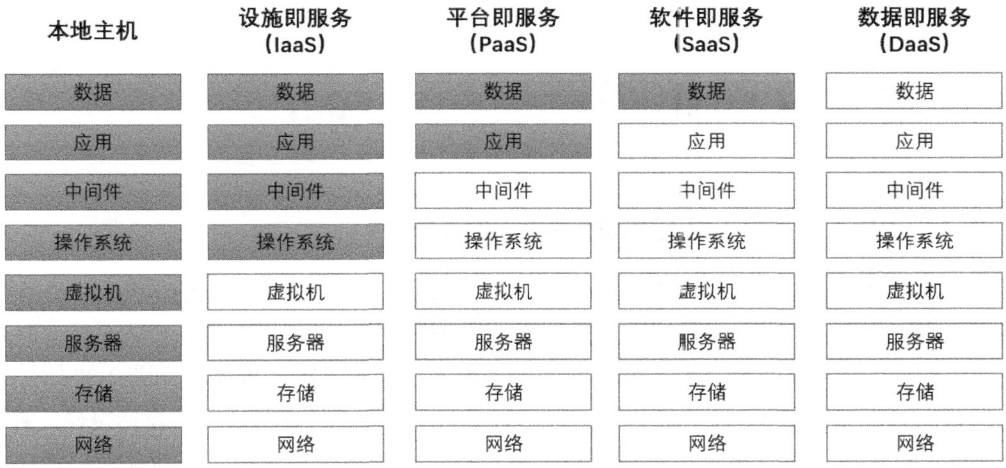

图 2-19 云端服务的提供形式

如果把云上终端类比为"电路板"，那么车载终端只能算一个"元器件"。如果要对云系统进行开发，我们必须要先降低其复杂性，使研发聚焦在关键任务的实现上。

IaaS 层面上的硬件差异被解耦，计算、存储、网络、内存等都实现了虚拟化。开发人员不需要考虑硬件维护问题，直接登录云端操作系统使用即可。容器化、设施即代码（Infrastructure as Code）、不可变设施等概念在 PaaS/SaaS 层面上被提出。容器化技术帮助开发人员屏蔽了软件在操作系统层面的部署差异，提升了部署灵活性。设施即代码的相关技术，使开发人员可以通过代码完成容器底层资源的申请与配置，实现资源把控。不可变设施概念应用了一种"用完即弃"的业务容器设计理念，通过"替换"而非"检修"业务容器，提升灵活性。整个云端底层系统的各种技术都在帮助开发人员将注意力集中在业务本身。其实，车端域控制器的中间件也在承担类似的任务。

云端研发人员的核心工作是开发各类容器用于数据处理、模型训练、可视化、过程管理等业务，根据业务要求串联容器并建立数据管道，打通数据链路，将研发过程整合成一个有机整体。数据管道串联成大大小小的数据闭环或者数据"引擎",将用户(数据)、工程师作为迭代的"燃料"供给,最终推动"云上智能驾驶大脑"的成长。

除云计算外,参与这个过程的还有边缘计算,指在车云之间的某个位置(比如住宅、路侧)建立网络、计算、存储、应用的平台,提供就近服务,主要面向具有低延时、高带宽要求、低隐私要求的局部场景应用,比如车辆和路侧交通信号灯的交互,车辆储能和房屋储能的交换等。边缘计算是对云端计算的一种有力补偿,根据业务下沉的程度还有雾计算、霾计算等概念,本书不做过多扩展。

2.5 通信架构设计

2.5.1 OSI 参考模型与智能驾驶通信应用

通信的技术实现是多样化的,在传输速率、成本、成熟度、时延、稳定性、安全性等方面的表现也各不相同。但其结构是类似的,讨论通信技术一般都会从开放式系统互联通信参考模型(Open System Interconnection Reference Model,OSI)开始。如图 2-20 所示,任何数据的传递都会根据需求在发送端对内容进行逐级报头的添加以包含发送路径、编码规则和消息类型等通信属性,并在接收端对内容进行逐级报头的剔除,以根据通信属性进行消息对偶处理,保证内容的完整性和正确性。理论上,一个完整的通信机制包含 7 层,上面 4 层负责对报文本身进行处理,类似快递的包装工作;下面 3 层为网络层,类似快递公司的包裹运输,通常有对应的物理硬件载件。

- ❑ 应用层:面向用户的一些服务接口。
- ❑ 表示层:对数据进行翻译、加密和压缩。
- ❑ 会话层:建立、管理和终止会话。
- ❑ 传输层:提供端到端的可靠报文传递和错误恢复,操作对象为段(Segment)。
- ❑ 网络层:负责数据包端到端的传递和互联,类似邮寄地址,操作对象为包(Packet)。
- ❑ 数据链路层:负责数据包点到点的传递,类似中转站,操作对象为帧(Frame)。
- ❑ 物理层:负责物理媒介上的传递,类似货车,操作对象为(Bit)。

通信技术是根据业务要求以及技术本身的特点来选择的。比如 TCP/IP 协议可以支撑互联网业务的复杂交互,但是它在 OSI 各层的设计非常复杂。车端的 CAN 协议则简化了各层的设计,从而可以满足车辆可靠性和低时延的要求。

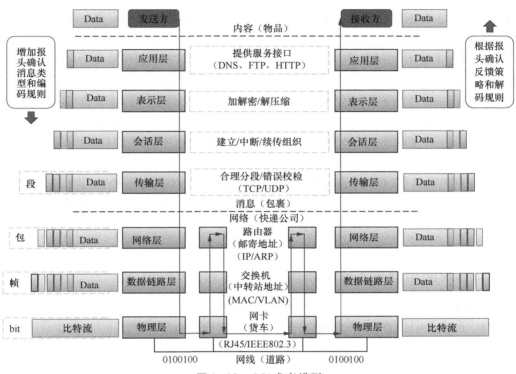

图 2-20 OSI 参考模型

汽车业务目前常用的通信机制如表 2-1 所示,各自都有不同的优缺点。CAN/CAN FD 是目前车端广泛使用的通信协议,而车载以太网是目前在新架构下发展最快的通信协议。我们会在 2.5.2 节和 2.5.3 节详细介绍 CAN 和以太网,这里先来简单了解其他集中通信方式。

表 2-1 各类通信机制的区别

典型通信	速率	特性	成本	擅长领域
LIN	<10Kb/s	成本低	低	慢速、低安全车身
CAN	125~1000Kb/s	平衡性	低	车身、车控
CANFD	1~10Mb/s	平衡性	中	关键车身、车控
FlexRay	<10Mb/s	安全、实时	高	安全执行系统
Ethernet	100~1000Mb/s	灵活性	高	域主干网
LVDS	100~800Mb/s	带宽高	高	摄像头系统

LIN 网络是一种低成本的串行通信网络,主要实现辅助 CAN 的功能。在很多低带宽和功能简单的通信场景中,使用 LIN 总线能够节省成本。LIN 采用单主控制器/多从设备的

模式，一般与 CAN 配合使用，处于整个电气架构的末梢位置，连接一些功能简单的终端设备（门、座椅等）。

FlexRay 网络是一种高速的、可确定性的，具备故障容错的总线系统，一般为双线连接。用户可以配置静态传输，发送安全性较高的周期信息，使用时分多路访问（Time Division Multiple Access，TDMA）方法，对每个通信节点进行计划性的时间分配；也可以配置动态传输，发送频率不稳定的非安全消息，使用柔性时分多路访问（Flexible Time Division Multiple Access，FT-DMA）方法，轮询每个通信节点，确认是否有信息发送。相比 CAN 通信，FlexRay 的成本更高但实时性更好，一般用于高安全要求的控制器通信。

低电压差动信号（Low-Voltage Differential Signaling，LVDS）是一种低功耗、低误码率、低串扰和低辐射的差分信号技术，具有功耗小、抗噪声能力强、电子干扰小等优势，一般用于高速 I/O（比如相机视频流）的传输任务上。

2.5.2 面向信号的 CAN 通信

CAN/CAN-FD 网络是汽车通信的绝对主力，拥有较好的性能、极高的可靠性和低廉的成本。CAN/CAN-FD 的协议主要聚焦于数据链路层和物理层的设计，仅保证节点间无差错的数据传输。如图 2-21 所示，不同于以太网通信，CAN 通信是为了适应分布式的多个控制器之间的互联而存在。

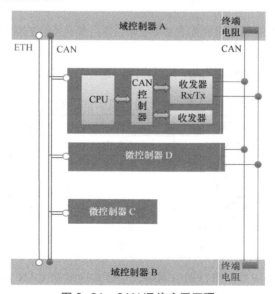

图 2-21　CAN 通信底层原理

CAN 网络中的各节点会一直监听总线，发现总线空闲时便开始发送数据。当多个节点同时发送数据时，会通过一套仲裁机制竞争总线。每个节点会首先发送数据 ID，ID 越小表示优先级越大，优先级大的 ID 会自动覆盖优先级小的 ID。当优先级小的 ID 节点发现自身被覆盖掉时，便会停止发送数据。由于存在等待，因此传输的数据可能是非实时的。

在 CAN 总线上，当节点发现收发数据有误时，会发送错误帧并告知总线上的所有节点，错发数据的节点会重发数据。每个节点都有一个错误计数器，当一个节点总是发送错误或接收错误超过一定次数时，便会自动退出总线，保证总线的利用率。

CAN 的通信协议已非常成熟，本书仅作简单描述。CAN 通过 5 种类型的帧（数据帧、遥控帧、错误帧、过载帧、间隔帧）来完成通信的组织，数据帧和遥控帧有标准和扩展两种格式。其中，数据帧用于发送单元向接收单元传送数据。遥控帧用于接收单元向具有相同 ID 的发送单元请求数据。错误帧用于当检测出错误时向其他单元通知错误。过载帧用于接收单元通知发送单元尚未做好接收准备。间隔帧用于将数据帧及遥控帧与前面的帧隔断。

CAN-FD 协议可以理解成 CAN 协议的升级版，物理层采用相同设备，而协议层的传输速率、数据长度、帧格式等均有改变。CAN-FD 协议将 CAN 协议的每帧 8 字节数据提高到 64 字节，波特率从 1Mbit/s 提高到 8~15Mbit/s。通信效率是 CAN 的 8 倍以上，大大提升了车辆的通信效率。

如图 2-22 所示，CAN-FD 可以支持 AutoSAR 框架下的 PDU 概念，提高了数据包组织的灵活性，分为 Container PDU 和 Signal PDU 两类，前者是后者的容器，后者用于存放具体信号。相比传统固定长度的 CAN 信息，CAN-FD 可以根据需求在发送时动态配置内嵌 Signal PDU 的位置和个数，由此可以更灵活地适配负载和业务要求。但这种灵活性通常需要测试人员具有更高的专业素质，因为其配置灵活性增加了信号解析和测试的难度。

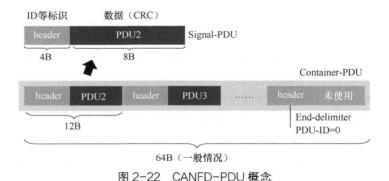

图 2-22　CANFD-PDU 概念

CAN 和 CAN-FD 的本质都是基于信号的通信，我们在讨论分布式 EE 架构时也已经提及，无论 CAN-FD 的 PDU 增加了多少灵活性，本质上发送方、接收方的组织是固定的，调整是缓慢的。而基于以太网的 SOA 相对来说更为灵活，我们将在 2.5.3 节对此展开介绍。

2.5.3　面向服务的以太网通信

汽车以太网的通信协议栈相比 CAN 更为复杂，其覆盖的业务范围也更宽，灵活性也更高，是目前域控制器之间通信的主流方案。如图 2-23 所示，目前汽车以太网有两条发展路线。

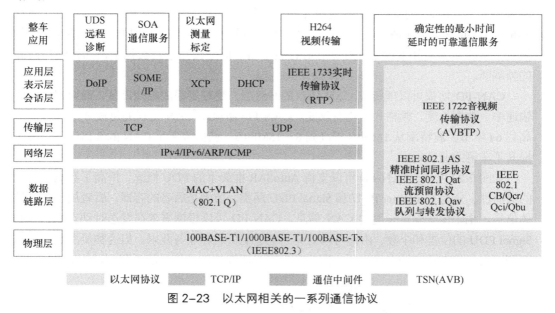

图 2-23　以太网相关的一系列通信协议

一条路线是时间敏感网络（Time Sensitive Networking，TSN），是从链路层往上进行的一次全面改进，是未来具有较大潜力的一种以太网通信协议，但目前仍然不成熟。TSN 网络的技术实现和协议设计起初用于解决以太网音视频同步稳定传输的问题，现在开始服务于整个汽车的实时以太网通信。传统以太网的传输机制类似于道路交通，行程时间取决于道路的拥堵情况，无法确定时延。而 TSN 更像是公交车在专用道上行驶，可以优先确保资源占用，时延具备一定程度的确定性。TSN 网络的核心理念是确保信息实时性，但这种实时性依赖于大量的人工设计，如何在此基础上兼顾灵活性是一个重要问题。

行业目前更倾向于采用另一条技术路线，即对常规以太网技术进行改进，调整底层和应用层的设计，保留绝大部分网络层及传输层的设计，可以与传统互联网无缝衔接。

从底层（物理层、链路层）来看，与传统以太网不同，车载以太网通过单对屏蔽电缆连接，采用全双工通信方式，以满足电磁干扰等车规要求。链路层则需要重点关注 VLAN（虚拟 LAN）协议。VLAN 会在物理 LAN 上划分成多个广播域（虚拟 LAN），从而将广播报文限制在单个 VLAN 内。由于车端不同的功能域较多，为了避免广播风暴，常使用 VLAN 来进行通信隔离以提升网络质量。

网络层和传输层并没有进行太多优化，核心是对 TCP/IP 协议簇的再利用，这里不详细介绍。应用层（会话层以上）的调整较多，增加了服务远程诊断等任务的专用协议。在这些协议当中，行业讨论最为热烈的 SOME/IP（Scalable service-Oriented MiddlewarE over IP）是 SOA 的实现手段之一，提供了实现 SOA 所需要的序列化、服务发现、发布/订阅、消息分段等函数功能。当然，SOA 还可以通过工业领域的 DDS（数据分发服务）或者其他自研或第三方的通信组件实现。

了解以太网通信的基本构成后，接下来我们讨论面向服务的体系结构（Service-Oriented Architecture, SOA）。SOA 并不是一种具体的技术，而是一种架构策略层面的指导思想或者范式，其目的是更好地利用处于不同所有权范围控制下的信息的分布式设计。如图 2-24 所示，SOA 隐含了通信的概念，因此也常与 CAN 等基于信号的通信进行类比。但仔细比对会发现两者具有本质区别。

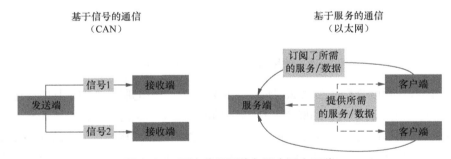

图 2-24　面向信号通信与面向服务通信

面向服务的通信定义了"服务方"和"消费方"，"服务方"是传统意义上的发送者，而"消费方"是接收者。在整车应用当中，我们可以通过 AutoSAR AP 或者自主研发的生成工具，生成类似 CAN 的通信矩阵，满足各个域控制器之间的通信需求。除通信载体不同外，较为明显的区别只有以太网 SOME/IP 支持的服务发现功能，其可以动态建立域控制器之间的传输链路，从而实现动态拓扑的构建，提升软件更新过程中的灵活性。

不同于固定的信息传输，消费方可以利用"服务发现"来订阅多个服务方准备好的信息输出服务。应用程序之间以松耦合形成连接，当消费方的需求发生变化时，服务方通常不需要做出改变。但这些特点的实施只能达到面向服务通信（Service-Oriented Communication，SOC）的程度，还没有上升到SOA，是一种从"通信"角度出发的思考。

由于SOA经常与CAN进行类比，因此大多数负责通信网络配置的从业者也习惯从"通信"角度对其展开思考，这使SOA的作用大打折扣。笔者在接触SOA的初期并不能理解SOA的很多定义和设计，很大程度上也是受制于"通信"这个固有的思维模式。但是如果从"计算"视角出发，很多问题就会迎刃而解。

如图2-25所示，作为软件开发人员，笔者认为SOA是一种函数交互。函数调用看上去是一种"计算"过程，其背后也隐藏了"通信"的概念，通过内存指针的牵引，我们才能在调用某个函数时，找到对应的方法和数据，而SOA很大程度上更像是将函数调用的"指针和内存"变换成了"ID和网络"。

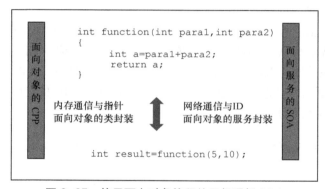

图 2-25　使用面向对象编程的思想理解 SOA

从"函数"角度分析，图2-26所示为SOME/IP提供的服务类型，其所描述的服务（Service）更像是一种"类"的概念。其实例（Instance）对类的方法进行了调整，其接口（Interface）以及事件组（EventGroup）的标记是对类的数据结构的调整。而Interface之下的Event、Method和Field更像是对某个数据结构读写权限的约束以及输出方法的设计。类的交互通常是"双向"的，SOA其实也是双向的。然而，由于受到"通信"概念的约束，SOA常被强制设计为一个"单向"过程。

从"类"的角度继续挖掘，我们会发现SOA服务之所以被公认为难以设计，存在两个层面的原因。一方面，SOA设计需要从业者对业务和技术都比较了解才能有效推动。技术方面要自下而上地分析并确认接口复用性，业务方面要自上而下地分析并确认接口适用性，最后获得最佳设计。真正的"鸿沟"则来源于另一个方面，即处理SOA的从业者通常只有"配置"理念而没有"开发"理念。笔者认为SOA的设计初衷是降低多个域控制器的开发难度。如果从软件设计模式角度出发理解 SOA 设计，确实可以更容易地达成这个目标。但在工作实践中，网络配置工程师缺少软件开发经验，且不同域控制器的配置工程师也基本不了解其他的业务领域，可以统筹多个域控制器的软件架构工程师更是凤毛麟角。SOA 常被作为案例来说明跨领域知识体系的重要性，这样的技术点在整个智能驾驶汽车产品的开发过程中比比皆是。

图 2-26　SOME/IP 提供的服务类型

2.5.4　通信与计算的匹配关系

从并行连接的分布式控制器架构到呈现分层树状特性的域控制器架构，智能驾驶的电子电气架构正在呈现"人类身体结构的特点"，计算节点可以类比为器官、细胞、神经元，而通信连接可以类比为血管、细胞膜、突触。

无论在车端、管端还是云端，通信与计算是相伴而生的两个概念。通信需要芯片的计算，因此通信会受制于计算能力，而计算也可能反向被通信约束，因为计算的中间状态需要通信进行传递。关于电子电气架构变革的讨论通常将计算架构和通信架构拆分描述，这会带来很多问题。

无论是讨论芯片内的逻辑单元、存储单元和总线，还是芯片与芯片之间的总线通信与内存交换，或是 EE 架构上的域控制器与线束连接，我们需要理解一个概念，性能得到充分发挥通常是各个层面上计算、通信、存储三者面向业务协同设计的结果。

在关于 EE 架构的讨论中，本书介绍了域控设计的基本特点，这里从通信角度重新梳理域控下的 EE 架构，如图 2-27 所示，我们可以发现计算与通信之间存在匹配性，整体呈现出层次性。由于没有单件成本、安装空间等的约束，云端（管端）的服务集群采用了高速总线、光纤以太网等技术，以确保最大的灵活性。由于受到成本和工作环境的影响，车端的通信设计通常会综合使用以太网、CAN、LIN 等技术,确保成本、安全、灵活性、成熟度等指标的平衡。从车端细分来看,车端以域控制器为中心辐射到末梢的微控制器。域控制器计算量大,对带宽要求高,需求更新频率快,因此采用基于以太网的面向服务通信。由于微控制(如 BCM)的业务变更周期和带宽要求都相对较低,一般采用基于信号的 CAN/CANFD 通信;一些更为简单的传感器(光照传感器)或者执行器(车窗升降器)的连接,则采用成本更低的 LIN 通信。由于对带宽、稳定性和时延有一些特殊要求,因此部分复杂传感器和高安全执行器常采用一些专用的通信网络,例如 LVDS/FlexRay 等。

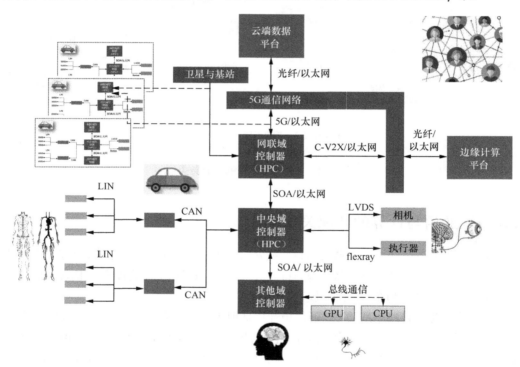

图 2-27 从通信角度思考电子电气架构

深入域控 EE 架构内部,从通信角度看单个域控制器,也有许多值得讨论的内容,特别是"通信与计算密集匹配"的典型代表网联域控制器。如图 2-28 所示为网联域控制器的内部架构,每个层次都有特殊设计。

从硬件上看,集中了大量通信组件的域控制器通常对硬件设计有额外的要求,由于通信信号很容易受到 EMC 干扰,因此需要对屏蔽层、外围电路、馈线、天线等进行特殊设计,以保障传输的稳定性。

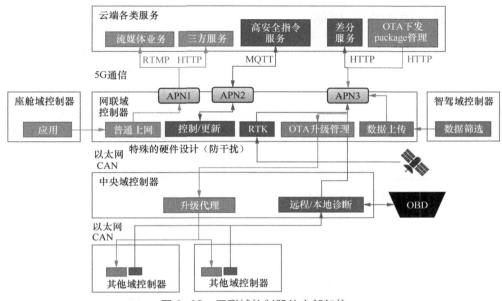

图 2-28　网联域控制器的内部架构

从软件上看，网联域控制器首先要处理好对外通信的业务，除了一些短程通信（如 DSRC）应用外，主要采用 4G/5G 通信。为了更加有效地对接云端多元的数据业务，APN 技术被广泛应用。APN（Access Point Name）是一种 4G/5G 网络的接入技术，不同的 APN 参数决定了不同的互联网访问方式与范围，通信运营企业会根据 APN 施加不同的计费策略和流量策略。不同类型的 APN 通常对应不同的车云服务。比如某个 APN 处理实时动态定位（Real-Time Kinematic，RTK）服务、智能驾驶数据交互服务等专项应用，而另一个 APN 处理软件更新、远程控制等高安全性的交互，网联域控制器一般还会开设其他 APN 来应对用户自发的上网行为。

除对外业务外，网联域控制器还要处理好内部信息传输。不同的车云应用服务有不同的内部传导链路。比如一般的车端互联网接入业务，通常会全程使用 TCP/IP 下的 HTTPS 建立安全的长短连接，配合车内以太网通信来交互数据。关键安全指令则会使用 TCP/IP 下更稳定的 MQTT 协议和鉴权认证机制，配合车辆的可靠 CAN 通信完成业务串联。针对视频类业务则会使用 TCP/IP 下的 RTMP 协议来配合内部的 LVDS 网络，对图像进行分发。

总体来说，对于任何层次上的智能驾驶系统研发，通信和计算这两个概念都是紧密联系的，同一层次的计算和通信相互匹配，不同层次的计算和通信相互协同，由此构成了一个有机的整体。

2.5.5 对通信的深层理解

回顾之前讨论过的各类通信技术，进一步挖掘通信和计算的关系，我们还可以发现一些更加接近本质的规律。笔者将交通出行业务的演进和通信架构的演进进行了对比，如图 2-29 所示。在交通系统中，私家车代表人和车的固定映射关系，在不约束需求的情况下，交通系统的整体负载以及负载均衡都是很难实现的，交通拥堵以及停车资源不匹配等问题频频出现。共享车逻辑出现后，打破了人和车的固定关系，情况有所改善，交通系统的利用率有所提升。虽有奖励系统的调节，但仍然受到生活作息以及营运偏好等人为因素的影响。共享出行的发展前景是基于无人驾驶的智能出行，其解绑了人和车的关系，从能源补充到行驶路线都是系统全局规划最优的结果，极有可能成为交通系统发展的终极目标。

固定的关系→可变的关系→自学习的可变关系

图 2-29　交通系统与通信系统在设计上的对比

基于信号的 CAN 通信反映的是一种固定的信号交互过程，无法有效满足业务的变化。而 SOA 改变了这个过程，建立了信号交互的可变关系，但也存在一定约束。第一，通信的带宽负载和计算消耗伴随链路的调整仍然会造成运算不稳定，因此需要工程师参与进行适配性设计。第二，无论服务设计多么灵活，其接口仍然依赖人工设计，所提供的服务仍然需要人为设计，且不可能超越开发人员的认知范围。未来是否有一种通信机制，其交互过程更加精细，在变更后仍能保证运算稳定性呢？答案是肯定的，那就是深度学习。我们后续会对深度学习的概念进行详细的讲解，这里大家可以简单理解为一种由机器编写的软件。

举例说明，假如有一天，你愁容满面地坐进车里，汽车音响立刻开始自动播放一首你悲伤时常听的歌曲。你一定会在诧异其表现的同时，还有些感动。这并不是因为汽车有同样的心情，而是它一直在分析你与车内所有接口的交互数据，发现表情识别结果与这首歌的播放之间存在明显的相关性。我们可以通过深度学习模型来捕捉这种相关性，这种级别的网络模型训练甚至可以在车端完成。当发现这种行为模式存在规律性时，便可以在下次满足触发条件时，主动完成后续的操作。在这个案例中，我们能够发现深度学习相对 SOA 而言有新的优势。每个人不只是订阅既有的服务，而是可以拥有私人定制的、粒度更细的服务，并且这种变更可能不需要通过 OTA 升级获得，而是由用户在本地自行培养。

通过分析这个案例，笔者总结了智能服务的三个阶段。第一阶段是构建固定且稳定的关系，第二阶段是构建可变但不一定稳定的关系，第三阶段是构建可变且稳定的关系。我们当前处在由第一阶段向第二阶段转移的过程中，但如果要进入第三阶段，核心是尽可能地去除服务执行的人为干预。

读者也许会有疑问，深度学习为什么会涉及通信的概念？回顾上一节的核心观点——"通信是计算，计算也是通信"，可以发现越往顶层看，两者的概念越模糊。如图 2-30 所示，我们深入通信的本质来进一步理解。

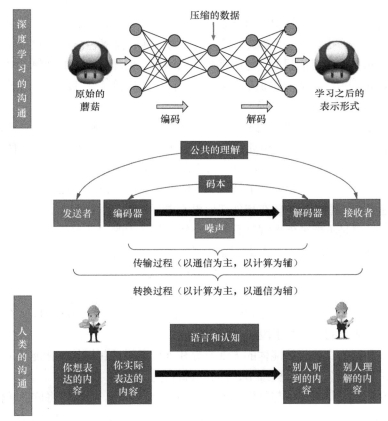

图 2-30　对通信与计算本质的理解

一般情况下，通信可以直观地理解为无损地将一个信息从一处传输到另一处的整个过程，但这并不是通信的全部。如果我们对一个基本的通信过程进行建模，就会发现其存在两个基本条件。第一，编码器和解码器之间共享一个密码本，用于保证信息一致；第二，接收者和发送者存在一种共同的理解，促使行动一致。整个过程中一直存在噪声，编码和解码过程的噪声更多是一种传递过程的损失，而发送者与接收者之间则是一种理解差异。这个模型同样适用于人与人的沟通以及机器与机器之间的沟通。人与人之间的理解存在偏差，机器与机器之间也同样如此。信息传输虽然是单向的，但信息的理解和转换过程通常是反复双向磨合的结果。真实的交互过程是通信和计算概念共同作用的结果。

有一个网络诈骗的例子，能够使我们深刻体会，信息传递一致和行动一致之间的差异和关系。曾经有男性诈骗人员将自己伪装成女性与另一男性交往，骗取了大量钱财，其中有一段聊天记录为，伪装成女性的一方表示："你自己都没钱，就不要借给我了，我不喜欢男生身上没钱。"这句话非常有意思，诈骗人员要确保自己真实的想法与对方的行动保持一致，即诱使受害人交出钱财，但其话语传递的信息却与自己真实的想法完全相反。可耐人寻味的是，正是由于这句话刺激了受害人作为男性的自尊心，使其更愿意将钱借出去，从而使诈骗人员达成自己的目的。这虽然是反面教材，但却是典型的案例。对人工智能系统来说，道理是类似的，更有价值的通信不是精准无损的信息"传输"，而是与人类或者其他智能体建立起来的带有"转换"的沟通。

下一节我们将开始讨论智能驾驶的"理论基础"，对通信的概念进行分析，帮助读者更好地理解智能驾驶的本质。这里让我们先对图 2-30 进行一个简单的调整，使其转化为图 2-31，并介绍几个新的概念：外部世界、内心世界、沟通媒介和行为实践。

- ❑ 外部世界是可以相信但不能被证明的所谓"真实"世界。任何智能体，无论是人类还是人工智能都希望在与外部世界的交互过程中生存下来。
- ❑ 内心世界是不能被外部观察到的，个体自身认为的"真实"世界。不只是人类的内心世界无法被解构，人工智能体其实也无法被解构。
- ❑ 沟通媒介是图像、语言、文字等任何可以在外部世界形成通信的介质、码本、协议。智能体之间可以在这个过程中进行信息交换。
- ❑ 行为实践是发生在智能体和外部世界之间的信息和能量交换，是除沟通外，智能体获得成长的又一种手段。

沟通媒介和行为实践将智能体的内部世界和外部世界（包括其他智能体）连接起来。我们首先来了解沟通媒介的一些细节，然后再看行为实践。

沟通媒介指代的是智能体与其他智能体沟通的信息载体。如果要将信息转化为可以传递的内容，通常需要进行压缩。其基本规律是压缩程度越高，损失越大，但越有利于传递。

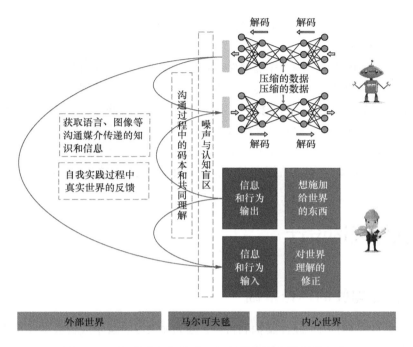

图 2-31 智能体与智能体、智能体与真实世界的交互

无论是知识的组织，沟通的表达还是算法的选择，都需要面对"泛化则模糊、精确则局限"的平衡问题。模糊通常会导致信息不完整，不足以支持行动。而精确通常会导致对问题的片面理解，从而产生错误的行动。在介绍顶层的复杂概念时，笔者更倾向于通过多个视角的案例讲述来间接阐明同一个概念，但不对这个概念本身做过多的解释。在处理底层知识时，则将所有的指标、步骤进行量化，确保一致性。这是从智能驾驶的架构中总结出来的技巧。

行为实践作为与真实世界的直接交互，是一个没有传播性（个体行为）和信息损失的"通信"机制。实践过程是智能体与外部世界建立"通信"最直接的手段，"技能"与"知识"之间存在的差距就是实践。比如读者翻阅工具书，学习到了 C++ 开发的"知识"，没有实践过程则无法说明真正掌握了这个技能。对于智能驾驶系统而言，用户数据闭环就是智能驾驶的实践过程。

细分实践的过程又有"归纳"和"演绎"两个阶段。某个领域的权威人士可能会在另一个领域做出糟糕的决策。原因是依据在一个固定领域长期归纳出来的经验进行判断是快速而精确的，但是因为其不具有泛化性，因此并不能直接应用于另一个领域。这个归纳阶段的实践过程与深度学习模型的有监督学习过程类似。而演绎阶段是一种归纳后的总结，将实践获得的信息不断地压缩提炼，转化为泛化性更好的"沟通"材料，再反向指导自身的归纳过程，从而持续促进系统演化。

知识和实践迭代前进，两者还需要保持均衡，缺一不可。智能驾驶软件的迭代也遵循这个规律。最典型的是自监督的深度学习系统，我们会在第 7 章展开讨论。

本节承上启下，借由通信这个概念，我们从通信机制延伸至对智能体沟通的理解。通信和计算的差异逐渐模糊，视角从硬件维度逐步切换到软件维度，为后续理解软件和智能打下基础。另外，智能驾驶汽车作为一个正在发展中的新兴产业，可以加深从业者整体理解的资料仍然比较匮乏，笔者希望本书可以成为行业一个不错的"码本"。

2.6 软件架构设计

2.6.1 智能驾驶的理论基础

软件算法的讨论不同于硬件架构的讨论，因为如果没有哲学或者数学理论的支撑，我们便无法理解"算法为什么可以解释这个千变万化的世界？为什么可以保护我们的安全？"因此我们会从理论出发逐步转向工程，综合讨论软件架构的设计。

任何一个学科都必须有基础理论来支撑。智能驾驶其实是在探讨一个命题，即是否存在可以应付复杂环境的自律型人工智能？如果这种人工智能存在，可以执行驾驶任务，那么用于搜救和养老的机器人也必然会存在。

"复杂环境"是什么？简单来说可以概括为，对外部信息的搜集是不完全的，信息变化的过程是不连续的，未来的发展充满不确定性。"自律"是介于"机械"和"自由"之间的一种能力，目前我们既没有能力也不希望拥有"自由"意识的机器人出现，同时也无法通过设计复杂的"机械"逻辑来应对复杂环境。"自律"是一个刚好的程度，即我们希望智能驾驶系统可以灵活地处理未知环境并成功完成任务，同时又可以被可控地、可解释地约束在一个原则之下。

为了达到这个目标，本书从心理学、生命科学和认知科学出发，对人类思考和行为构成进行解构，也整合了对"自由能最小理论"和"演绎与归纳过程"等内容的思考。虽然目前相关理论仍然存在许多争议，但这并不妨碍我们进行试探性的讨论。

人类作为一个智能体，在有限的生命周期内，从复杂外部环境中摄取能量和信息来保持"熵减"。如图 2-32 所示，人类与外部世界的交互称为环境认知，与自身器官组织的交互称为具身认知，两者共同作用于自我意识的形成。

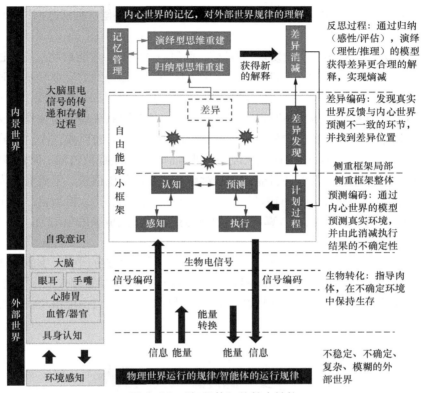

图 2-32 "智能体"的基本结构

上一节已经描述过"内心世界"与"外部世界"的概念，影响我们行为的是自我意识构筑的内心世界而非外部世界。外部世界和内心世界被一条"马尔可夫毯"所包裹，智能体会建立两个世界之间的概率映射关系，并通过对外部世界的观察和实践来更新内心世界。

马尔可夫毯（Markov blanket）要表达的概念是，如果真实世界是一个有着复杂因果关系的概率图，你是其中的一个节点，你观察到的所谓"真实世界"实际上是由与你直接连接的所有节点组成的一张完全包裹住你的"毛毯"。对这张毛毯的讨论等价于你对整个世界的讨论。这张毛毯的包裹阻隔了我们对真实世界的理解，同时也有效地保护我们免于受到真实世界繁杂信息的伤害。

在这个"毛毯"内部，人类运行着两个基本过程，即"实践过程"和"反思过程"。在实践过程中，我们不断地进行信息获取、状况梳理、态势预判、计划制定和行动实施。在这个过程中，预判是关键。主要原因是智能体无法直接利用"当前"的状态来指导行为，毕竟信息的接收和行为的执行都需要时间，如果没有预判来补偿这种延迟损失，那么行为通常是滞后的，不利于生存。

另一个原因是只有预判才能发现"差异"，而只有"差异"才能启动反思的过程。人不可能永远做出正确的预测。当自身行为作用于环境，感知得到的反馈和过去时刻的预测出现不一致时，"差异"就会产生，智能体发现其对内外世界的理解出现了不一致。从生物学上看，当这种不一致发生时，大脑会分泌更多的多巴胺来刺激身体作出反应，这类反应包括情绪宣泄、注意力转移、认知更新、行动实施等。有时候这个"差异"产生的过程并不美好，比如当我们遭遇无法改变的悲剧时，常常会痛哭流涕。但更多情况下，这种"差异"是有益的，其促使智能体不断对环境的变化作出适应。笔者非常喜欢这样一句话："当自己赢的时候（没有差异），说一句'自己运气真好'，但当自己输了的时候（产生差异），千万别说'自己运气真背'。"知识的获取并不是成长的驱动力，对"差异"的重视才是关键。

智能体"熵减"的关键就是缩小"差异"，以维持内外世界的平衡。如图2-33所示，论文"The free-energy principle: a unified brain theory?"借助数学的方式量化了这个过程，将预测误差描述为一种自由能，并将误差缩小的过程描述为以自由能最小为目标的一种优化。

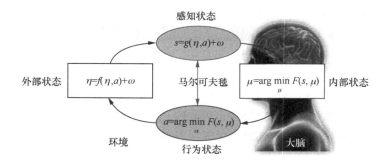

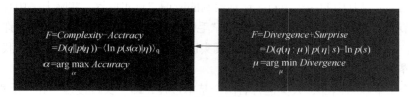

图 2-33 自由能最小理论

自由能最小理论的核心法则是任何处于平衡状态的自组织系统都会趋于自由能极小

的状态，无论是改变内部还是改变外部。自由能量最小化，也意味着意外最小化。比如血糖不足时你会焦虑，焦虑的来源是细胞的实际状态与正常状态不同，并反馈给大脑，为缓解焦虑，大脑支配你找到食物，减少细胞的预期差异，如果不能被满足，大脑则会通过晕厥来降低功耗，从而使用另一种办法缩小差异。

消除差异的途径有很多，可以通过改变自己来达成，比如感觉自己落后于时代时，我们就会努力学习来适应时代变化。这种改变是积极的，但是有一些东西需要警惕，在"马尔可夫毯"逐步被智能终端替代的当下，已经出现一些对个体而言十分完美的"外部世界"，这些虚拟世界会主动消减差异来适配个体的状态，从而使差异消失，在智能体感受到幸福的同时抑制其成长。"壳世界""信息茧房"都是对这个现象的讨论。我们将图 2-32 与图 2-34 作一个对比，你会发现两者拥有"几乎"完全相同的构型。这里不做过多展开，请读者仔细比较。

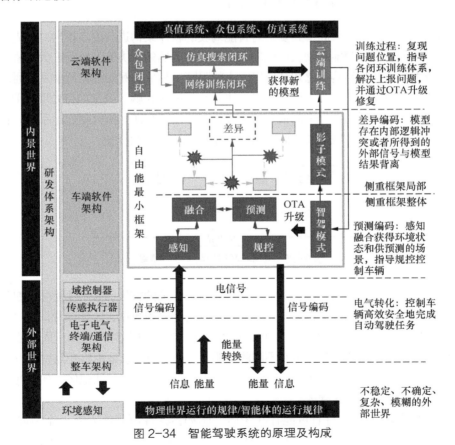

图 2-34　智能驾驶系统的原理及构成

智能驾驶系统存在一定的理论基础,来源于对人类认知过程的解构。但目前由于我们仍然缺少对自身更为深入的思考,因此这种理论基础仍然是不完备的。智能驾驶的实践本身就是对理论更好的探索,智能驾驶的迭代必然会对后续人工智能的研究起到推动作用。

在本书中我们将智能驾驶问题分成两个部分来探讨,智能体的构型与智能体的内核,两者有联系也有区别,无论是一个生物,还是一段人类编写的规则代码,抑或是一个神经网络模型,我们会发现其构型设计通常有相似性,而其内核却各不相同。以人类的思维模式为灵感,可以推导出智能驾驶的软件架构(思维的构型)和人工智能算法体系(思维的内核)。

2.6.2 基础理论下的软件架构展开

借由理论分析,我们从简单到复杂对智能驾驶的软件架构进行逐步推导。首先,如图 2-35 所示,我们可以将智能驾驶软件比较直接地理解为感知、决策、执行三大要素。所有机器人系统都具有这种结构。感知系统好比人的眼睛、耳朵,例如智能驾驶系统通过摄像头等传感器获得障碍物的位置等环境信息。决策系统好比大脑,决定如何处理当前状态,智能驾驶系统通过分析感知得来的信息,生成行驶路径和车速。执行则好比手脚,将决策获得信息转化为刹车、加减速和转向信号,控制车辆按照预期行驶。

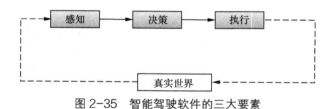

图 2-35 智能驾驶软件的三大要素

如图 2-36 所示,我们对上面提到的三个要素进行适度的扩展。感知过程可以细分为两个阶段"传感"和"感知"。"传感"获得的是传感器的原始数据,比如图片。而"感知"是从图片中提取有用信息。"感知"又可以继续分为自车感知与外部感知,人类或者智能汽车在处理这两类感知信息时通常有不同的策略。自车感知信息是由感受器官获得的直接信息,比如相机、雷达等。而外部感知信息则是由外部智能体或过往记忆,加工处理后转报的信息,比如地图、车联网等。

各类传感器输出的信息有可能存在矛盾,比如雷达探测到前方有一个障碍物而摄像头中未显示,这时需要增加"融合"模块,对不一致的信息作进一步的关联和判断。

我们已经讨论过预测的重要性，人类通过眼睛获得视觉信息并将其传递给大脑，大脑做出反应并支配手脚完成动作一定的时间，智能驾驶系统也是如此。决策都是基于对所见之物的预测来实施的，因此需要在智能驾驶系统做出决策之前增加预测模块，"融合与预测"通常合并称为"世界模型"。

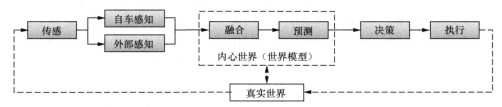

图 2-36　智能驾驶软件的简单划分

如图 2-37 所示，世界模型的加入使整个架构更加完整，但这里还有一个细节常常被忽略，即信息的流向。简单地理解，人类的行为是通过眼睛（或耳朵）感知再传递给大脑处理，最后支配手脚执行动作的单向过程，但实际情况通常是双向的，"目标达成的预案"以及"注意力的转移"是两个典型的代表。

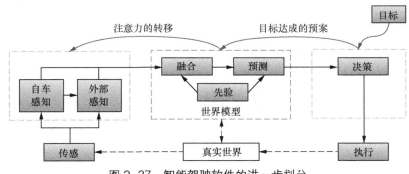

图 2-37　智能驾驶软件的进一步划分

"目标达成的预案"如何理解？有目标才可以触发一个有意义的"感知-决策-执行"过程，比如我们要开车前往一个目的地，可能有几条预选路线，最后我们会权衡拥堵情况选择其中一条路线。拥堵情况属于世界模型，而"到达目的地"属于决策。这是一个决策向世界模型传递的过程。

"注意力的转移"又如何理解？无论是人类还是机器都无法获取任意事物内部隐含的所有信息。从一个需求和上下文出发，我们通常会把注意力集中在有限范围和维度上。这些聚焦点无法从事物本身获得，而是来源于"世界模型"和"目标"，是一个从决策到世界模型再到感知的过程。

2.6.3 分层闭环架构与上下行

任何智能体都可能面临一些矛盾,既要感知范围大又要感知精度高,既要严密计划又要快速反应,这些需求通常无法在一个串行的执行闭环中被满足,因此出现了分层闭环架构来解决类似问题。通过分层构建多个闭环,不同层次上的闭环(感知、决策和执行)具有不同的精细度与耗时,协同这些闭环并行工作,才有可能达成目标。图 2-38 所示是美国国家标准与技术研究院的机器人通用框架 4D-RCS,它从复杂的美军指挥体系架构发展而来,分层的概念在其中得到了充分体现。我们可以看到算法逻辑、要素关系以及时间序列都进行了分层,相互映射构建成了一个有机整体。

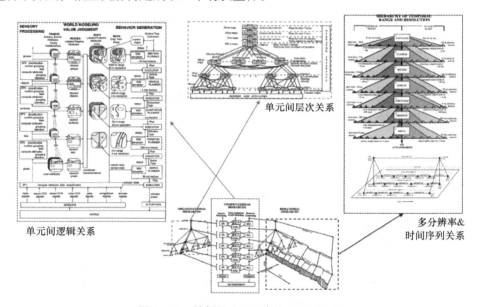

图 2-38　的机器人通用框架 4D-RCS

分层闭环的核心意义是使智能体在资源有限的条件下,也可以在给定的处理时间内做出尽可能准确的判断,以维持其在复杂真实世界的生存。比如,当我们手部接触到滚烫的热水时,会下意识地快速抽离,这个反馈过程几乎不通过大脑。如果没有这种闭环,当大脑意识到这件事,手可能已经被烫伤了。

如图 2-39 所示,越靠近上层的分层设计,与世界的交互频率越低,处理的信息复杂度越高,反之亦然。每个层次都维持一个相似的复杂度。感知融合是一个上行过程,而规划控制(后文简称"规控")是一个下行过程,甚至可以细分为更多反馈链路,形成大大小小的各种信息闭环。

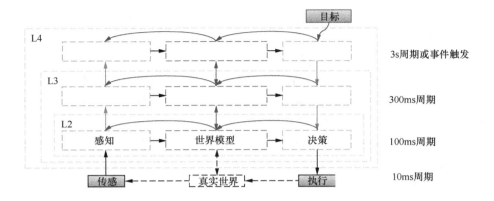

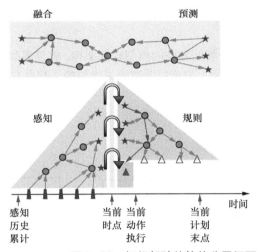

图 2-39 智能驾驶的软件分层闭环

在运行过程中，不同层次的闭环会同时运行，如果耗时的高层次闭环没有在给定时间内计算出结果，系统就会返回低层次闭环的输出结果。从某种程度上讲，这也是一个避险过程。比如处理刹车动作时，紧急刹车系统（AEB）、低阶辅助驾驶系统和高阶智能驾驶系统通常会共同决策，一般由高阶系统负责处理，但低阶系统可以随时打断刹车过程。

感知的上行是分层的复杂信息凝聚。在真实环境下，外部信息相对于有限的处理能力而言通常是过载的。无论是人类还是智能驾驶系统，快速汇聚的信息通常无法在单个周期内全部被处理完成。因此，底层特征识别与高层特征识别通常不在一个层次，底层信息完成处理后会异步传递到高层继续处理。

世界模型的交互是双向的，各层次会构建不同粒度的环境模型。靠近下层的模块通常是确认的、低维度的简单信息聚合，只能支持短周期预测，比如基于上一帧位置进行障碍物预测。而靠近上层的模型，通常是带有不确定性的、高维度的复杂信息聚合，可以支持长周期预测，比如基于地图进行障碍物预测。不同层次的世界模型会共同执行差异的消减，如果下层的预测与下层的感知对比发现了差异，无法得到合理解释或者有效行动，该差异会被反馈到上一层。上一层如果仍然无法消减则会继续向上反馈。

执行的下行核心是连续动作的分解。利用构建的层次世界模型，建立分层的执行计划，并逐级对执行过程进行拆分和跟踪。比如智能驾驶会将完整轨迹分解为横向规控和纵向规控，再将纵向规控继续划分为减速和加速执行策略。另外，这个下行过程还隐含了一个上行链路用于计划的跟踪和反馈，比如智能驾驶规划决策层作为运动规划的上层做出了一个超车决定，运动规划尝试优化后发现无法执行，这时运动规划便会将一个反馈信号传递给决策层，使其重新修正计划。

图 2-40 所示是工程实践中一个智能驾驶的典型软件架构，供读者参考。各公司的设计根据业务要求和技术现状会稍有不同，但背后的逻辑是类似的，都具有我们讨论的这些架构特点。

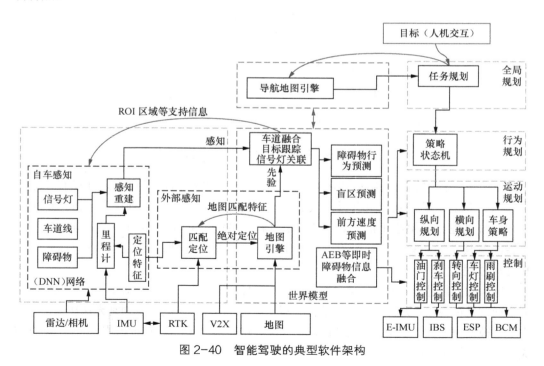

图 2-40 智能驾驶的典型软件架构

2.7　人工智能算法体系

2.7.1　归纳思维与演绎思维

如何使智能驾驶完成持续学习？如何在学习中持续确保稳定与安全？这其实是智能驾驶系统需要回答的核心问题。在讨论这个问题的解决方法之前，我们还是要先从人类的思维过程中寻找智慧，其中要讨论的核心内容是演绎（理性）和归纳（感性）的不同特点。

感性通常先于理性形成意识，有极高的运作效率，且相对于理性而言，其应用场景更多。大脑的感性部分隐含了由过去经历所积累的经验，已经转化为本能。感性并不代表盲目冲动，比如在大量交易数据涌入的情况下，普通人通常没有时间进行理性分析，但是经验丰富的交易员仍然可以在极短的时间内作出正确决策，这种"感性"其实是长期"理性"决策后形成的"条件反射"。理性熏陶而成的感性和单纯的感性是两个截然不同的层次。

感性也有致命的缺点，人们很容易被感性误导。请读者尝试快速回答如下两个问题"一斤铁和一斤棉花哪个重一些？""90%的存活率和10%的致死率，哪一个手术风险更大？"。大部分人在看到问题的一瞬间也许会产生疑惑，但经过数秒的理性分析后就会立刻发现其中端倪。如果读者经过特定的逻辑训练，也可能会瞬间做出反应。从这里我们能够发现理性与感性的区别。

理性的可靠性通常高于感性，其意义在于帮助人们识别遇到的问题是否属于经验范围之内，从而触发对于感性情绪的抑制。曾经有一个消防员的事例，当山火发生时，他没有被情绪驱使一味地逃跑，因为其冷静地意识到自己逃跑的速度赶不上山火扩散的速度，然后他将自己周围的干草烧光并留在原地，最后逃过一劫。

理性也并非完美，其缺点是效率低，需要耗费大量的能量和时间来对问题作出分析，并且其串行的推理过程通常耗费更长的反应时间，不利于快速执行。

理性和感性各有优缺点，在现实中，人类的思维通常是从感性升华到理性，然后再次通过实践回归感性。从逻辑角度思考同一个问题，感性对应归纳型的思维方式，而理性对应演绎型的思维方式。演绎必须以归纳为基础，归纳必须以演绎为指导。如表2-2所示，对比归纳和演绎，感性与理性的区别，我们能够看到两者的核心区别。

表 2-2 归纳与演绎的核心区别

归纳（感性）	演绎（理性）
自下而上处理问题，从个别到一般	自上而下处理问题，从一般到个别
前提正确，也不能保证结论一定正确	前提（假定）是正确，那么结论一定正确
一种评估系统，属于并行计算	一种推理系统，属于串行计算
单一通道，思维是在单通道内的累加	多个通道，可以不断切换来施加影响
快、黑箱、僵化、渐进	慢、串行、可解释、准确、灵活
适用 99%的场景，能量消耗小	适用 1%的场景，能量消耗大
适合执行一个具体决策	适合停止一系列不合理的决策
适合环境内直接高相关的信息或者同一类信息的持续积累	适合环境内非直接关联的信息之间的切换

在生活中，我们需要归纳演绎和平衡两种思维，在这方面颇有造诣的人，我们经常称赞其"外圆内方"，其实是在说，在面对各种新情况时，其可以在不违背原则的情况下，做到灵活处理。"内圆外圆"的人很容易在纸醉金迷的环境里迷失自己，其实是过度使用了归纳思维。"内方外方"的人则会面临"水至清而无鱼，人至察而无徒"的窘境，其实是对演绎思维的过分执着。

团队合作也存在类似的逻辑，由一个人做出决断，这是归纳下的单通道的执行；但任何人都有权利提出反对意见，并做出解释，这是演绎下的多通道的仰止，两者是配合使用的。

对比人类和智能驾驶系统也是如此。人类可以比较好地平衡归纳与演绎过程，因此其特点是"小错不断、大错不犯"，而机器不能很好地平衡这两个过程，因此其特点经常是"小错不犯，大错不断"。这也是人工智能研发要解决的核心问题。

感性和理性是一种心理学的说法，演绎与归纳是一种逻辑学的说法。实际上任何算法都可以被分解成（注意不是分类成）归纳和演绎两部分。"归纳"反映的是算法直接受到外部输入影响的部分，而"演绎"反映的是完全独立或者只是间接参考外部输入的部分。比如 Kalman 算法中的观测方程属于归纳，而运动方程属于演绎。一个 CNN 模型的网络结构本身属于演绎，而训练过程属于归纳。总体来说，任何算法的思想内核中基本都隐含了演绎和归纳两种逻辑，具象化到外部来看就是智能体必备的"可控性"和"可学习性"。

2.7.2 规则驱动算法与数据驱动算法

理解演绎和归纳后，再理解规则驱动算法和数据驱动算法，就会更加容易。如图 2-41 所示，简单来说，人类在规则驱动的算法中负责软件的所有工作，包括逻辑设计和参数校调。而在数据驱动的算法中，人类则负责提供一个数据源和优化目标，而将具体算法调优工作交由计算机完成。一般来说，数据驱动算法的比重决定了系统的"可学习性"，而规则驱动算法的比重决定了系统的"可控性"。

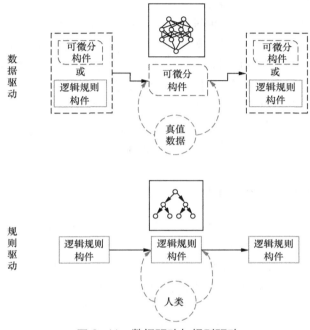

图 2-41 数据驱动与规则驱动

基于规则驱动的算法可解释性更好，前期的功能提升较为容易，可以使用 10% 的精力快速实现 90% 的功能要求。但人类毕竟存在认知的局限性，当遇到一些复杂场景时，工程师可能会陷入不知所措的困境，需要花费大量的开发和测试时间。

基于数据驱动的算法，可解释性较差，且初期的搭建过程非常复杂，但当数据闭环形成后，可以持续进行数据训练与软件改良。这种算法可持续迭代的优势明显，能够很好地适应新增场景。

数据驱动算法还有一个经常被忽略的隐藏优势，便是其耗时的稳定性和部署的一致性。这个特点在工程实践中非常关键，规则算法在逻辑变更或者环境输入变化后，经常会出现运行不稳定的状况，需要详细的工程设计来缓解。但是数据驱动算法不同，由于网络模型占用的资源（内存、计算等）是固定的，因此运算耗时比较稳定。另外，由于其代码结构简单，因此工程实现也更容易。相比于规则算法，在需求调整后，其可以更加快速地完成软件调整，这对于追求灵活性的系统来说非常重要。

当下数据驱动算法非常流行,但究竟是选择规则驱动的算法还是数据驱动的算法,最终取决于业务需求。在选择时要牢记奥卡姆剃刀原则,算法在能够满足需求的情况下必须维持简单。因此深度学习这种较为复杂的算法只适用于以下几种情况。

- 无法使用规则算法进行很好的分解(物体识别等)。
- 可以使用规则算法分解,但过程中无法处理极端情况(视觉测距、融合等)。
- 无法维持算力稳定性,使用规则算法耗时过长(评估类算法)。

不可否认的是,当下的软件研发重点正在从逻辑编程转移至可微分编程。可微分组件(CNN、LSTM 等)正在逐步替换规则组件(滤波、多条件选择等)用于车端智能驾驶系统的构建。但规则算法并没有消失,而是逐渐转化为车端的"安全边界",并逐步上移到云端监管数据驱动算法。规则算法与数据驱动算法将长期并存。行业普遍认可的观点是开发工作以数据驱动算法确保泛化性,以规则驱动算法确保安全性。

2.7.3 智能体对可解释性的处理

算法是否需要具备可解释性?这是智能驾驶算法选择过程中要面临的一个核心问题。当下,有许多从业者认为深度学习并不安全。

我们举例说明,某团队曾试图训练一个神经网络来识别哑铃,对训练后的模型特征进行可视化时发现,特征中夹带有"肉色长条",后来检查输入集发现,"肉色长条"是人的胳膊,该神经网络模型认为哑铃的结构包含人的胳膊。另一个例子是,用深度学习训练一个系统来分辨西伯利亚雪橇犬和阿拉斯加雪橇犬,测试效果非常好,但最终发现该系统其实是通过区分背景,而不是狗本身来判定其种类,因为阿拉斯加雪橇犬几乎总是伴随着雪地的背景出现。由此我们看到模型对于特征的把控有时并不符合常识。如图 2-42 所示,利用这类缺陷,经过针对性训练的对抗样本可以有效欺骗网络模型,促使检测结果发生变化。

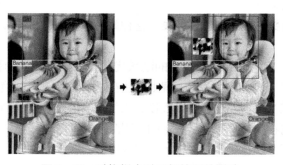

图 2-42 对抗样本对目标检测的影响

深度学习的本质是围绕事物进行相关性的建模，机器可以发掘出大量信息背后的相关性，但并不是每种相关性都是合理的。深度学习出现的问题大都来源于虚假相关性的干扰。从这点来看，我们似乎更加需要可解释的相关性，因为面对复杂问题时，无论是人还是机器，挖掘这类信息更具有价值。

那么环境的建模应该更多地考虑因果规律吗？其实也不尽然。因为当我们严肃地审视因果规律时就会发现，因果规律也并非毫无问题。康德曾说过，"我们的理智并不是从自然界引出规律，而是把规律强加给自然界"。

因果规律虽然已经有不少定量的分析工具，但应用过程中仍然会更多地带入人类的主观性、偏差性和局限性。不同的人对同一件事可能会有不同的因果解释。

人并不会对所有事情都做出解释，我们每天习以为常的事情，没有多少人真的会去寻求背后的机理。如果智能驾驶几乎没有事故发生，也很少有人关心背后的可解释性。人们感到生存受到威胁时，可解释性是为了保持内心世界的可预测性而特意强化的内容。如果人类不能对某个事物拟合出简化的模型并实施更加准确的预测，就容易产生不安全感。在智能驾驶的基础理论中我们已经讨论过，人类的生存概率与对环境的正确预测程度成正比。人类的大脑处理能力非常有限，而环境的数据异常庞杂。人会自主通过压缩来掌握信息，无论压缩是否对真实性产生影响，但至少能够实现用更小的存储量获得更大的通用性。在资源有限的条件下，我们只能有选择性地对可解释性提出要求。

总体来说，人们对于可解释性的诉求产生于事物发生的前期，只要事物的反应持续满足人们的预期，对可解释性的要求就会降低。

另外还需要注意获得可解释性的途径，人类会通过语言和行动来获取他人的信任。我们目前追求的可解释性通常指模型本身可以被理解，而现实中的可解释性通常是内部模型可以不被理解，但通过与其进行外部的交互，我们可以认为模型可以被信任。因此使代码逻辑透明并不是获得可解释性的可靠方式。

如图 2-43 所示，人们一般认为吸烟导致了手指发黄和肺炎，肺炎和手指发黄只有相关性没有因果性，那么我们是否可以确定肺炎不会导致手指发黄？因果性和相关性之间并没有清晰的界限，随着人们认知的发展，因果性和相关性也时常发生转换。

虽然我们无法直接获得事物的真实性，但通过不断获得的"感知-反馈"，我们可以无限接近真实，当下的智能驾驶系统也更多地采用这种方法来构建系统。相关内容我们会在第 7 章展开介绍。

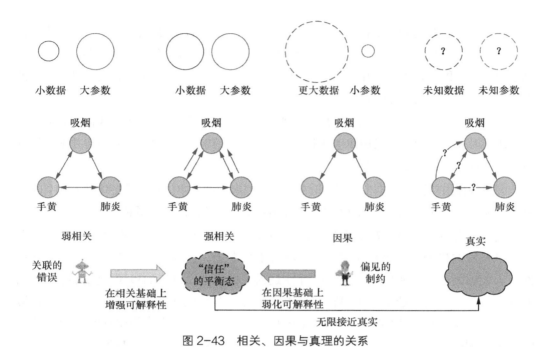

图 2-43　相关、因果与真理的关系

2.7.4　智能体对不确定性的处理

从不确定性的角度出发，算法可以分为"频率派"和"概率派"两大类，两者的最大区别是分析问题的角度不同。

"频率派"从"自然"角度出发，试图直接为"事件"本身建模；"概率派"寻找真值的逻辑是"自然世界的真值是唯一的，模型有多大把握找到那个唯一的真实参数"。如果一个真实世界的概率分布是双峰的，"频率派"会选择这两个峰当中较高的值作为猜测，因此会更加强调最大似然（maximum likelihood）以及置信区间（confidence interval）的概念。

然而，"概率派"，即贝叶斯学派并不从"事件本身的随机性"出发，而是从"观察者知识不完备"的角度出发，认为"可能的真相并不唯一，每个位置都有可能是真值"。面对一个双峰的真实分布，贝叶斯学派会同时报告这两个值，并给出对应的概率，因此会更加强调先验分布（prior distribution）和后验分布（posterior distribution）的概念。

"频率派"的"似然"和"概率派"的"概率"在视角上存在区别。假定某个参数决定了某个模型的误差,"似然"是描述已知模型随机输出结果时,未知参数的可能取值,其聚焦于参数的探索,而参数是一个客观的概念。"概率"则是描述在已知参数时,判断模型随机输出的结果,其聚焦于输出结果,有主观性。在频率派看来,同一件事情对于知情者是"确定的",对于不知情者则是"随机的"。随机性并不源于事件本身是否发生,而只是源于观察者对该事件的了解状态,绕开了对客观事件本身的建模。"频率派"和"概率派"的对比见表2-3。

表 2-3 "频率派"与"概率派"的对比

	"频率派"	"概率派"
适合的数据量	适应大参数量和大数据量计算	大量参数下计算消耗巨大,适合小参数模型
小样本预测能力	弱	强
过拟合/欠拟合	容易产生过拟合	有效防止过拟合发生
权值含义	直接使用权重值	使用权值上的概率分布
输出结果	给出预测结果	给出预测的同时,给出预测的确定性

在算法本身的代码实现上,"频率派"一般以最优化方法(最小二乘、梯度下降等)为核心,计算过程相对简单,应用时间较长。而"概率派"(贝叶斯派)一般用采样积分方法(MCMC等)来进行后验概率的建模,由于对计算机性能要求更高,应用时间相对较短。两者除了在观察角度上有区别外,方法论都是互相借鉴的。

笔者在相关算法的选择上也有一些建议。智能驾驶算法中靠近物理世界的低维特征或者原始数据大多使用"频率派"算法,而远离物理世界、靠近语义和行为的高维特征则更多使用"概率派"算法。两者距离物理实践的距离不同,因此建模思路也会有区别。

如图2-44所示,如果继续细化算法的选择,笔者认为可以划分为三个部分,即专家系统(规则算法)、深度学习(数据驱动算法)以及贝叶斯方法。专家系统为深度学习提供安全边界,而贝叶斯方法可以较好地整合专家系统和深度学习系统。

专家系统是由人类意识形成的因果概念转化为工程实践后的成果,是工程师知识与经验的体现,具有较强的可解释性。但正如我们对可解释性的讨论,当面临复杂问题时,创建的规则无法保证足够的覆盖面。当添加新的规则时,必须撤销或者重写旧的规则,且多种规则组合后还可能导致矛盾出现,这使系统变得非常脆弱。

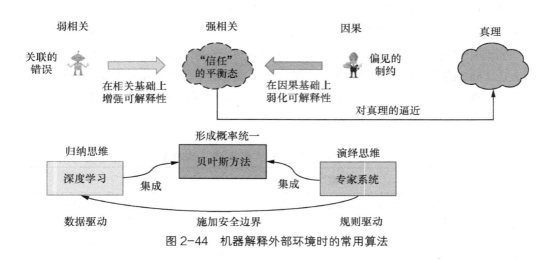

图 2-44 机器解释外部环境时的常用算法

深度学习方法是对相关性的讨论,它通过反复的试错(trial and error)来找到问题的解决方案,在面对复杂问题时可以拟合出比专家系统更好的结果,但无法确定是否会出错。

专家系统和深度学习方法各有优缺点,对智能驾驶系统来说,更希望将两者融合,扬长避短。在一般实践中,会借用"安全边界"这个概念来串联两个系统。但这种融合非常僵硬,我们希望找到一种更加具有"弹性"的连接来兼顾相关性与因果性,贝叶斯方法是一个较好的选择。

贝叶斯方法非常灵活,当任意局部系统发生变更,不会对整体系统构成影响,而且能够建立统一的概率表示。我们可以把深度学习系统作为一个子模块融入其中,专家系统可以作为另一个子模块融入其中,形成多重的冗余,这种冗余会有效强化输出结果的可靠性。

贝叶斯方法的另一个特点是透明性。贝叶斯决策过程可以正向作出判断,也可以反向排查问题,这与人类的反思过程类似,使系统具备一定的回溯性。这是我们从专家系统和深度学习方法中无法获得的。

贝叶斯方法可能会使我们更加接近真实。从宏观层面看,虽然真实世界相互影响的因素繁多,但是每个因素实际上只与少数几个因素存在真实的联系,这与贝叶斯方法的底层逻辑类似。一种是由因到果的影响,这类似贝叶斯网络(Bayesian Network);另一种是互为因果的影响，这类似马尔可夫网络（Markov Network）。

从微观层面看，贝叶斯方法中的"因果"指的是因果关系中的"因"会导致"果"的可能性增加，这与现实世界中的因果规则不同。贝叶斯方法不强调原因 A 可以使结果 B 必然发生，而是原因 A 在一定条件下增加了 B 发生的概率，即概率 $P(B|A)$ 高于概率 $P(B)$。其没有特意强调事物发展的结果，也没有忽略因果的存在，这符合我们对真实世界的理解。虽然贝叶斯方法的建模并不完全理想，但目前并未发现更为合适的表征方式。

2.8 AI 之下再谈软件与算法架构

2.8.1 智能体的软件整体结构

我们已经讨论过软件架构和算法的核心思想，接下来将结合这两个方向，分析智能体的软件整体结构。如图 2-45 所示，笔者会从算法和产品两个角度阐述这个问题。

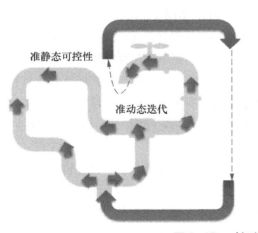
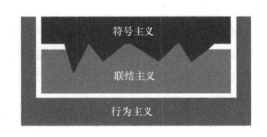

图 2-45　对智能体整体结构的理解

首先是算法角度，人工智能算法有"三大主义"，即符号主义、联结主义和行为主义。符号主义是一种基于规则的人工智能，其基本思想是将世界上的所有逻辑和知识转换为计算机编码。每个问题都必须拆分为一系列的"if-else"规则或其他形式的逻辑结构，由此来学习规律。相对的，联结主义更多地体现在深度学习中，模型通过发现不同信息之间的关联来学习规律。而行为主义强调的是从智能体与环境的交互中发现和学习规律。

三大主义并非彼此矛盾的存在，各自在"智能体"的构造中都有合理的定位，可以总结为"行为是壳，符号在上，联结在下"。行为主义是一个智能体的一般形式，也是智能真正意义上的标准，其构成了智能体的"壳"。符号主义是演绎思维自上而下的思考，而联结主义是在归纳思维自下而上的思考，两者的博弈构成了"核"。

DeepMind 的 AlphaGo 就是这三种形式结合的典型代表，负责棋局推演的部分是符号主义的算法，负责落棋策略和残局打分的部分是联结主义，而整个博弈训练过程则是应用了行为主义的思想。

在"三大主义"的发展过程中，行为主义的角色始终没有变化，代表联结主义的深度学习不断发展成为亮眼的主角。但符号主义却没有太多的进展，可供算法使用的数学工具并不多。虽然我们已经在生成对抗网络、参数与结构搜索中发现了雏形，但摆脱人类的依赖，使机器产生"符号主义"的进展仍然非常艰难，这也是下一代人工智能算法必须解决的问题。

如果将"三大主义"的概念引申到智能驾驶软件的产品视角，我们讨论的其实是"可控性"和"可迭代性"的问题。"可控性"是一种准静态的设计，无论数据如何更新，参数如何调整，都不会改变设计对整个软件的影响，负责避免车辆非预期的行为。而功能实现则是"可迭代性"的部分，是一种准动态的设计，负责为智能驾驶扩展新的场景和功能，其调整会直接影响功能。如果安全模型是管道，那么功能模型就是管道中的水，在安全模型层次定义的约束之下，功能可以灵活地提升，实现"可控性"与"可迭代性"的平衡。

如图 2-46 所示，"智能体"的结构反映在复杂系统上是"层次嵌套"的逻辑。无论是可控性、可迭代性的讨论，还是对"三大主义"的讨论都是类似的。软件级的小闭环嵌入系统级的大闭环，形成一个有机的智能驾驶系统。继续向上融入"整车"和"人"的要素，形成智能驾驶系统的数据迭代体系和完整智能汽车产品。甚至进入更高层融入智能网联系统，形成一个更大的"智能体"。但不管在哪个层面上，智能体的基本结构和核心思想都是不变的。

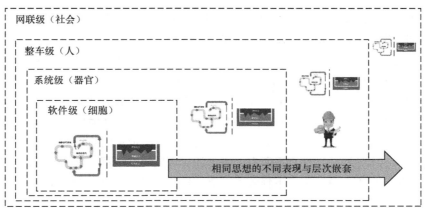

图 2-46 智能体的结构嵌套

2.8.2 分层级联的可控性设计

这里我们展开对可控性设计的讨论，如图 2-47 所示，智能驾驶系统拥有复杂的风险控制层次结构。

第一层是差异发现，它是风险控制的底层，用于发现问题。动力学模型、时间同步模型、传感器和执行器模型等都有固有的规则，这些确定性的规则在与实测数据进行比对后便可以发现"差异"，定位底层运行的可能故障。更上层的融合、预测模型也是类似的，通过"互校验"和"预测偏差识别"来发现问题。

第二层是动态化解，其核心是差异的搜集和处理。软件诊断模型与安全监控在接收故障后会有针对性地进行应急处理，比如当图像处理设备失效时，则会限制辅助驾驶系统的开启。如果超出可以消化的范畴，或者是某种长周期的差异项，则会继续向上报告给黑匣子（数据记录仪），留存关键数据并上传。

主体管控是车端可以实现的最后一层风险管控措施，它依赖于良好的状态管理与人机交互设计，系统会保证司机（用户）的绝对控制权。对辅助驾驶系统而言，司机仍然是第一安全责任人。

继续向上还有基础设施的参与，实际上针对 L4 级别以上的开发不是面向司机，而是面向智慧城市的建设，单车无法管控的风险需要基础设施加以配合，其中我们熟知的车联网系统就与智能驾驶强相关。

保障绝对安全是极为困难的，除所有安全机制外，还需要法律和保险发挥作用。比如汽车四周被他车包围，后方卡车突然刹车失灵，这种情况任何规避策略都无法实施，但这种情况下仍然可以借助车端的黑匣子以及责任敏感安全模型（Responsibility Sensitive Safety，RSS）界定责任。RSS 的设计目标并非规避安全风险，而是作为一种"交互安全准则"供所有交通参与者遵守，当相关方不遵守对应准则时，其责任对象必须承担相应的惩罚。RSS 的核心思想是"默认紧急策略"和"谨慎命令"。其中默认紧急策略（Default Emergency Policy）指的是智能驾驶汽车在紧急状况下做出的默认决策，避免自身成为事故的责任方。谨慎命令（Cautious Commands）指的是不管外部环境短期内如何变化，都可以保证车在目前处于"相对安全"的状态。黑匣子与数据记录仪的作用是支撑后续的定责和保险赔付，在本地和云端保存下所有支撑责任界定的关键证据，比如司机是否在规定时间内接管，系统是否在危险工况下释放了告警信号，汽车在过去一段时间内是否处于自动驾驶状态等。

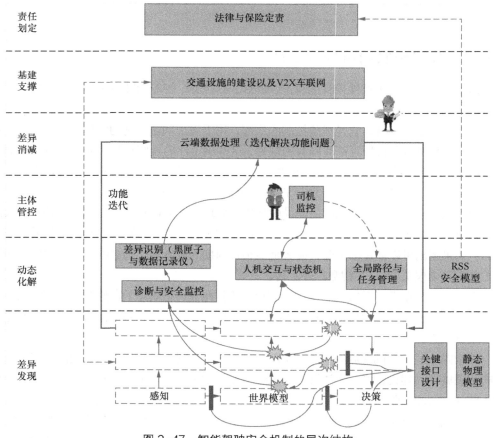

图 2-47　智能驾驶安全机制的层次结构

在所有安全策略中，用于消减差异的云端数据处理闭环过程比较特别，它体现了系统的迭代性和适应性，本书的大部分内容都在讨论这个迭代过程。需要强调的是，其本质上也是安全模型的一个层次。传统意义上的安全是一种固定状态，一般认为经过工程师严谨设计和测试衍生出来的系统是安全的。这种逻辑对于封闭环境和简单任务而言是正确的。但是智能驾驶处于一个开放且复杂的环境中，其安全策略也需要更快地适应变化，我们无法预知未知的风险，但可以通过即时的"差异发现"和快速的"差异消减"来应对。

2.8.3 数据驱动的可迭代设计

敏捷的开发迭代固然重要，但更重要的是由数据驱动算法引发的迭代过程，因为这是一个机器人主导的过程。如图 2-48 所示，从智能驾驶软件架构层面分析数据驱动算法的应用，可以总结为如下几种方法。比较极端的是基于深度学习的端到端智能驾驶，简单构造的端到端网络结构有些"华而不实"，由于没有世界模型的设计，这类算法缺少预测行为后果的能力，同时不具备长期规划和推理的能力，无法自主发现内外部世界的差异，因此不可能获得成长。无论这类网络结构多么复杂，其本质上都是输入到输出的简单拟合。

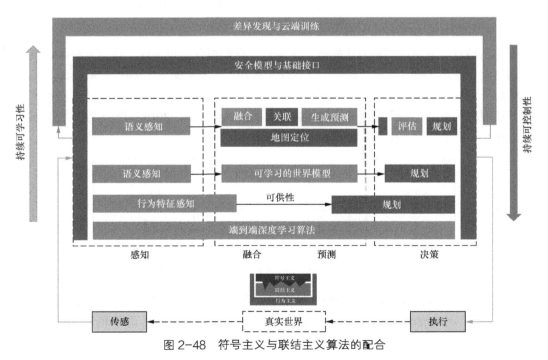

图 2-48 符号主义与联结主义算法的配合

除端到端的智能驾驶外，第二种方法是基于可供性（Affordance）表征的设计，即直接从感知中获取规划输入。图像识别输出的一般结果属于语义特征，不能直接服务于行为。如图 2-49 所示，人们将有扶手、有平整且高度合适的平面，有靠背的东西称为"一把椅子"，这是一种语义描述。而现实生活中，我们更关心"能够坐上去"的行为概念（可供性）。过于细致的语义分类通常会约束行为的展开，比如没有靠背的平面，同样可以作为椅子存在，但机器可能认为其不满足椅子的定义。由此我们认为，可以直接被规划使用的行为特征通常更具有价值。在论文"DeepDriving: Learning Affordance for Direct Perception in Autonomous Driving"中，感知直接训练生成 Affordance 表征，并作用于控制的算法，也取得了不错的成果。

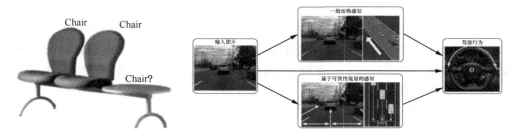

图 2-49　Affordance 表征

第三种方法是对第二种方法的进一步拆分，我们可以直接生成某些行为特征，也可以通过世界模型（融合预测）转化而来，使系统包含预测的概念。如图 2-50 所示，把智能体拆分到这个层面，其与软件架构的设计已经基本对称。与单纯的端到端算法相比，世界模型的可微分化似乎更符合认知逻辑。人工智能科学家，2018 年图灵奖获得者 Yann LeCun 在其关于"世界模型"的讨论中也表达了一致的观点。

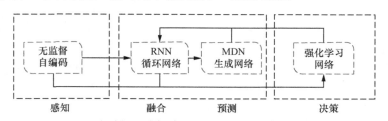

图 2-50　全神经网络构建的智能体与传统软件架构的映射

综上所述，端到端的强化学习仍然是重要的组成方式，但是智能体在训练过程中不仅需要预测下一个可能的动作，同时还要预测未来环境的一系列变化。世界模型以及基于世界模型的预测迫使系统发现内外世界的"差异"，从而进行自我迭代，这种包含世界模型的构型让我们看到了端到端模型再次崛起的可行性。

当然，目前现有的深度学习成果仍然不能支撑起全神经网络智能驾驶系统的应用实现，仅仅是世界模型的可微分化。因此出现了第四种方式，即对整个系统进行更进一步的拆分，使用规则算法对数据驱动算法的短板进行补偿，在贝叶斯（概率）的框架下进行融合，这也是目前工程实践中更为可行的方案。

2.8.4　算法与各层次架构的映射关系

如果结合以上关于软件的讨论来分析，就会发现除算法自身的设计外，需要考虑的外部因素还有很多。我们以软件架构的 5 个断面输出（传感器输出、感知输出、融合输出、预测输出、控制输出）和 4 个核心处理模块（感知、融合、预测、规控）为导向，综合梳理算法选择的关键考量。

如图 2-51 所示，首先是对不确定性以及精度控制的考量。传感器输出的关键是统一时空信息，将传感器测量结果对齐到一个时空点上。软硬件的时间同步将传感器信息对齐到一个时间基准上，坐标系转换将传感器对齐到一个空间坐标系下。时间同步机制以及传感器标定策略的选择决定了传感器层面"第一手"环境数据的精度，同时也引入了对应的时空不确定性。另外需要关注的是特定传感器自身的精度和误差。由于传感器固有物理特性导致的误差需要经过融合模块进一步处理，而由工程化导致的异常（相机故障值、GPS 无效值等）则是感知处理中需要规避的。

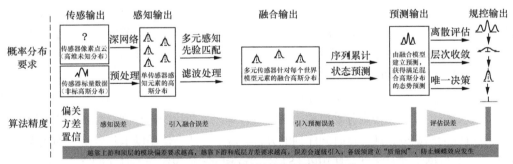

图 2-51　不确定性与精度控制的考量

感知模块的核心是从原始单一传感器（视觉识别设备等）的输出中获得详细的环境语义信息（速度、障碍物等），去除传感器输出中隐含的冗余信息以及非任务相关的信息来完成"数据压缩"。感知模块需要考虑认知的不确定性，其输出的概率分布和置信度需要尽可能与外部环境的真实情况相符,并且语义信息要求符合高斯分布,以满足后续算法处理的需求。

融合模块聚焦于多元感知信息的归纳,将感知特征转化为世界模型内的语义特征。在第 3 章中,我们将讨论不同传感器在感知同一类语义目标时存在的优劣差异,融合的作用便是综合考虑这些差异并加以处理,强化智能驾驶系统对外部世界的统一理解并确保理解的准确性。融合模块的输出同样必须满足高斯分布,只是特征维度与感知不同。另外,融合输出一般可以接受适度的方差,但偏差绝不能过大,否则可能导致后续预测、规划、控制过程出现"蝴蝶效应"。

与融合模块短周期且同质化的预测(由历史速度预测未来速度)不同,预测模块进行的预测是长周期且异构的,例如通过地图预测障碍物轨迹。预测模块更倾向于将融合特征转化为行为特征(**Affordance**)并对未来时间线上的状态作出预判,这对规控是非常重要的。不同于感知融合的输出,预测输出的分布一般是离散的,高斯分布通常不能准确描述预测结果的不确定性。

规划控制包括规划和控制两部分。规划是智能驾驶在完成对世界的理解和预判后制定的计划(到达目的地、避让障碍物等),以轨迹和动作等作为主要输出形式。控制则是对这个计划的执行,操纵制动、转向、动力电机、车身等执行器,利用"前馈-反馈"算法完成对轨迹(计划)的跟踪。规控的输出是一个不断收敛的过程,规划的输入则通常带有极大的不确定性,但控制的输出一定是明确且唯一的。总体来说,系统的不确定性及精度控制是一个系统工程。

然后是算法选择过程中对软硬件一体设计的考量,如图 2-52 所示。感知模块需要处理极大带宽的传感器信息(时间和空间),设计过程更加注重并发和流处理,因此对处理芯片的选择以 GPU、DSP 和定制芯片为主。与之匹配的是深度学习(数据驱动)算法以及其他适应大带宽信息处理的算法。

融合与预测模块(世界模型)在设计方面的处理一般较为均衡,串行逻辑和并发逻辑并重。数据驱动算法和规则驱动算法通常是结合运用,芯片的选择同样如此。该模块的业务大致可分为两部分,其一是时间序列的分析,规则算法会使用以卡尔曼滤波为代表的滤波算法,而数据驱动算法则会使用以 **LSTM**、**Transformer** 为代表的时序网络、记忆网络或者自注意力网络。其二是多元信息的归并、转换和补全,在规则算法中,这类处理主要包括数据关联、异常剔除、生命周期管理、先验导入等方法;而在数据驱动算法中,则更多应用多模态网络、多任务网络、对抗学习等方法。由于耦合程度过高,这个划分并不严格,因此更适合将其当作一个整体来考虑。

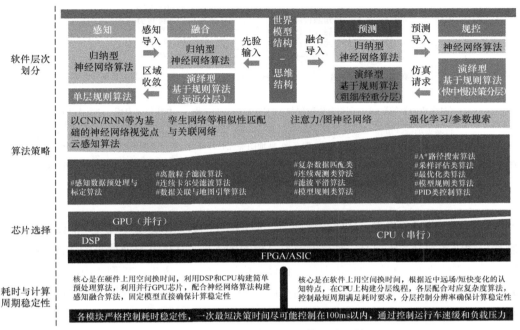

图 2-52 算法选择与软硬件一体设计的关系

规控模块是一个强调串行逻辑的模块，因此使用的芯片以 CPU 为主，规则算法仍然是主导。为了保证实时性，软件架构的分层通常更为细致（全局规划、运动决策、运动优化、控制），但靠近顶层的模块（特别是运动决策部分）也开始尝试使用数据驱动方法的一些实践。关于算法的选择以及软硬件的适配，会在第 4 章和第 5 章进行详细介绍。

最后是算法在数据闭环方面的考量。一般只有数据驱动（深度学习）类的算法才能有效支持数据闭环的构建，而规则算法正在从"执行者"转变为"监督者"和"指导者"，开始更多地应用于车端安全边界的构建以及云端自监督学习系统的构建。

如图 2-53 所示，整个闭环过程具有明显的阶段性。从感知到规控，数据驱动算法的应用难度逐级提高。这种难度首先表现在算法设计上，感知融合常用的 CNN、RNN 已经接近成熟，但是预测和规控中使用的注意力网络、生成对抗网络以及强化学习仍然处在待量产阶段。这种难度还表现在数据积累上，缺少良好的感知模型训练就无法实现先验地图数据的积累，没有地图数据的积累就没有规控仿真场景库的积累。

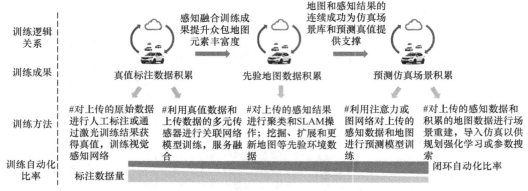

图 2-53　各个算法训练过程及其关联性

从云端训练过程来看，从感知到规控，人工标注的数据量会逐步减少，而闭环的复杂度和自动化率则会逐步提高。越靠近前方过程的训练越关注外部真值信息的注入，而越靠近后方过程的训练，则越关心从内部知识体系中挖掘价值。以世界模型为中心，左侧的感知与融合模块大多使用归纳型算法；而在世界模型的右侧，预测与规划模块则更多使用演绎型算法。

2.9　研发体系的架构设计

2.9.1　流程的概念和转变

从传统意义上讲，研发流程是指导工作的方法论，是产品研发整体思想的体现和产品满足设计要求的管控过程。如图 2-54 所示，核心流程有四个方面，流程本身、文档材料、工程师和工具。流程本身反映了方法论的核心思想，文档材料是对流程思想的量化，工程师是执行流程的核心动力，而工具则是执行过程的辅助推动力。

在应对复杂产品开发时，流程的监督约束是极其关键的。但在日常的管理活动中，繁复的流程反而导致许多负面问题，包括组织架构臃肿、决策缓慢等。

最可能出现的问题是工具只提供了功能，但没有很好地约束流程的实施。如图 2-55 所示，通过邮件、纸质材料、会议沟通等手段组织起来的多部门协同通常无法产生理想的效果。这些工具组织起来的流程不是一种"管道"，无法形成解决问题的闭环。

2.9 研发体系的架构设计

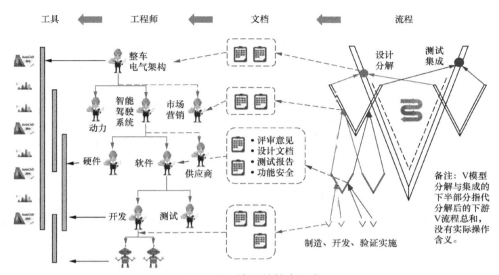

图 2-54 流程的基本要素

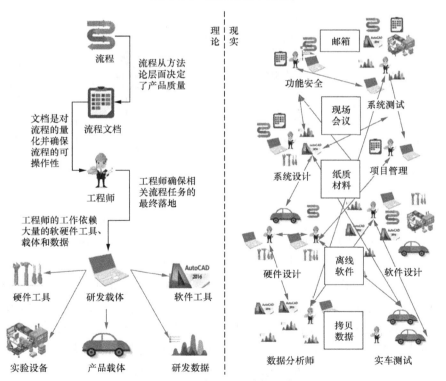

图 2-55 流程的理论与现实

伴随云端协作平台的出现，工程师、文档和工具的关系正在改变，如图 2-56 所示，笔者认为其核心是"链接"与"实例"。"链接"指的是通过组织内的文档、电子流程和数据共享以及协同编辑，改善由于人类工程师的"信息转换错误"导致的问题。"实例"指的是通过容器化服务促进工具与流程的解耦，从而提升流程搭建的灵活性。

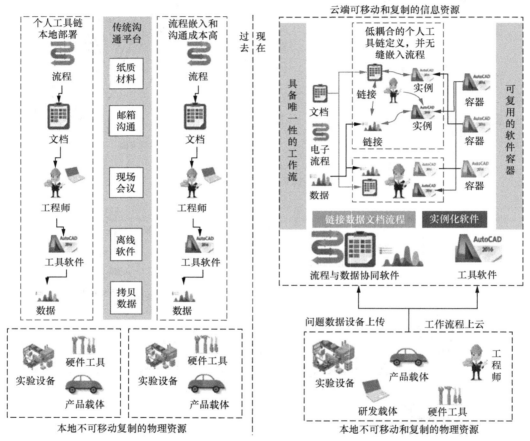

图 2-56 流程要素改变的趋势

举例说明，过去 SIL 仿真系统常作为离线工具与测试人员强绑定，然而如果将 SIL 仿真软件作为容器在云端微服务框架下进行重新编排，则测试人员可以使用该服务串联验收测试工作流，软件工程师可以利用该服务搭建调试工作流，软件集成工程师可以搭建包含"仿真质量墙"的集成工作流，三者还可以通过链接文档共享数据成果。

流程这个概念本身也在发生转变，为了达成更加敏捷的协同，流程的中心正在从人转向工具。其范围也不再局限于人与人之间，"机器工程师"正在逐渐进入流程当中。文档工作呈现出自动化传递与生成的趋势,这些变化有一个共同的背景,就是我们希望流程实施的变数更小,自动化程度更高,更接近一种"数据管道"的状态。

无论是人的流程还是机器的流程,流程搭建都需要经历漫长的时间积累,以及磨合与迭代过程。流程结构的设计是层次架构设计当中必不可少的重要环节。

2.9.2 整车研发流程的升级

完整的整车研发通常由几个层面构成。如图 2-57 所示,最高层的是整车开发过程,聚焦于汽车的整体性能与指标,关注各功能系统之间的协同,智能驾驶系统虽然重要,但也只是关键系统之一。第二层是整车电子电气架构的开发过程,起到承上启下的作用,既要满足整车的物理层约束,还要满足各关键系统的软件开发需求。第三层是关键功能,即智能驾驶的系统设计,将系统功能需求分解为软硬件的具体需求。最后是智能驾驶硬件以及软件的具体设计。这是一个传统整车研发流程中的典型 V 模型的开发过程。

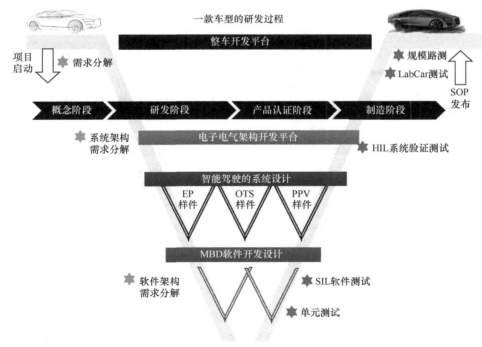

图 2-57 传统整车开发 V 模型

在传统分布式电子电器架构下,相对于系统设计与测试验证,软件开发活动在传统的整车开发流程中一般不会被重点提及,原因是其通常会被直接传递给供应商执行进一步分解。而在域控制器架构下,这种情况发生了很大变化。在分布式架构下,每个供应商都会基于自身硬件展开软件的开发,整车厂负责将硬件进行整合。供应商和整车厂面对的复杂性程度是相当的。但是在域控制器架构下,供应商的工作会失去必要的独立性,导致复杂性在整车厂高度集中,问题也同时在整车厂集中爆发。这就连带产生了一系列问题,其中矛盾比较集中的是软件,对流程影响最大的是软件研发周期实际上远远超出预估时间。因此"冻结"的概念在整车开发流程中非常重要,接口、零部件、软件都有各自的冻结时间点,以满足风险控制的要求。传统汽车软件在进入生产阶段之前都会完成冻结,但智能驾驶软件无法实现冻结,由于其依赖大量的前序条件,且本身的开发、标定、测试周期较长,因此在预估时间内满足交付要求仍面临巨大挑战。

如图 2-58 所示,FOTA 升级的出现改变了这个现状,软件可以在量产后持续升级,软件的研发周期得到延长。这是新流程下"敏捷"的真正来源,也是新一代汽车架构区别于传统汽车架构的典型特征。另外,数据闭环、用户闭环概念的提出也进一步延长了营运的生命周期,基于账户的概念,其生命周期甚至可以跨越多个车型平台。

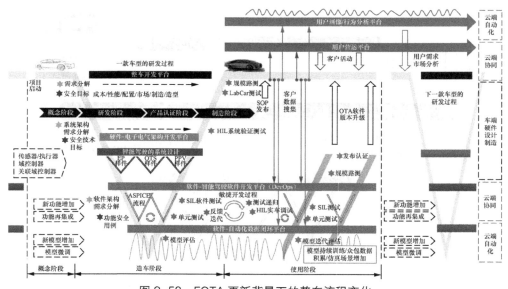

图 2-58　FOTA 更新背景下的整车流程变化

总体来看,整个研发流程的上层结构仍然沿用了整车原有的流程,而软件及以下的部分则更多开始采用互联网的开发思路,两种思维下的流程开始结合应用。电子电气架构是两个体系各自发挥优势的分水岭。

2.9.3 流程的融合与团队的融合

互联网思维与汽车思维之间的理念差异是巨大的,但两者在智能汽车行业走向融合的趋势又是必然的,因此处理其中的矛盾非常重要。笔者认为两种思维存在分歧的源头是研发内容的差异,从规避风险的角度看两者仍然是统一的。

如图 2-59 所示,闭环验证的周期越长,则风险越大,变更成本越高。周期越短,则迭代次数越多,重复成本越高。整车思维处理的任务偏向于硬件,长周期迭代是一个客观事实,因此通过严密的预防措施来降低单次变更的风险。互联网思维处理的任务偏向于软件,可以较好地处理变更风险,但无法规避迭代频繁所增加的成本,因此核心是降低单次迭代所需要的成本。

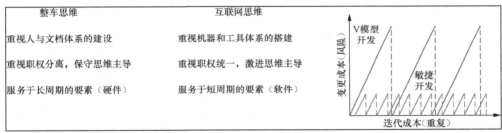

图 2-59 不同思维下的风险规避策略

处理对象的两种思维方式会演化出硬件、软件、算法(数据)三个方向,表 2-4 所示为不同对象在各个维度上的差异比较。汽车思维是硬件思维,硬件的处理通常会产生非常高的变更成本并经历漫长的准备周期,并不适合通过频繁迭代来处理硬件风险,因此非常强调风险的预判,过程非常谨慎,一般由人来主导。而互联网思维则更多地服务于算法和数据思维,其需求变化更快,因此不适合进行长周期的迭代。要通过更高的自动化来达成目标,这就是机器主导的过程。两者共同的交集是软件,两种思维相互融合会形成第三种状态,这种状态关注的是人和机器的高效协同。

表 2-4 处理不同对象过程中的考量

处理对象	硬件	软件	算法(数据)
风险成本	非常高	一般	低
团队构成	人与人 由人主导	人与机器 人机协同	机器与机器 由机器主导
团队风格	职责分离	团队自治	高度自动化
典型代表	整车开发流程	软件研发流程	数据闭环流程
迭代周期	4 个月以上	1~3 天	1~2 小时
设计文档	非常重要	一般重要	不重要
工作特点	谨慎与监控	敏捷与信任	逻辑清晰

虽然不同流程之间具有很大差异,但笔者认为核心包含四个阶段。
- 设计分解阶段,将用户需求逐层分解为设计。
- 目标量化阶段,将设计转化为可以被执行和验证的落地方案和量化指标。
- 开发迭代阶段,将方案逐步实现为可见的软件和硬件。
- 测试认证阶段,按照量化指标验证开发的成果,满足设计要求。

如表 2-5 所示,我们根据这四个阶段,对各层次的核心工作内容进行了梳理。可以发现,设计过程通常需要处理更高维度的信息,并且其成果决定了产品的最终形态,因此仍然是人类主导。而软件算法优化则更多地依赖机器,是一个机器主导的过程。两者之间正在被一种人机协同开发流程串联起来。

表 2-5　各类流程的主导权

级别	设计分解	目标量化	开发迭代	测试认证
整车	整车需求分解	整车级指标(耐久性等)	布置、水管理、热管理等	性能实验、公告实验等
电子电气架构	电子电气架构需求分解	EE 架构指标(信号负载等)	网络配置、EMC 设计等	台架测试、EMC 测试等
智能驾驶系统	功能需求梳理与软硬件分解	产品/功能指标定义、场景库分解	功能逻辑设计	功能测试、体验测试等
智能驾驶相关硬件	硬件设计与整车协同	零部件指标定义	元器件选型、电路图绘制	DV、PV、集成测试等
智能驾驶相关软件	软件需求梳理与软件架构设计	软件指标定义(耗时、算力等)	软件代码开发	单元测试、SIL 测试、HIL 测试
数据闭环管道	闭环设计	闭环指标定义	闭环开发	闭环营运监控
闭环算法	深度学习模型本身	真值系统	模型训练与最优化过程	网络结构和目标约束

整个云端工具链的搭建及其与流程的关系如图 2-60 所示,可以发现三个流程之间并不是相互独立的,通过工具的串联,这些流程变为一个整体。以往流程的作用在于组织人更好地完成产品研发,而当下流程则是汇聚人与机器的"智慧"为汽车"智能体"赋能。第 6 章将讨论起到承上启下作用的人机协同开发流程。第 7 章将介绍机器主导的数据闭环流程,由于机器的流程本质就是算法,因此是对第 5 章车端算法讨论的延续。第 8 章将讨论人主导的流程,凝练整车开发过程的核心思想和方法论。

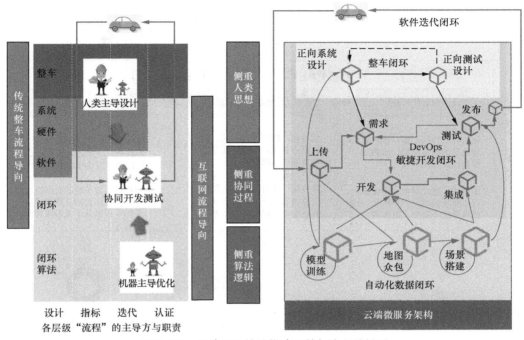

图 2-60　云端工具链的搭建及其与流程的关系

如图 2-61 所示，三个方向上不同的开发逻辑，还需要对立公司组织架构的调整，不同方向上有不同的组织形式，算法自动化闭环以机器为主导，其人员组织形式与软件类似，因此我们主要讨论前面两者的区别。

无论是汽车思维还是互联网思维，从组织架构来看都是由项目团队和职能部门交织形成的矩阵团队，关键的区分在于职责分工。

职责分工主要有"职责分离"和"团队自治"两种模式，在职责分离模式中，同一个任务的执行和检查不能由同一个团队或个人负责，旨在防止错误以及恶意破坏。而团队自治则是将两个权利合并到一个团队，自行处理产品的开发和部署或者进行问题的发现和关闭，旨在提高迭代速度。

"职责分离"的问题是两个人之间的"转换"，成本通常比较高昂，但其优点也突出，可以有效地控制错误的发散，汽车思维更偏重这种分工方式。而"团队自治"带来的问题主要是风险失控，但一般软件团队都会有逐层的软件质量阀（机器）来负责控制防线，因此问题也不突出，互联网思维下更偏向这种分工方式。

第 2 章 智能驾驶汽车的架构革命

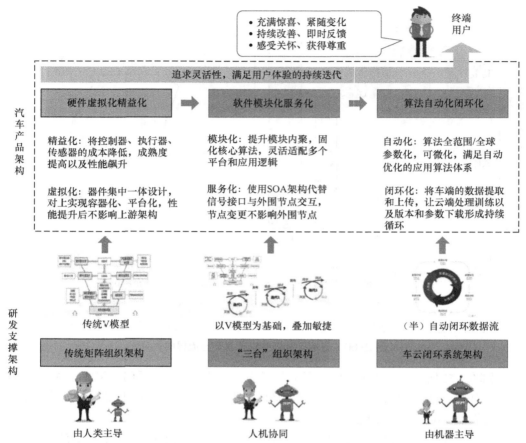

图 2-61 组织架构调整与软硬件趋势的关系

"三台"架构的核心是各模块之间从原来固定流程合作变成一种可灵活调整的服务合作。在业务调整的过程中该架构会维持前中后三个大结构稳定,并推进小结构的快速变化。前台各功能模块灵活运作,中台控制资源为前台提供服务,后台管控整体结构。资源的指挥权在前台,贴近业务来调整布局。

无论是技术、流程的混合,还是团队的混合,归根结底,智能汽车所面对的是两种思维的混合,技术、流程、团队最终都会归结于"人"这个要素。

第3章 智能驾驶的交互系统

任何智能系统都是由感知、决策、执行三大部分组成,本章重点介绍智能驾驶系统的输入和输出设备,主要是传感器和执行器的特点和约束。

3.1 传感器与智能驾驶系统的关系

在讨论传感器与智能系统的关系之前,我们先从"电磁波频段"角度来了解传感器。如图3-1所示,除了惯导(基于力学)、超声波(基于机械波)等少数传感器外,大部分智能驾驶传感器都基于电磁波工作,从激光雷达、毫米波雷达、相机到移动通信、交通广播覆盖了极广的频段分布。一部分电磁波频段会对人类产生伤害并且成本极高,一般不会应用于智能驾驶。

一般意义上讲,工作频率越高则传感器的成本和技术难度也越高。因此我们看到移动通信的发展(从1G到5G)是一个频率上升的过程,智能驾驶系统应用的超声波、毫米波、相机、激光雷达也是按照这个规律逐渐发展。

从通信角度看,频率越低则波长越长,传播范围更广,但承载的信息量更少。反之,频率越高则波长越短,传播范围更小(衰减快),但承载的信息量更多。因此5G通信的带宽更高,但基站的密度更大。

从感知的角度看,传感器主要分为被动接收和主动探测两种。被动接收的传感器(如相机)主要工作在可见光频段附近,也是局部感知信息的主要来源。主动探测的传感器主要利用电磁波的发射与回波来进行环境物体的距离或者速度的测定,频率越高则准确性越高,但这并不一定是优点。不同频率的电磁波,对于不同环境中的物体,有不同的干涉、衍射或者反射特性。不同频率的电磁波面向具体业务有不同的优缺点,例如毫米波对金属敏感,但对人不敏感;激光雷达虽然精确,但是更容易受到雨雪等天气的干扰。不同频段的感知手段通常能够起到互补作用。

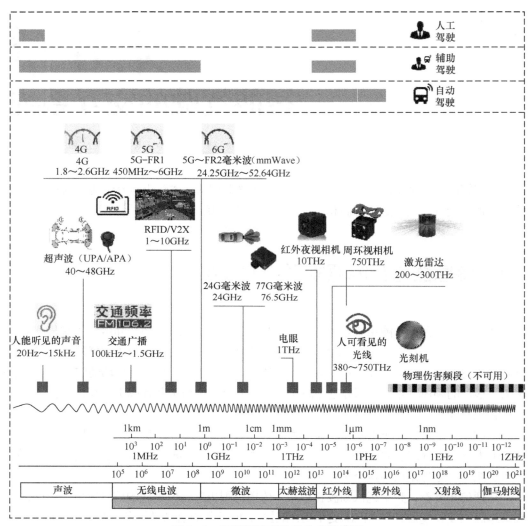

图 3-1　智能驾驶系统的传感器类型

人类驾驶是以视觉为主，听觉为辅。与智能驾驶传感器极广的频段覆盖相比，人类的感知极为有限。因此，理论上我们可以认为智能驾驶比人类驾驶更为安全。但是否现实应用中，这个逻辑并不完全成立，因为这里忽略了一个因素，即"智能"的程度。

智能系统在数据（经验）上的积累以及对环境的理解程度与"智能的程度"成正比。但是在功能确定的情况下，"智能的程度"通常与传感器（成本）成反比，智能程度越高，系统对传感器的依赖也越小。但是为了提高智能程度，我们需要更多高价值的数据积累，这对传感器（成本）提出了要求。

这个矛盾引申出了一个行业热烈争论的话题，即应该采用高成本多传感器方案还是采用低成本单一传感器的方案。推崇单一传感器的一方不断尝试使用视觉传感器来代替毫米波雷达、激光雷达、地图、惯性导航传感器等的作用，强化感知，弱化融合，降低传感器方案成本。而另一方则不断尝试增加除视觉外的其他感知手段，强化融合，提升安全性和体验感。

这个矛盾并非不可调和，传感器和智能系统是相辅相成的。多传感器的部署会加速智能系统的产生，而智能系统的产生会反向助力传感器的精简。当市场对智能产品提出更高要求时，这个过程会在一个更高的层次上重复发生。

部署多传感器（相机+激光雷达+地图）的方案，一般在智能提升的初期更具有优势，有利于改善产品功能，以及品牌初期形象的塑造，对系统的安全性和体验感有更大贡献。更多的传感器也有利于进行高价值数据的采集和筛选，对智能水平的提升更为有利，可以高效完成原始数据资本的积累。

部署单一传感器（相机）的方案，在智能提升到一定阶段后更有优势。其传感器成本更低，软件结构更为精练，有利于智能汽车产品的广泛普及。规模扩大会带来更多的数据接入，有利于智能系统后期的持续性完善。

两个阶段的过渡依赖于合理的产品规划和一致的架构设计。前期车型用于塑造品牌，后续车型有助于提升销量。有梯度的产品配置，能够满足不同价格区间的用户需求。

在这个过渡过程中，要注意的是两种方案的不同定位。单一的视觉传感器是智能提升过程中获取感知信息的"主体"，而外加多传感器是辅助"主体"的"工具"。需要重点讨论的并不是"单"或者"多"的问题，而是"主体"和"工具"之间的关系。"工具"辅助"主体"更快地提升智能度，从而达成产品目标。但有时"工具"也可以直接达成产品目标，使很多人将"工具"误认为是"主体"，这容易使整个开发过程偏离"智能提升"的主线。

3.2 感知类传感器

3.2.1 超声波雷达

超声波的核心功能是短距离测距。如图 3-2 所示，超声波雷达的原理非常简单，超声波发射器高频向某一个方向发射出超声波信号，在发射超声波的同时开始计时，超声波通过空气进行传播，传播途中遇到障碍物会立即反射，超声波接收器在接收到反射波的时刻立即停止计时。超声波在空气中的传播速度是 340m/s，计时器通过记录时间 t，即可测算出从发射点到障碍物之间的距离 s（$s = 340 \times t/2$）。

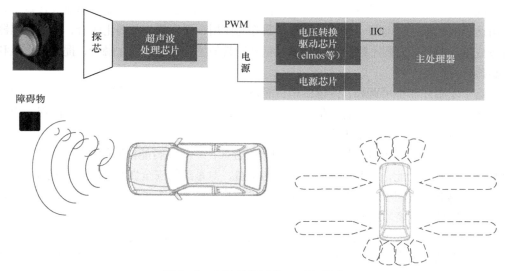

图 3-2　超声波雷达的原理与构成

多个超声波雷达通常处于相同的频段，为避免同频干扰通常采取不等周期轮询收发的策略。超声波的波速与温度有较大的相关性，在测距过程中需要修正，其公式为 $V = V_0 + 0.607 \times T$，V_0 为零度时的声波速度（332m/s），T 为摄氏温度（℃），V 为不同温度下的实际速度。

常见的超声波雷达有两种。第一种是安装在汽车前后保险杠上的雷达，业内称为 UPA。第二种是安装在汽车侧面用于测量侧方障碍物距离的雷达，业内称为 APA。典型的超声波雷达布置形式是前 4（UPA）、侧 4（APA）、后 4（UPA）共计 12 个。超声波雷达在汽车行业的应用已经非常成熟，可以满足防水、防尘、车体结合、颜色匹配等诸多要求，常用于智能驾驶的短距离避障以及库位扫描功能。

按工作频率分类，超声波雷达一般分为 40kHz、48kHz 和 58kHz 三种，频率越高，灵敏度越高，探测角度越小。对于较常见的 40kHz 超声波传感器，其测距精度为 1～3cm，探测距离范围为 0.1～8m。

超声波的优点主要体现在成本低，可以全天候工作。在短距离测量中，超声波具有非常大的优势。超声波的缺点则体现在，分辨率较低，检测角度小，容易受到抖振等因素影响。由于其探测波的衍射严重，距离过远时无法接收到足够的回波，因此主要用于近距离检测。

目前超声波雷达也在不断地发展，新的超声波雷达除支持传统的"一发一收"外，还能够通过"一发多收"来建立探测矩阵，通过三角定位获得比一维测距更细粒度的障碍物信息。全新的可编码超声波还能够改变超声波的发送频段，从而缓解同频干扰问题，提升感知健壮性。另外，超声波雷达在障碍物探测、库位扫描等应用层业务上的表现也在逐渐优化。

3.2.2 毫米波雷达

毫米波的核心功能是测距、测速和测向。如图3-3所示，毫米波雷达的测距原理与超声波雷达类似，只是电磁波会产生一个特殊的连续三角波束，该信号遇到障碍物之后反弹回来，产生一个时间差，反射波形与发射波形之间会产生频率差，利用频率差和时间差都可以计算出障碍物的距离。由于多普勒效应，反射波的频率会发生变化，根据频率差可以计算得到障碍物的相对速度。扇形布置的多个雷达波束可以支持雷达获得障碍物方位，一发多收的模式则可以进一步提升方位精度。

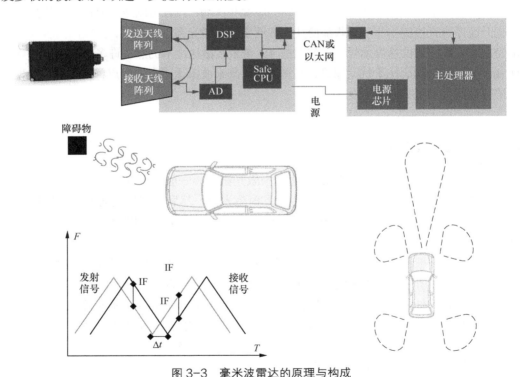

图 3-3 毫米波雷达的原理与构成

常见的车载毫米波雷达应用有 24GHz 雷达和 77GHz 雷达两种。24GHz 雷达一般部署在两侧的前后饰板内,用于探测两侧的障碍物,该频段的探测距离较近。77GHz 雷达频率更高,探测距离更远,主要部署在正前方,用于探测前车的距离和速度。

总体来说毫米波雷达是一种支援型传感器,其优点是在各种环境下,对车辆等物体的距离、方位、相对速度的感知均较为准确。其最大的特点是可以直接估计相对速度,无须像激光雷达一样做多帧处理。其缺点是对生物和非金属物体的穿透率较高,因此容易漏检行人等要素。又由于其对金属敏感,很容易将指路牌、地面井盖等物体、当作障碍物。另外,由于其分辨率较低,容易对底盘过高的卡车、运输货物的平板车、擦边行驶的大型车辆做出错误的碰撞判断,可能将大型车辆的多个轮毂认为是两个小型车,还可能将多个检测目标判断为一个,在有明显上下坡的区域的表现也不尽如人意。另外,其本质是电磁波,容易受到环境干扰,特别是在周围有电视塔、广播电台、天文站等设施的情况下。

为了解决这些问题,毫米波雷达也在不断发展,目前比较令人瞩目的是 4D 毫米波雷达的逐步成熟,国内外众多企业都在进行该项研究。相比传统雷达而言,这种雷达专门设置有垂直方向的天线,可以实现垂直方向的成像和探测,并且可以通过增加簇数将角分辨率提升至零点几度的水平。这些都使其成像逐步接近激光雷达的水平,其输出内容为三维的空间点云和一维的速度信号。虽然目前 4D 毫米波雷达技术仍然有许多难点尚未攻克,比如多发多收的编码抗干扰问题等,但它继承了毫米波雷达原有的优点,并规避了分辨率缺陷,因此发展潜力巨大。

3.2.3 激光雷达

以激光为工作光束进行测距的雷达称为激光雷达,一般工作在红外波段。如图 3-4 所示,激光雷达的工作原理是向目标主动发射激光束,然后将目标反射回来的信号回波与发射信号进行时差统计,最后获得测距结果。大量激光束的扫描便可以形成点云图供智能驾驶系统使用。

激光雷达一般会输出点云的空间坐标信息以及光强度信息。因为光强度与物体的光反射度直接相关,所以根据检测到的光强度,激光雷达也可以对检测物体的类型进行初步判断。经过一定的处理,其还可以输出目标距离、方位、高度、速度、形态等信息。

从结构上看,激光雷达的三大核心器件是发射部、扫描部和接收部。通过不同类型器件的组合,可以形成多种技术路径,包括机械转动、半固态 MEMS、固态 FLASH 和微转镜等多种类型,其优缺点如表 3-1 所示。

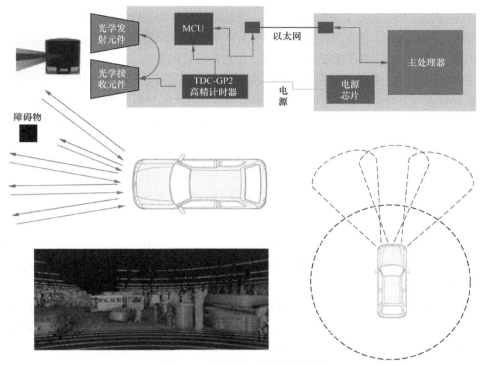

图 3-4 激光雷达的原理与构成

表 3-1 不同类型激光雷达的优缺点

类型	优点	缺点
机械转动	研发时间较早，技术本身较为成熟，检测范围较大	有较多机械结构，使用寿命较短，无法满足车辆要求
半固态 MEMS	MEMS 技术成熟，成本低廉，实现较容易	MEMS 需要拼接，而拼接可能会导致点云分布不均匀
固态 FLASH	稳定性和成本优势大	无法有效提升功率，探测范围和探测距离之间需要平衡
微转镜	点云均匀，功率和散热更容易控制	对电机、轴承、镜片等关键零部件设计要求高

声波和毫米波在传播路径上遇到尺寸比波长小的物体时，容易发生衍射现象，因此无法探测大量存在的小型目标。而激光波长一般只有微米量级，因此探测小目标毫无压力，再加上其扫描的密度较高，因此是所有主动探测雷达当中分辨率最高的类型。

激光雷达也有缺点，当激光遇到光滑表面（平静的水面）时，很容易产生镜面反射，从而产生海市蜃楼现象，导致探测结果错误。其反射率针对不同颜色和材质会出现差异，对于黑色轮胎等物体的反射率较低。另外,在远处分辨率较低的区域,对杆件等细窄物体也可能存在漏检情况。激光雷达也更容易受到雨雪(空气中悬浮物)的影响,无法直接分辨溅起的水花和突起的障碍物之间的区别,这常常导致误检。

激光雷达作为一种精密光学传感器,应用于量产车还需要解决很多问题,热辐射、高温、振动都会对其性能构成影响,其成本和寿命也是巨大的挑战。2021 年可以说是激光雷达量产的元年,国内外很多企业都在抢占这个新兴市场,相信未来将会有更多量产车开始部署激光雷达。

3.2.4　光学摄像头

与人类视觉类似,光学摄像头毫无疑问是目前智能驾驶至关重要的传感器。光学摄像头能够提供的智能驾驶信息量一定是所有传感器中最高的,其应用难点主要在于信息的提取。理论上依靠光学摄像头可以获得智能驾驶所需的一切信息,毕竟人类只依赖视觉也可以完成驾驶任务。

如图 3-5 所示,光学摄像头的原理非常简单,光线透过镜头投射在 CMOS 光感芯片上被转化为电信号,电信号经过 ISP 芯片处理后生成肉眼可分辨的视觉图像,一般还会配置解串芯片用于传输过程的编解码。摄像头的类型很多,根据镜头、光感器件和外部结构的不同,可以分为单目摄像头、双目立体摄像头、夜视摄像头等很多类型,单目摄像头是其中比较常见的类型。

对于摄像头来说,图像信号处理器(Image Signal Processor,ISP)是最关键的。ISP 其实也是一个 SoC 芯片,可以运行各种算法程序,实时处理图像信号。一般还配置有固件对镜头等元器件进行反向控制,以达到自动调节图像质量的目的。ISP 一般会集成在摄像头内部,但是当图像处理要求更高时,则会将 ISP 集成于控制器端。

CMOS 转换后的原始信号一般不能直接使用,常伴有颜色失真、曝光异常、运动残影等问题,肉眼无法辨识,ISP 会通过内部算法和控制逻辑将这些原始信号处理成肉眼可辨识的状态,供后续使用。这个过程也被称为校调(tuning),其主要任务包括 AE(自动曝光)、AF(自动对焦)、AWB(自动白平衡)、图像降噪等。

目前辅助驾驶通常使用 100 万~200 万像素的单目摄像头,而高阶辅助驾驶使用的摄像头则会提升到 200 万~500 万像素。更高像素的 800 万像素和 1200 万像素摄像头也在逐步展开量产部署。摄像头像素越高,其理论探测距离越远。夜视相机、事件相机等也有可能普遍集成在智能驾驶系统中,增加智能驾驶系统的感知维度。相机的布置策略也在发生调整,从 1 个逐渐增加到 12 个甚至更多。不同视场角(28 度~120 度)和安装位置的摄像头相互配合,两两重叠,从双目立体向多目立体发展,进一步强化了视觉的覆盖范围。

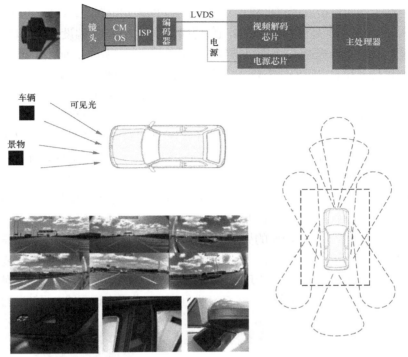

图 3-5 光学摄像头的原理与构成

3.3 网联类传感器

3.3.1 GPS 全球定位系统

GPS、北斗、伽利略等各类卫星系统的统称为全球导航卫星系统（Global Navigation Satellite System，GNSS），GPS 只是行业的习惯叫法。GPS 是提供全球定位信息的传感器，一般需要配合地图和车联网系统使用，以获得车辆周围超感知范围的动静态环境信息。另外由于 GPS 卫星都配置了原子钟，因此可以向车辆下发极高精度的时间信息，常被作为整车时间同步的源头。GPS 能在地球表面或近地空间的任何地点为用户提供实时的三维坐标、速度和时间信息。

下面简单介绍 GPS 的原理，如图 3-6 所示，车载 GPS 接收机会接收到所有可见卫星发送过来的信号，从信号中可以获取卫星的运行轨道信息，进而确定用户接收机自身的空间位置。假定 GPS 接收机被放置在坐标为（X，Y，Z）的未知位置上，GPS 卫星的坐标位置及其时间（x，y，z，t）是已知的，GPS 卫星发送时间（t）与终端设备接收时间（t_c）之间的时间差（ΔT）乘以光速（c）即可得到各卫星与接收机的距离，而由于时间差 ΔT 未知，因此 t_c 也是未知的。我们只需要 4 个卫星的数据联立方程便可求得（X，Y，Z，t_c）这四个未知变量，进而获得位置信息，连续位置作差即可得到速度和航向，可观测的卫星数越多则位置信息越精确。一个 GNSS 系统有至少 24 颗卫星环绕地球运动，通常在水平角 10 度以上即可观测到 7 颗卫星，由此便可以对汽车进行全球性的定位。但如果附近有山、建筑物或其他遮挡物，则能够观测到的卫星会减少，这会导致系统性能下降或失效。

车载 GPS 接收机有单天线和双天线两种类型。单天线的最大问题是零速度情况下，无法输出有效的定向结果。当车辆慢速行驶时，定向误差也会快速增大。双天线解决了这个问题，其定向输出与速度解耦，且在上下电初始化后能够更快速地获得定位和定向结果，其精度和健壮性也较单天线更强。车载 GPS 的另一个差异表现在是否接收差分信号。差分信号是一个移动通信信号，来源于差分基站。某一个区域的基站会在一个已知真值位置上安装 GPS，分析该 GPS 信号，来评估该区域内由于环境因素（电离层干扰等）导致的偏差，并使用电台将这个偏差发送给车端 GPS，即可帮助车载 GPS 进行修正，获得在该区域内更精准的位置。

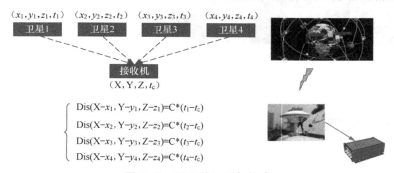

图 3-6　GPS 的原理与构成

GPS 的优势毋庸置疑，是所有网联信息得以共享的"基础设施"。但 GPS 的缺陷也非常明显，其本质是一种通信，并不是物理的感知过程，结果很容易丢失或者被篡改。作为一个庞大而复杂的空间系统，其精度受到很多因素的影响，包括电离层干扰、多径效应干扰、恶劣天气干扰。

伴随卫星星历的变化，GPS 不同时间的定位精度也有所不同。伴随速度的提升，其精度也会相应减小。同时，GPS 是非自主式定位，其信号很容易失效或者被篡改，其应用也可能受到限制。智能驾驶系统需要使用 GPS，但不会单纯依赖 GPS 的输出结果进行定位，通常还需要配合惯导或者地图匹配等其他定位手段，以此来确保系统安全。

3.3.2 惯性导航传感器

惯性测量单元（Inertial Measurement Unit，IMU）是一种可以快速计算出准确相对位移和航向角变化的传感器。这个传感器类似于人的小脑，对 GPS 和所有物理感知的传感器都有支撑作用，可应用于所有空间感知信息的短距离位置推导。由于其基本不受外部环境的干扰，因此属于传感器的"第一辅助"。

如图 3-7 所示，根据用途不同，IMU 一般会组合多个传感器协同工作，其中最核心的是陀螺仪与加速度计。

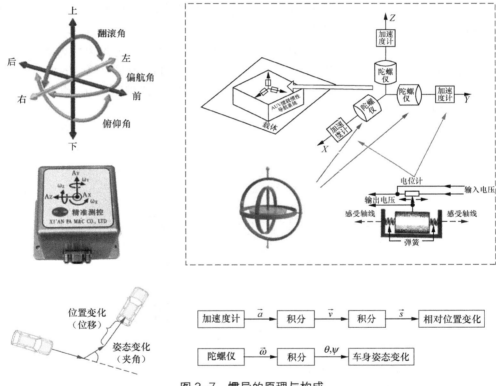

图 3-7 惯导的原理与构成

传统的陀螺仪是机械式的，内部有一个高速旋转的陀螺。通过测量三维坐标系内陀螺转子的垂直轴与设备之间的夹角来计算角速度，再通过夹角和角速度来判别物体在三维空间的旋转状态。三轴陀螺仪可以测定三维空间的旋转变化。随着技术的发展，振动式陀螺仪、激光陀螺仪、微机电机械陀螺仪等改进型逐渐出现。加速计是可以感知任意方向加速度的传感器，通过测量组件在某个轴向的受力情况进行感知。三个加速度计即可测定三维空间的运动状态变化。

陀螺仪的角速度对时间的积分是角度变化。加速计对加速度的时间积分可以得到速度变化，对速度变化积分可以得到距离变化。由此 IMU 便可以获得物体整体姿态的变化数据。但是积分会带来误差，加速计在较长时间统计测量下更为准确，而在较短时间内由于各个轴向加速度值会包含重力产生的加速度值，使其无法获得真正的加速度。而陀螺仪的计算结果在较短时间内比较准确，但经过几分钟甚至几秒便会累积出额外的误差从而产生偏差。因此，需要两者相互配合来确保累计过程的正确。即使器件本身的精度非常高，单纯的积分也一定会带来误差，只不过是时间的问题。

IMU 需要与其他绝对定位传感器配合才能稳定发挥作用，例如惯性导航系统（Inertial Navigation System，INS）是 GPS+IMU 的组合（其结构参见图 3-8），GPS 可以提供绝对定位修正，但其本身的更新频率过低（10Hz），而 IMU 存在累计误差，但更新频率在 200Hz 以上。两者通过联结解算算法组合在一起，可以互相弥补各自的缺陷。这样的组合还有很多，IMU 可以与 Wi-Fi 定位、地图匹配定位等其他绝对定位手段搭配使用，也可以与轮速推导、视觉里程计等相对定位手段配合使用。

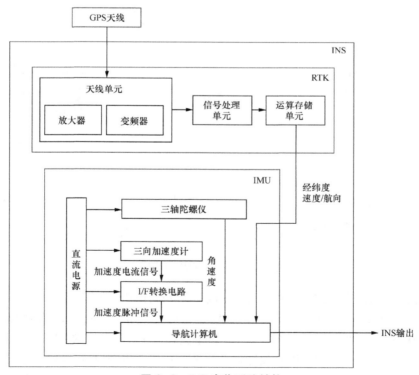

图 3-8　INS 定位系统结构

IMU 在汽车领域的应用已经非常悠久，传统安全气囊的触发装置和电子稳定控制等传统安全装置都使用了 IMU。手机与飞机导航设备中，在没有 GPS 信号时，也是用 IMU 来进行航位推算。IMU 的成本覆盖范围非常大，价值百万元的战略级光纤惯性导航器件主要用于军工，而普通导航设备使用的是价值百元内的民用级 MEMSIMU。目前高阶辅助驾驶多采用基于 MEMS 或者 MEMS/光纤混合的战术级 IMU。IMU 作为可以支撑所有其他传感器的传感器，其性能提升对产品提升来说有较好的性价比。

3.3.3 地图（V2X）传感器

地图（V2X）传感器其实是一个抽象的概念，如图 3-9 所示，一个完整地图（V2X）传感器需要一整套定位系统（GPS 等）支持。传感器通过定位来检索地图或者 V2X 信息，从而为智能驾驶提供可用的"超视距、超感知"的信息输出，用于弥补其他传感器的探知局限性（感知范围、感知要素）。考虑到供应商集成的便利性以及信息安全的要求，地图（V2X）传感器常被设计成独立硬件与其他系统集成。目前行业中完整整合"V2X+地图+定位"的硬件仍然较少，从信息安全和技术合理性的角度看，三者整合是必然趋势。"地图+定位"的组合已经发展成熟，行业内称为 MAP + ECU，是负责存储更新地图，整合定位服务，组织并输出车辆地图信息的独立硬件。

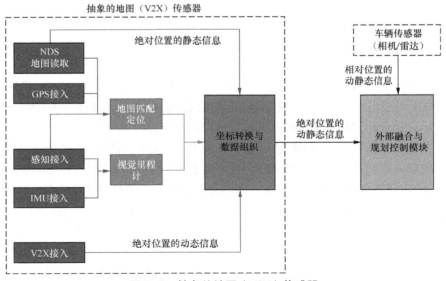

图 3-9 抽象的地图（V2X）传感器

不同于其他传感器，理解地图（V2X）传感器的重点在于其层次协议的关系，难点则主要集中在行业不同标准的统一问题上。不同标准的软件合作一般有两种方式，即 API 与 SPI。应用程序接口（Application Programming Interface，API）一般由实现方来制定接口并完成对接口的不同实现，调用方仅仅依赖而无权选择不同实现。服务提供接口（Service Provider Interface，SPI）一般由调用方来制定接口，实现方针对接口进行调整，调用方自主选择实现方。如图 3-10 所示，无论是地图、定位，还是 V2X 都属于设施领域，其不只服务于智能驾驶一个应用领域，有特定的协议组织方式。而应用领域为了实现行业标准化，同样需要一套独立的协议组织方式。因此出现了通过 API 和 SPI 两种方式组织起来的交换中间层，适配两个领域之间的差异，向下适应各种通信方式，向上适应各种应用需求。

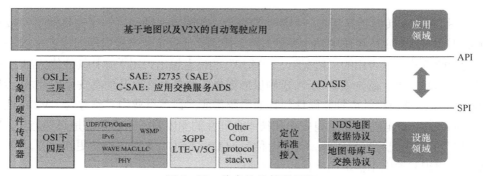

图 3-10　信息协议栈的组织

从底层来看，地图行业有 NDS 等标准，是由宝马、大众、戴姆勒等汽车厂商为主导制定的标准导航电子地图数据格式。而通信行业的标准更多，例如 5G 标准、TCP/IP 标准等，这里不做详细介绍。

地图的中间层一般是一个电子地平线输出模块（Electronic Horizon Provider，EHP），用于地图数据的标准输出，遵循高级驾驶员辅助系统接口规范（Advanced Driver Assistance Systems Interface Specification，ADASIS），可以理解为车辆自身坐标系下地图输出协议的设计（理论上也可以扩展到 V2X 信息），像物理传感器一样输出对应结果。低阶辅助驾驶系统常使用基于 CAN 的 AdasisV2 协议，高阶辅助驾驶系统则更多地使用基于以太网的 AdasisV3 协议。

V2X 的中间层会针对不同的 V2X 应用场景，提供对应的信息交换结构，方便车路和车车进行标准化通信。目前大多数国家或地区主要遵循 J2735 协议，我国在 2017 年发布了《合作式智能运输系统 车用通信系统应用层及应用数据交互标准》，提出了类似的应用数据交换协议。

从应用层来看，智能驾驶系统最终会整合地图中间层和 V2X 中间层的输出。处理地图的对应模块被称为电子地平线重组模块（Electronic Horizon Reconstructor，EHR），处理

V2X 的对应模块并没有特别的名称，一般会配合地图使用。

3.4 传感器的组合与排布

传感器的组合与排布需要考虑很多因素。首先是业务目标和传感器成本的平衡，虽然全方位地布置所有传感器可以满足需求，但由此带来的成本增加、复杂度增加、功耗和算力增加是不能为量产项目所接受的，因此我们需要根据功能要求和安全等级要求来对传感器进行选择。低阶辅助驾驶功能一般会配置低成本、高健壮性的传感器，比如超声波、相机和毫米波等，一般集中布置在一个方位。而高阶辅助驾驶或者无人驾驶系统则有可能需要额外增加一些高成本、低健壮性的传感器，比如地图与 V2X、GPS、激光等传感器，一般需要有侧重地进行全方位布置。

然后，需要考虑的是传感器的环境适应性，我们已经介绍了主流传感器可能的失效情况。如图 3-11 所示，合理的传感器布置可以在硬件层面减少失效的发生。比如，AEB 的核心业务范围在正前方，关键功能的安全要求是避免误触发紧急制动，相机可以解决大多数障碍物感知和测距问题，但在光线不佳的情况下，可能产生误判，这时使用毫米波雷达进行校验就是一个不错的设计。

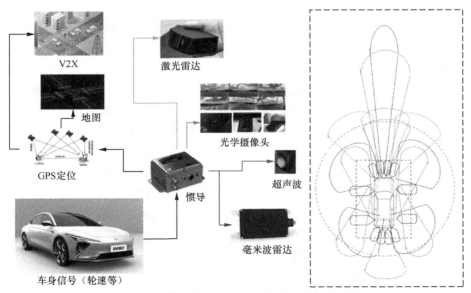

图 3-11　智能驾驶汽车的传感器依赖及其典型覆盖范围

同样需要考虑的是技术成熟度和整车约束。作为一个量产产品，传感器如果要稳定工作，其约束是非常多的，比如固有寿命、抗震性、防水性、布置约束、外观要求、供应商限制等。如果传感器本身不成熟或者因整车约束导致其无法充分发挥作用，则产品会失去应用价值。比如机械激光雷达被大量使用在 L4 级别的智能驾驶汽车上，但由于其固有寿命只有 1～2 年，与长达 10 年的整车寿命相比差距明显，因此量产意义不大，多被固态激光雷达代替。

智能汽车的迭代模式变化对传感器部署的影响也很大。在 FOTA 更新的背景下，软件可以更新的时间窗口变大，因此传感器布置需要兼顾更新后的智能驾驶系统对传感器的要求。"高举高打、硬件预埋、软件盈利"的思路逐渐传播到了汽车行业。虽然目前许多乘用车项目虽然仍然聚焦 L2.5 的软件研发，但传感器部署已经逐步开始按照 L4 级别要求进行预埋。这种行为无疑会增加整车成本，但也因此降低了数据驱动型开发的难度，降低了整车智能驾驶功能体验的开发难度，最重要的是延长了整车系统功能的生命周期，长期收益更加可观。

3.5 线控执行器

3.5.1 线控转向系统

实际上人类的手部力量不足以控制汽车的行驶方向，因此目前的汽车产品都配置了电机助力转向（Electric Power Steering，EPS），通过电机配合手部力量协同完成汽车的转向。理论上的线控转向系统会取消整个机械联动装置，控制指令由电信号传递，通过电机执行，而电机助力转向系统则会保留机械结构。但由于智能驾驶的出现，电机也需要独立完成对方向盘的控制，因此电子助力转向和线控转向已经非常接近。线控转向可以自由调节方向盘的反馈力，为用户提供更好的转向体验，其安全性和复杂度也同步提升。

对智能驾驶来说，线控转向系统的核心指标包括转向精度、转向速度、稳态波动幅度和稳态收敛时间。以转向速度为例，在静态大阻力工况下，其速度需要达到 360 度每秒，高速低阻力工况下需要达到 800 度每秒。这些指标的优劣会直接决定智能驾驶系统过弯过程的性能上限。

如图 3-12 所示，从功能安全角度看，线控转向系统作为高安全要求的零部件通常需要多重的安全保障，在有机械结构的基础上，通常还需要 2～3 套备用的冗余方案，其电机、电控、传感器、电源都有互为冗余的备份，以保障在一套系统失效的情况下，整个系统的助力性能损失，但仍在人力控制可接受的范畴内。在智能驾驶状态下，其电机出力会被限制在一定范围内，虽然可能影响智能驾驶的过弯性能，但电机出力过高产生的安全风险更大。一旦异常情况发生，因为人通过自身力量完成接管，需要对抗电机的出力，如果电机力道过大，人就无法在短时间内正常完成接管动作。

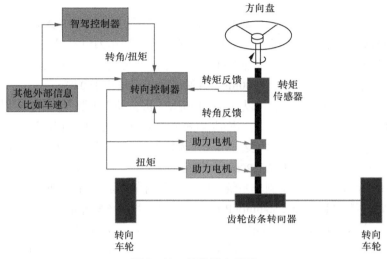

图 3-12 线控转向系统

转角控制与扭矩控制是智能驾驶域控制器与转向控制器通信的两种基本模式。低阶辅助驾驶系统通常使用扭矩控制，能够更好地配合司机对方向盘的作用力（手的力矩），避免司机产生"打手"的感觉。然而对于高阶辅助驾驶或者自动驾驶系统来说，转角接口往往是更优的选择。智能驾驶控制输出的物理量是转角，而扭矩是转向执行器实际作用的物理量。"转角转扭矩"的开发工作势必要推动，但相对来说这更合适转向供应商来推动，这并非智能驾驶工程师和智能驾驶控制器擅长的领域。

3.5.2 线控制动系统

与转向系统类似，单纯依靠人类的腿部力量不足以使车辆迅速制动，因此汽车都会配置助力刹车系统，协助司机完成刹车动作。大型车辆一般使用气压刹车，乘用车一般使用液压刹车。气压刹车可以提供更强大的制动力，但需要配备空气压缩机和储气罐，卡车的刹车声就是这些部件发出的声音。燃油车一般利用内燃机进气管中的真空来产生刹车助力，采用液压来传递刹车力量，相对气刹来说，这种助力方式更为平稳、噪声更低。

线控制动指的是刹车踏板只连接一个踏板位置传感器来输出刹车指令，踏板与实际的制动系统之间没有刚性的机械连接，可以分为液压式线控制动（Electro-Hydraulic

Brake，EHB）和机械式线控制动（Electro-Mechanical Brake，EMB）。EMB 与 EHB 最大的不同是将液压装置更换为电子机械装置，取消刹车液压管路设计，使用电机对刹车碟施加制动力。

取消液压管路后 EMB 具有许多优势，例如不需要更换刹车油，无须担心密封件老化等，同时还降低了整车布置的难度。EMB 最大的缺点是刹车力量不足，目前主要用在对刹车力度要求不高的后轮上。一个成熟的线控刹车系统要满足接近 1g 的减速度（部分失效情况下最少 0.4g），响应延迟小于 200ms，减速度稳态误差小于 0.05g。

当下 EHB 仍然是主流应用，可以分为两种类型。混合动力车型上常用的是以高压蓄能器为核心的间接型 EHB，而纯电动车常用的是电机直接推动主缸活塞的直接型 EHB。博世公司的 iBooster 是直接型 EHB 的典型代表。iBooster 无须驾驶员踩下制动踏板，就能够实现主动建压，紧急情况下，主动建压可以在 120ms 内完成，确保智能驾驶的刹车动作可以稳定执行。

如图 3-13 所示，整个汽车刹车系统一般由多个刹车子系统组成，除 iBooster 外，还有车身电子稳定系统（Electronic Stability Program，ESP）和电子驻车制动系统（Electrical Park Brake，EPB）。与 iBooster 不同，ESP 一般用于紧急情况下的避险制动和姿态控制，不支持高频使用。而 EPB 则相当于一种低配的 EMB，主要用于后轮驻车阶段的停车维持。

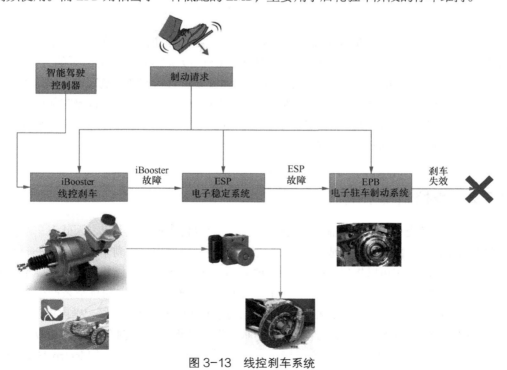

图 3-13　线控刹车系统

iBooster 配合 ESP 和 EPB 共同构建了一个冗余线控制动系统。当 iBooster 发生故障，ESP 会接管并提供制动助力。如果 ESP 不工作，EPB 会介入进行紧急后轮刹车制动。当电源负载过高时，则各自进入低功耗模式。当整车电源失效时，iBooster 和 ESP 均可通过机械推力支持减速停车。

类似于线控转向的方向盘反馈力调节，iBooster 可以通过软件改变电机助力大小，也可以动态调整踏板力和制动主缸压力的对应关系，实现舒适型、运动型等不同的制动体验，从而满足用户差异化的要求。iBooster 还可以与能量回收系统配合，先通过能量回收系统达到减速效果，当不满足制动要求时再介入刹车，并保持全程制动体验的一致性。这些调整都充分利用了线控刹车系统的优势，但是也必须注意到，灵活性得到提升的同时必然会付出相应代价，量产产品中也已经出现由于与能量回收系统的配合失调而产生的异常加速事故。

3.5.3 三电系统

如图 3-14 所示，整车三电系统指的是电池、电机和电控系统，是整个车辆的动力保证。本书只对与智能驾驶相关的内容进行讨论。

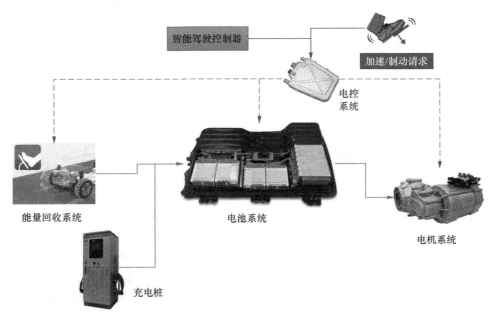

图 3-14 整车三电系统

电机系统是为汽车提供扭矩的高压电机，一台车可以搭载一个、两个或者四个电机，目前分为交流异步电机和永磁同步电机两种，其核心作用是代替燃油发动机为车辆提供基本动力。相比于内燃发动机，其动力输出的理想工况范围较宽，因此通常在使用电机后，从理论上讲可以取消变速箱。智能驾驶一般都会搭载在配置电机的车型上，其线性控制性能对智能驾驶来说是极为重要的。

智能驾驶主要与电控系统进行交互，但并非只是简单的加减速。除控制驱动电机的转速与转动方向外，电机控制器还需要与制动、转向以及能量回收系统进行联动。智能驾驶的输出一般是加速度请求，但动力电控系统接收的是预期扭矩请求，两者之间的关系需要借由工程标定来获得。

目前高阶智驾系统较少搭载在传统燃油汽车上，因为其供电电池很难满足智能驾驶要求。由于燃油的能量密度仍然高于化学电池且电池技术仍然不够成熟，因此混合动力车型的续航与成本更具有优势。但伴随着电池技术的突破以及生产的规模化，笔者认为纯电动汽车仍然比混动汽车更适合作为未来智能驾驶技术的载体。

相比燃油和氢气，电力应用的"灵活性"更好。这种灵活性表现在多个层面，比如城市供电和汽车供电之间可以进行电力的"负载均衡"，实现能源的灵活调配。又比如未来无线充电技术可能取代固定式充电桩或者加油站，提高能源补充的灵活性。整车电池布置的灵活性也同样值得关注，不同于传统油箱，电力的存贮由大量小型动力电池组成，可以分散布置，也可以嵌入车身进行一体化设计，相比油箱有更大的设计空间。

与传统机械系统相比，整车的关键执行器（线控转向、线控刹车、动力电控）为整车控制提供了更大的灵活性。但是灵活的设计也引发了更多的失效问题，这些问题需要高度关注。

3.6　人机交互设备

智能驾驶与智能座舱有非常紧密的关系。从传感器的角度来看，前面讨论的都是智能驾驶系统与外部环境的交互，本节我们主要讨论驾驶系统与驾驶员的交互。

首先是司机监控系统，其原理是利用常规（红外）摄像头对驾驶员状态进行实时监测，判断司机是否正在履行"监管"义务，其检测内容包括驾驶员异常动作和行为（如低头、打哈欠等）。当驾驶员出现行为异常时，智能驾驶系统可能会进行必要的警告或者降级处理。另外对驾驶员的动作检测（手部、脸部、躯干）还可以作为一种新的交互手段来进行扩展，取代原有屏幕和按钮的作用。视觉富含的信息量极大，因此未来摄像头的应用不仅仅是监测与控制，甚至还可以与驾驶员和乘客进行更加深层次的情感交互。

如图 3-15 所示，HOD 方向盘是司机监控的另一种形式，其作用是监控司机双手是否掌握方向盘，处于随时接管车辆的状态。其原理类似手机触摸屏，在方向盘上增加电容感应层，检测人体手部的微小电流，来确认是否接触。目前 HOD 方向盘的问题在于其抗欺骗性较差，部分装置可以模仿这种手部电流对系统进行欺骗，其检测结果并不可靠。

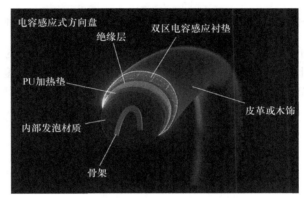

图 3-15　HOD 方向盘

如图 3-16 所示，电子后视镜的作用是进一步扩充司机视野。通过将后视镜视角的相机视频实时传送到车内屏幕，来代替传统光学后视镜。电子后视镜可以自由地扩大视野范围，不受到镜面形状和曲率的影响，甚至可以叠加智能驾驶的感知信息，加强司机对周围环境的掌控。通过布置特殊的相机以及视频处理算法，智能驾驶可以排除夜间、雨雪等复杂环境因素干扰。另外其结构相比传统后视镜更为紧凑，对改善整车风阻有较大帮助。但电子后视镜也并非完美无缺，由于司机面对的是内部屏幕，视觉在近景和远景之间的频繁切换更容易导致视觉疲劳，其体验仍然待验证。同时后视镜的功能安全要求陡增，电子后视镜要保证低时延、低卡顿和极低故障率也是一项极大的挑战。

如图 3-17 所示，可伸缩方向盘是未来智能驾驶系统的发展方向之一。在智能驾驶状态下折叠方向盘，可以提升司机的空间体验。目前部分整车厂商采用方形方向盘的设计，对可伸缩方向盘进行了初步探索。除了可以增大车前视野外，方形方向盘还可以更方便地收缩进前仪表台内，缺点是目前研发成本较高。目前可伸缩方向盘仍然只是一个概念，实现的前提是需要取消机械连接的纯线控转向系统的支撑。

图 3-16　电子后视镜　　　　　　　图 3-17　可伸缩方向盘

总体来说，在不断推进的电气化和去机械化进程下，线控执行器对外强化了整车控制执行的自由度，以上这些交互设备则对内强化了人机交互过程的自由度。汽车相比过去拥有了更大的设计空间。

第4章 智能驾驶的处理系统

除感知和执行外,智能体另一个重要的组成部分是决策,即对输入信号和输出信号的处理。本章重点介绍智驾处理系统的核心——智驾域控制器,探讨智驾域控制器的硬件与底层缓冲的相关内容。

4.1 域控制器的软硬件一体设计

如图 4-1 所示,在战争年代,会有士兵用身体架设人桥,以方便大部队通过的情景。只有桥上和桥下的士兵相互配合,才能保证一切顺利进行。智能驾驶中的域控制器各个层面的设计思路也是如此,要在各个维度综合协同,才能维持最佳的费效比。

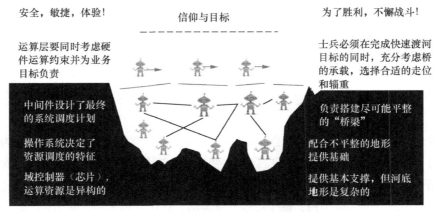

图 4-1 软硬件协同设计类似渡河作战

整个域控制器软硬件设计的主旨是使算法在硬件约束与业务约束之间达到平衡,这种平衡的达成需要协同考虑芯片处理特性、操作系统和中间件特性、软件底层框架设计、应用业务特点等许多层次。各层次设计的共同目标是充分发挥既定计算资源的能力，促使算法稳定、快速地完成运算，并实现业务目标。

在设计软件的同时，必须考虑与之匹配的硬件效能，包括算力、通信、功耗和功能安全。如果业务要求非常明确，可以考虑针对软件的算法特点设计与之匹配的硬件，这无疑受制于研发成本和供应链，因此一般整车厂商会采购市场既有的域控制器产品。虽然在软件定义汽车的趋势背景下，一切需要向业务看齐，但在实际操作中这是一个双向协同的过程。与分布式架构、域控制器架构相比，这种双向协同的过程通常更加复杂。

软硬件一体设计可以分为三个过程。第一个过程是芯片的评估选择，在摩尔定律趋于极限的情况下，异构芯片大行其道，其外形就像是凹凸不平的河床，虽然带来了更大的业务潜力，但相比同构芯片，其适配复杂性也随之上升。第二个过程是操作系统与中间件对资源的调度能力，两者对硬件层面"河床"进行了必要的"削峰填谷"，支撑起了搭建应用层所需要的平坦"桥梁"（稳定的运算耗时）。第三个过程是智能驾驶业务模型与计算资源之间的权衡，有些模块要求低延时，而有些需要高计算量，还有一些计算周期是变化且不稳定的。这就像是行走在人桥上的战士，在不惜一切代价向对岸冲锋的同时，仍然需要估计脚下战士的承载力。要完成"渡河"这个目标，各方面的设计是环环相扣的。域控制器的难点在于软硬件协同设计。

4.2 智能驾驶芯片

4.2.1 芯片的基本概念

芯片是处理系统底层构建的核心。如图 4-2 所示，芯片有三个经典结构，分别为冯·诺依曼结构、哈佛结构和改进哈佛结构。区别主要来源于总线和存储器设计。冯·诺依曼结构的芯片结构比较简单，只包括一个处理器和一个存储器，关键特点是程序和数据只需要在处理器和存储器之间完成传输，整个过程非常灵活，这也是冯·诺依曼结构的最大优势。但这种设计也有缺点，由于只有一根总线，程序指令和数据的宽度必须相同且每个时刻只能完成一个指令，因此计算效率较低。

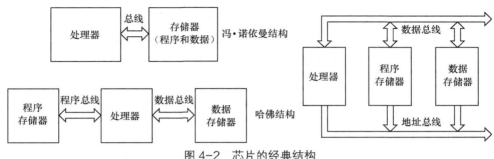

图 4-2 芯片的经典结构

因此出现了哈佛结构，将程序和数据分开存储，程序和数据可以有不同的数据宽度，采用独立的一组寻址总线和一组数据总线。这种并行化自然提高了效率，原来至少需要两个周期完成的事，现在一个周期内即可完成。这种设计需要处理器同时与程序存储器和数据存储器传输信息，并不利于通用软件的开发。且如果业务侧重点发生变化，两条总线的传输任务可能无法均衡，从而导致资源浪费。冯·诺依曼结构则不存在这种问题。

为了解决这两者的平衡问题出现了改进版的哈佛结构。其存储器仍然有两个，但只有一组总线供程序存储器和数据存储器分时共用，统一向外对接保证了灵活性，同时对效率影响较小。实际的芯片设计是对这几种经典结构的扩展和嵌套。

我们通过芯片的结构能够初步了解到，传统意义上的算力问题实际上是"计算"与"存储"这两个概念的综合，同时受制于运算单元和内存单元。比如谷歌一代 TPU 算力理论值为 90 TOPS（Tera Operations Per Second，1 TOPS 表示处理器每秒可以进行 10^{12} 次操作），然而可用算力只有 10 TOPS，因为内存带宽仅为 34Gbit/s，第二代 TPU 内存带宽提升至 600Gbit/s 后情况才有所改善。

算法对于内存带宽的需求通常使用运算强度（Operational Intensity）来表示，单位是 TOPS/byte，表示算法中平均每读入单位数据能支持的运算操作次数。运算强度越大，则表示单位数据能够支持的运算越多，说明算法对于内存带宽的要求越低运算强度与所使用的算法有关，因此在软硬件一体设计的理念下，排除算法的影响，内存和算力通常无法高度匹配，工程实践中实际可用算力只有理论算力的 40%～60%。目前芯片定制化流行的原因之一也是解决匹配度问题。除与算法匹配有关外，算力资源的有效利用还与通信资源、工作温度、工作电压等其他因素有关，这里不展开论述。

芯片设计的另一个重点是功耗，这是大规模量产需要高度关注的问题。虽然高功耗通常代表高算力，但是也会伴随更高的发热量以及更快的能量消耗，因此需要配置额外的散热器和电源。车端芯片常使用 TOPS/W 来作为评价处理器运算能力的指标，TOPS/W 用于度量在 1W 功耗的情况下，处理器能够进行操作的次数。Xavier 芯片在 20W 功耗下的 Tensor 核心性能为 20TOPS，解锁到 30W 后可达到 30TOPS，但这本质上是通过超频完成的。虽然算力得以提升，但发热量会更大，芯片寿命也会降低，这种提升通常是有损的。目前，无损降低 TOPS/W 的方法还是将通用芯片转化为定制芯片，服务于特定算法任务。

由于计算与内存带宽有关，这里简单介绍内存存储器的分类，主要是随机存取存储器（Random Access Memory，RAM）、只读存储器（Read Only Memory，ROM）和闪存（Flash Memory，简称 Flash）三类。RAM 在任何时候都可以读写，是通俗意义上的内存，电源关闭时 RAM 不能保留数据。RAM 可以进一步分为静态（SRAM）和动态（DRAM）两大类。由于 DRAM 单位容量价格较低，常被用于比较慢的指令存储器，而高速数据缓存通常使用 SRAM。ROM 相当于硬盘，即使在断电情况下也能保留数据，但更改数据的方式更为复杂。主流的电擦除可编程只读存储器（Electrically Erasable Programmable Read Only Memory，EEPROM）的写入时间很长，这催生了 Flash 的发展，虽然 Flash 价格更贵，但是其兼具 ROM 和 RAM 的优点。Flash 主要分为或非型（NOR Flash）和与非型（NAND Flash）。NOR Flash 的读取与常见的 RAM 读取方式相同，可直接装载运行代码。而 NAND Flash 会每次读取一块数据，不能直接运行代码，但相对 NOR Flash 价格更低且容量更大。eMMC 是自带管理控制器的 NAND Flash，内部包含 Flash 的管理逻辑（错误探测和纠正、Flash 平均擦写、坏块管理、掉电保护等）。Flash 的另一个缺点也值得关注，其读写存在次数限制，超过规定刷写次数后，器件就会损坏，这在强调数据驱动的智能驾驶业务中不可忽视。虽然机械硬盘、磁带、光盘等其他存储机制的容量更大、成本更低，但由于读写效率的问题，很少在智能驾驶设计中应用，而是多应用于云端冷热数据的存储。

4.2.2 智能驾驶芯片的分类

如图 4-3 所示，芯片可以分为两个大类：通用芯片（CPU、GPU、DSP 等）和定制芯片（FPGA、ASIC 等）。两者的性质有很大不同，通用芯片是以效率换取灵活性，而定制芯片是以灵活性换取效率。

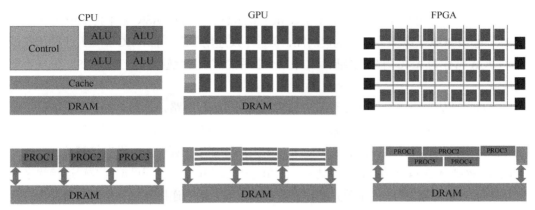

图 4-3 典型芯片的结构和计算特点

由于通用芯片常需要随时中止当前运算转而进行其他运算，然后从中断位置恢复当前运算，因此必须具备灵活处理各种不同任务的能力。为了实现这一点，通用芯片有复杂的控制取指译码流程，多层的 Cache 内存分级机制，真正的运算单元只占据通用芯片的少部分空间。

定制芯片较少关注时序中断、取指译码等设计，更多是通过固化计算过程来追求效率。通用芯片和定制芯片并不具有可比性，例如将 FPGA 和 CPU 进行比较的意义不大。假如芯片要完成一组逻辑运算，CPU 通常需要几个周期才能完成，但使用 FPGA 串联几个逻辑单元，在一个周期即可完成。如果需求发生变化，CPU 的核心处理过程并没有变化，则需要重新设计 FPGA。

通用芯片中的 CPU（MPU）、GPU、DSP、MCU 之间也存在差异，CPU 和 GPU 之间的区别主要在于核的数量。CPU 虽然有多核，但基本不超过两位数，每个核都有足够大的缓存和足够多的逻辑运算单元，擅长处理复杂业务。GPU 的核数远超 CPU，但每个核拥有的缓存相对较小，逻辑运算单元也更简单，用于处理一些相对简单但数量众多的业务。

数字信号处理器（Digital Signal Process，DSP）是一类特殊的 CPU，采用了哈佛结构，有专用的硬件算法电路和特殊的寻址模式。它具有通用芯片设计的灵活性，但在实时运算过程中很少变化，因此提升了专用信号的处理能力，可以用来快速实现各种数字信号处理算法，比如数字滤波、快速傅里叶变换、卷积等。使用 DSP 处理信号流常具有执行时间可控、芯片性价比高等优点。

定制芯片也有两个主要分类，即现场可编程门阵列（Field Programmable Gate Array，

FPGA）和专用集成电路（Application Specific Integrated Circuit，ASIC）。两者的核心区别是固化程度。FPGA 仍然具有一定的灵活性，但远不及通用芯片。而 ASIC 则是几乎固化的设计。FPGA 常作为 ASIC 开发的预研，如果某个芯片的需求量足够大，定制化 ASIC 的成本则更经济。

FPGA 是从专用集成电路发展而来的半定制化可编程电路，是高端的复杂可编程逻辑器件（Complex Programmable Logic Device，CPLD）。FPGA 可以实现一个 CPU 的部分功能，但并不代表 FPGA 可以代替 CPU。FPGA 大部分都是计算单元，没有控制单元，这并不代表 FPGA 不会执行指令，其控制单元的角色由单元和单元之间可编程逻辑连接线来替代。通过 HDL 编程更改每个单元的运算逻辑和单元之间的连接方式，从而使其具有一定的可编程性。由于 CPU 的取指和译码两个步骤被省略，FPGA 重复运行相同代码的效率得到了极大的提高。FPGA 的优势在于其单位功耗下的计算性能远高于通用芯片，FPGA 相对于 GPU 有 10～100 倍的性能提升。

ASIC 没有特别明确的定义，可以理解为除单片机、DSP、FPGA 外，其余芯片都是 ASIC。ASIC 是指专门为某一项功能开发的专用集成芯片。目前在摩尔定律逐渐失效的情况下，ASIC 获得了非常高的关注，其在特定业务上的算力和功耗优势是其他芯片类型无法达到的。目前讨论热烈的人工智能芯片，其实是一种服务于深度学习算法的专用 ASIC。

在以上讨论中，没有提及两个概念，即微控制单元（Microcontroller Unit，MCU）和单片系统（System-on-a-Chip，SoC），原因是这两者本身不是指一种芯片类型而是一种集成方式。在智能驾驶汽车领域，MCU 在芯片中集成了专用的输入和输出设备，方便更好地控制，因此被叫作微控制单元而不是微处理单元。SoC 则是在更高的层面上将不同的芯片设计（IP 核）进行了集中封装，提升了精益性。

如图 4-4 所示，MCU 更通俗的名称是单片机，比如经典的 51 系列，注重对芯片外设的讨论，比如 PWM、ADC 等。汽车上常用的电子控制单元（Electronic Control Unit，ECU）的核心部件就是 MCU。将 MCU、扩展内存、ADC、稳压电源和其他外围电路集成到一个主板上并固定于铝制壳内即可构成一个完整的 ECU。

一般搭载 8 位 MCU 的 ECU 主要应用于风扇控制、空调控制、雨刷、天窗、门控等较低阶的控制功能。16 位 MCU 主要应用于安全气囊、座椅调节等的控制功能。32 位 MCU 应用于多媒体信息系统、实时性的安全动力系统以及复杂的 X-by-wire 等传动功能。更复杂的功能则需要应用域控制器。

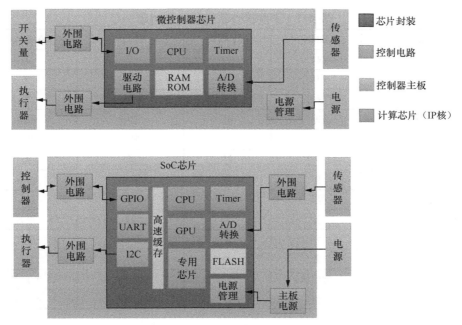

图 4-4 微控制器芯片与 SoC 芯片的对比

域控制器上搭载的芯片大多已从 MCU 更换为 SoC，同时集成了更多的外围设备。在 SoC 中各种芯片（IP 核）通过集成电路串联在一起。ARM、DSP、Wi-Fi、蓝牙等预先设计好的电路功能模块以知识产权核（IP 核）的形式授权给半导体厂商进行制造，制作成不同的 SoC 芯片。

4.3 操作系统与中间件

4.3.1 操作系统的概念

除必要的板载支持外，芯片的核心是操作系统（Operating System，OS）。操作系统主要用于管理计算机的核心软硬件资源，不同的操作系统有不同的侧重点，如表 4-1 所示，我们主要从实时性、内核结构等维度进行简单的对比。

表 4-1　不同操作系统优缺点对比

指标	QNX	VxWorks	Linux	Android
Boot-up 时间	很好	很好	差	差
实时性	很好	很好	差	差
安全可靠性	很好	很好	好	差
丰富的 UI 及库	差	差	很好	很好
丰富的 I/O 支持	差	差	很好	很好
软件开发及维护	很好	好	差	好
软硬件集成难度	差	差	很好	很好
POSIX 兼容性	很好	部分	好	好
开源生态	差	差	好	很好
平台可控性	差	差	很好	很好
License Cost	差	差	好	很好
内核类型	微内核	微内核	宏内核	宏内核
ISO 26262 认证	符合	符合	不符合	不符合

操作系统的不同特性是为了适应不同的业务领域需求。Android 系统更多应用于手机和车载娱乐系统。VxWorks 凭借其硬实时系统能力，更多应用于汽车的安全气囊及军工、航天领域。而智能驾驶汽车则更多使用 Linux（RT）和 QNX 等软实时操作系统。实时性对智能驾驶系统非常重要，不可预期的软件运行时间对智能驾驶而言往往是致命的。

这里简单介绍通用操作系统和实时操作系统的概念。简单来说，通用操作系统是一般主机使用的操作系统，其基本设计原则是尽量缩短系统的平均响应时间并提高系统的吞吐率，在单位时间内为尽可能多的用户请求提供服务。其一般采用带优先级的抢先式调度策略，注重总体性能表现，但个体性能表现不可控。

而实时操作系统（Real-Time Operating System，RTOS）则更关注个体，要确保部分软件的计算过程可以在预测的时间内完成。RTOS 认为计算结果的正确性不仅取决于结果的正确性，还取决于产生结果的时间，如果未满足系统的时间约束，则认为系统失效。因此 RTOS 多使用静态表调度或提前完成资源评估设计的固定优先级抢先式调度，更注重个体运算的可控，而非整体运算性能。实时性和运算速度快是两个不同的概念，如果应用之间存在串扰、核心应用时间无法保障，即使运算速度再快，也不是合格的实时系统。

智能驾驶系统常用的 RT-Linux 和 QNX 之间最大的区别在于内核架构。Linux 是宏内核架构，而 QNX 是微内核架构。内核是操作系统的核心，管理着各种硬件资源。如图 4-5

所示，不同类型的内核机制，其管理范围有比较大的区别。在宏内核机制下，用户服务和内核服务在同一空间中实现，系统需要管理较多的服务资源。集中管控产生了更好的性能，但是当内核中的一个服务崩溃后，会引发整个内核崩溃，安全性较差。而在微内核中，用户服务和内核服务在不同的地址空间中实现，内核进程负责极少的服务。因此任何用户服务崩溃都不会影响到内核服务，但这也增加了不同服务之间的通信成本，微内核架构的性能整体表现不如宏内核架构。

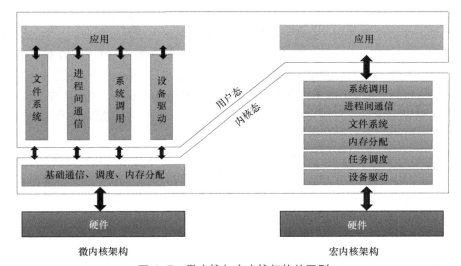

图 4-5 微内核与宏内核架构的区别

目前行业内还没有对究竟是微内核还是宏内核更适合智能驾驶，给出一致性判断。相对而言，传统整车厂商更倾向于选择安全性更好的 QNX，而新兴整车厂商则更多地选择灵活性和效率更高的 Linux。从工程实践的经验来看，QNX 通常需要对算法调度进行更多的设计和调整，其综合性能优于 Linux。然而如果设计欠佳，可能会造成其表现较差，因此相对而言，QNX 的技术门槛较高。

随着域控制器设计的进一步集中，我们常需要在同一个域控制器中运行多种不同的操作系统来满足不同的业务需求，进一步扩展域控制器的灵活性，因此出现了虚拟机技术 Hypervisor。Hypervisor 是一种运行在物理硬件和操作系统之间的中间层软件，允许多个 OS 共享同一套物理硬件。当硬件启动 Hypervisor 时，会为每一个操作系统分配适量的内存、CPU、网络和磁盘资源，相当于每个操作系统都拥有一个独立的主机。Hypervisor 一般分为两大类，一类 Hypervisor 会直接运行在物理硬件上，而另一类则是在一个实体操作系统之上运行另一个操作系统。

Hypervisor 等虚拟化技术在云端的应用已经非常成熟，当下也开始应用于车端的域控制器中。比如，智能驾驶域控制器一般会运行两套操作系统，一套用于业务功能的 RT-OS，另一套用于异常监控的 Safe-OS，同时满足业务以及功能安全要求。

4.3.2 中间件的概念

中间件一般位于操作系统之上。中间件将业务的底层软件进行封装并提供一套完整的工具链，使开发者能够共用一套底层软件、接口和工具来完成开发任务。开发过程只需修改部分参数，即可匹配不同的车型项目、控制器硬件、操作系统以及应用层软件。在中间件的支撑下，开发者通常只需要关注应用算法开发。中间件的核心作用是通过标准化降低系统复杂性，提升软件复用性和可维护性。在复杂度较低的系统中，中间件并不是必需的，而且效率和性能通常低于直接集成。但在规模较大的系统中，控制复杂性有时比效率更重要，中间件的价值就会体现出来。

如图 4-6 所示，中间件包含软件工程化相关的内容，包括与整车相关的配置管理、诊断管理、热管理、健康管理等业务；与车端应用相关的黑匣子、时间同步等业务；与底层相关的各型驱动（定制芯片、定制传感器）的适配；与功能安全相关的控制器保护模式设计、安全启动设计、网络异常监控等。

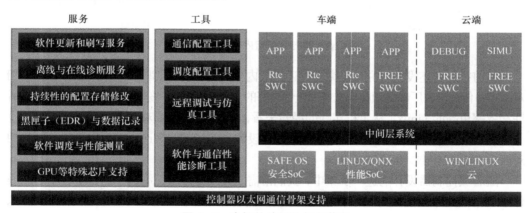

图 4-6 中间件处理的任务范围

目前在车云一体化的进程中，中间件还需要强化车云工具链，在离线仿真、离线测试、功能调试、数据采集与回访、FOTA 更新等业务上确保车端和云端可以进行无缝的衔接。

目前比较典型的中间件是汽车开放系统架构（Automotive Open System Architecture，AutoSAR），它是由全球的主要汽车生产厂商、零部件供应商、软硬件和电子工业等企业（如

BMW、BOSCH、Continental、DAIMLER、VW 等）共同制定的中间件架构标准。第一代软件平台被称为 AutoSAR CP(Classic Platform)，主要应用于 ESP 等要求实时控制的 MCU。但智能驾驶常用的 SoC 芯片并非 AutoSAR CP 所擅长，因此在 2017 年进行了一次大升级，推出了第二个软件平台，即 AutoSAR AP（Adaptive platform）。AP 平台开始支持更多域控制架构的特性，比如对通用操作系统的支持，对更多开发语言（C++/JAVA）的支持以及对 SOA 架构的支持。AutoSAR 本质上是一套标准，相关供应商会基于这个标准释放对应的软件实现来支持客户具体的工程业务。这个体系目前较为成熟，这里不再赘述。

对量产智能驾驶系统而言，上述工程业务都非常重要，但其中与智能驾驶系统运行性能相关的内容是最重要的，例如应用接口设计、计算参数配置、通信链路选择等。这些内容下接硬件资源，上接应用算法，对产品整体性能的影响是很大的。操作系统只提供资源分配的能力，实际的资源分配策略以及与算法的联合设计都是以中间件为中心展开的，因此我们将继续深入展开这一部分内容。

4.3.3 软件的底层运行框架

在工程实践中，影响软件性能发挥的问题有很多，算法的适配策略非常重要。如图 4-7 所示，如果算法逻辑中存在可并行的预处理过程，则可以考虑将算法分配至多个并行 CPU 核中来改善算法响应。如果算法中存在大计算量的事件触发业务，则更适合将其设置在独立核运行，防止突发的计算量对周期性算法的运行产生影响。

不同算法之间的运行优先级需要根据业务进行精益化设计，主要通过调整线程优先级和绑核策略来实现。在维持各智能驾驶模块最低帧率的前提下，确保算法前道节点和关键瓶颈节点的高优先级，以及充分的计算资源保护，而后道节点和非关键节点的优先级可以适当降低。有意识地进行各模块之间的资源隔离，防止关键链路与非关键链路争抢资源。

算法本身要特别注意一些关键函数的使用，尤其是同进程线程管理、互锁机制、通信组件、传感器驱动、系统内存调用、GPU 芯片调用相关的函数。这些函数通常与操作系统有关，因此有较高的中断等级和特殊的阻塞机制，很容易干扰整个软件的正常运行。相同的函数在不同的操作系统中通常有不同的表现和设计方法。在实践中，通过一些软件性能的 profiling 工具可以较为有效地定位相关问题。

另外，类似数学计算函数的调用也需要准确，在精度要求不高的情况下通常有更高效的函数实现方法。目标控制器上有定制芯片参与计算时，还要注意软件的部署适配工作，比如芯片性能分析、算法排布、模型压缩定点等，尽可能利用芯片资源。部分公用资源如

GPU 需要进行集中管控，防止多线程并发导致资源的无序争抢。内存的使用要规避频繁的创建与释放，防止 CPU 资源被无意义地消耗。

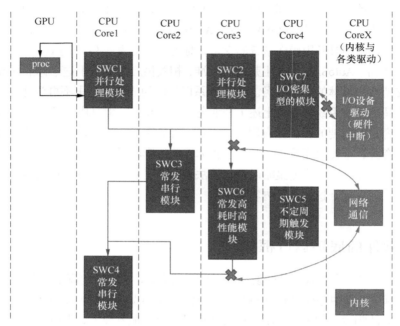

图 4-7　不同功能软件模块的资源排布

如图 4-8 所示，根据业务划分智能驾驶系统，有两种类型的任务调度：周期触发（时间触发）与事件触发。例如视觉感知是一个典型的周期触发业务，而用户通过点击进行全局路径导航是一个典型的事件触发业务。当系统只有周期性业务时，假定算法耗时的波动可控，则在静态表调度的情况下，系统是可预测的。当事件触发和周期性触发同时存在时，情况就更为复杂，资源的短时争抢会相互干扰。同时由于满足整个产品服务质量的问题通常贯穿多个控制器与通信链路，不可预测性会进一步放大，因此当下中间件的调度设计通常会对上游模块的软件结构、通信拓扑、资源调用、最长耗时等参数进行详细的统计并建立模型，对整个系统的资源调度进行仿真级的模拟，以获得更好的调度策略。

除与计算相关外，调度与通信的关系同样紧密。如图 4-9 所示，不同层次上的模块交互都有最合适的通信机制与之匹配。可以使用内存通信，但要避免使用以太网通信，以保证整个控制器的通信资源被充分利用，防止有限的通信带宽被浪费。同时要注意精简不合理的冗余接口设计，在必要时，甚至需要使用一些时间换取空间的策略，适量增加算力，从而节省通信的开销。

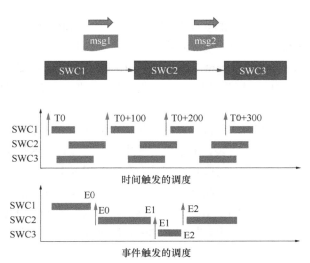

图 4-8 时间触发和事件触发的调度

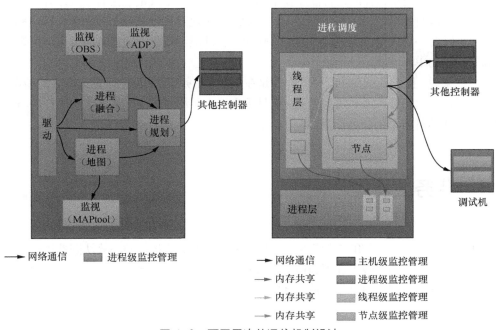

图 4-9 不同层次的通信机制设计

从设计角度看，还需要注意软件运行效率与安全性、可扩展性、可调试性之间的平衡问题。安全性固然重要，但所有的软硬件安全措施，例如 CRC 校检、异常信息监控都会产生额外的资源占用和运行耗时，过度冗余的安全设计有时可能会引发新的安全问题，比如故障容忍时间间隔（Fault Tolerant Time Interval，FTTI）过长。安全要与性能以及体验进行平衡，在工程实践中，分层设计是一个不错的选择，建立一个小的闭环满足安全要求，与大闭环形成适当隔离，可以有效缓解设计矛盾。

平衡性能与可扩展性和可调试性的矛盾是另一个问题。软件架构满足可扩展性，通常需要对软件和模块进行更多的封装，采用更为通用的接口设计，这些操作会拉长链路并增加通信带宽和负载，对性能有一定影响。在算力充裕的情况下，建议优先满足可扩展性的设计要求；如果算力不足，则只能通过更精细的架构设计和工程师投入来补偿。满足可调试性的要求，通常需要更多中间变量的监控，这会增加大量的 I/O 和通信，同时会影响性能。在实践过程中，通常需要优化参数配置功能，细化故障诊断逻辑，由此来缓解可调试性和性能的冲突。

还需要关注一些可能的外围影响因素，比如操作系统、中间件、驱动以及编译工具之间的版本组合，应用软件的运行性能在不同的底层软件和工具链上会有较大差异。同时需要注意硬件本身的参数设置和运行环境，比如通过优化热管理以及提高硬件计算频率（超频）都可以在一定程度上提高运算速度。软件运行性能不佳的问题通常需要逐层排查，不可简单归结为单一问题。

总体来说，操作系统和中间件的作用是在两端（业务算法和硬件）约束固定的情况下，尽可能通过优化设计来缓和资源冲突。但是更为标本兼治的做法是从更上层的算法与更下层的芯片开始对整个系统进行联合设计。

4.4 业务层模型

业务层的设计是与智能驾驶相关的外围设计。感知、规控等核心算法固然重要，但是如果智能驾驶业务的外围设计不到位，则核心算法无法高效运行。本节主要讨论坐标系、时空同步和环境模型接口这三个核心话题。

4.4.1 坐标系

一个合理的坐标系对智能驾驶算法具有重大意义，可以大幅提高计算速度，降低硬件资源消耗，可解释性也会显著提升，反之亦然。图 4-10 所示为车道检测中常用的霍夫变换，利用对偶性将模型的变量和参数概念进行对应，在霍夫空间中多条线的交点对应的是笛卡儿坐标系或者极坐标系下在一条直线上的多个采样点。通过对交点进行聚类或者网格搜索即可找到直线段，进而识别出车道。这在其他坐标系下很难实现。

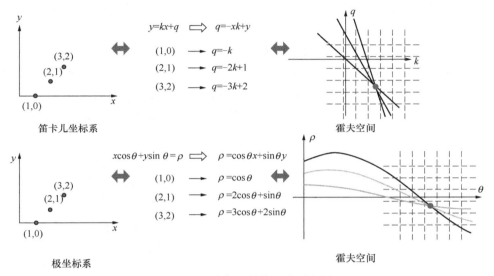

图 4-10　坐标系转换的典型案例

城市规划中常用的 Frenet 坐标系可以将弯曲的道路行驶问题投影到一个二维直角坐标上，而该坐标系的建立不受道路几何形状的影响（掉头场景中 XY 坐标会映射多个 SL 坐标，需特殊处理），大幅简化了结构化道路上规划问题的复杂程度。在深度学习中也通常将图像 RGB 信息的数据结构进行归一化处理，实际上也是一种坐标系转换的操作，这种操作在计算梯度下降时对计算机更为友好，误差更小。

任何算法都有一个合适的坐标系，而研发智能驾驶需要设计一套巧妙的坐标系转换架构，协同使用最合适的坐标系来分析环境问题，并完成最终的任务。坐标系的种类很多，但从智能驾驶出发有几个分类和换算思路。

首先是车身坐标系。这个坐标系代表时间维度上以当前时刻为原点，空间上一般以后轴中心位置为原点建立的坐标系。一般在世界模型等上层算法中使用时，智能驾驶最重要的参考系代表自身。"锚点"是坐标系应用中常用的概念，代表观察问题的出发点，车身坐标系的锚点就是车辆本身。

其次是相对坐标系，除车身外，从另一个"锚点"出发思考问题的都是相对坐标系。

比如站在过去某一时刻，看当前时刻的自我，就构成了惯性导航坐标系。如果戴上 VR 眼镜操作无人机，从无人机摄像头的视角上观察，就构成了传感器坐标系。在高速公路上看到旁边车亮起转向灯，想象如果自己在驾驶他的车应该是想要换道，这就构成融合的他车坐标系。

车身坐标体系相当于以此时此刻此地的自身为锚点的相对坐标系，这两类坐标体系都会随着锚点的变化而发生变化，是动态的。

还有一种绝对坐标体系是不随任何锚点变化而变化的。这里的"绝对"概念是抽象的，WGS-84 坐标系、UTM 坐标系、GCJ-02 坐标系以及时间维度上的 UTC 时间、GPS 时间等都是一种绝对坐标系。在实际应用中，云端的高精度地图，记录具体时刻的采集数据等都会使用绝对坐标系。绝对坐标系的一个关键应用场景是数据持续记录。图 4-11 所示为智能驾驶系统的常用坐标系。

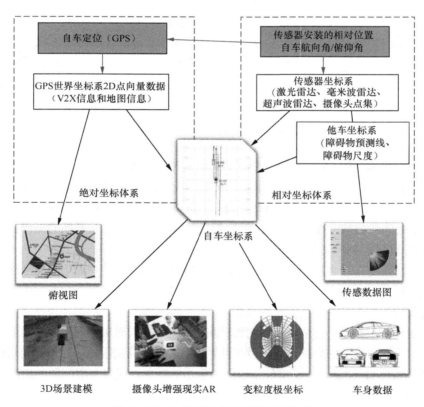

图 4-11　智能驾驶系统的常用坐标系

4.4.2 时空同步

对智能驾驶的坐标体系有基本了解后，下一个需要注意的是传感器的时空同步。时空同步的目的只有一个，就是为算法提供准确且一致的基准来描述当前环境和当前行为。不同传感器的安装位置不同，则对于空间的理解也是不同的。由于通信和处理存在延时，算法获得传感器数据的时间也并非真实感知时间，因此对于时间的理解也是不一致的。我们需要经过一系列转换处理来完成这些维度的对齐，时间对齐的过程称为时间同步，而空间对齐的过程称为标定。

时间同步对于智能驾驶工程化非常重要的原因在于，不同控制器和不同的传感器以不同的方式连接，会产生不同的处理和通信延迟，但是算法在处理时通常需要综合调用所有数据。如果其中部分数据的时间戳和真实情况偏差过大，算法就会出现异常。制动不及时、整车画龙等都是时间同步不到位的典型表现。在高速驾驶的情况下（一般指100km/h以上），延迟100ms会导致车身真实位置与算法处理位置之间存在数米误差。在快速掉头过程中，由于车身角速度较大（一般指0.6rad/s以上），如果视觉和雷达之间延迟差距大于50ms，很容易导致融合关联错误。在对向车辆识别过程中，传感器的相对速度可能高达180km/h，延迟误差会被进一步放大。

这些时间不同步问题对于智能驾驶来说是不可接受的。作为一个最底层的数据处理过程，其会影响几乎所有业务层算法的准确运行，必须认真对待。硬同步方法是使所有传感器在一个时间域的同一个时刻被触发从而实现同步。而软同步是完成传感器各自的真实采样时间修正后，通过多线程的数据采集与队列缓存，对帧间数据进行差值以及航位推算，把需要被算法处理的多传感器数据推算到同一时刻从而实现同步。

在完成时间同步的基础上，接下来我们来看空间同步的问题，即传感器标定的过程。标定一般分为手工标定、产线售后标定、动态标定等多个阶段，其工具和技术方案差别也较大。手工标定一般会采用较为灵活的标定板进行，但效率较低且应用范围较小，主要用于原型系统开发。量产则更多采用产线标定或者在线标定。如图4-12所示，产线标定通常会建立专用的标定场地，传感器分辨率越高，探测距离越远，对房间的空间要求越高。某些售后环节也有标定需求，如果缺少合规的场地，则需要牺牲一些标定精度。

动态标定则需要一些先验信息，比如根据车道线平行的基本假设进行标定，也可以使用地图或者SLAM方法来获得一些空间先验的约束。基于先验信息，通过最优化的手段，反向求解传感器的内外参数。

不同的标定手段各有优缺点。一般而言，产线标定的精度高于售后标定和动态标定，根据灵活性排序则相反，具体策略需要根据需求进行讨论。但从数据驱动的角度看，如果在线标定可以有效地提升精度，无疑是最有潜力的方案。

图 4-12 视觉标定场地

除动态标定外，另一个重要的标定问题是多源异构（毫米波雷达、激光雷达、相机等）传感器的联合标定。这类标定算法首先需要完成单传感器的内外参标定，然后基于一些可以被共同识别的标定器件（标定球、三角锥等），使用重投影等算法构建误差函数，通过最优化的方法，进一步微调多个传感器的内外参。

完成时空同步后，多个传感器获得的原始信息可以在底层确保真实地反映客观世界，为后续智能驾驶上层环境模型的搭建提供基础。每个传感器有各自的底层处理逻辑，包括滤波补偿、失效处理、信号解析等。

4.4.3 环境模型接口

环境模型（或者说世界模型）接口的核心是对外部环境的合理表达，这种合理性需要综合考虑软件模块要求、业务可用性、通信和计算负载约束等关联因素。

从软件模块要求出发，不同的软件模块有不同的表征要求。以车道线为例，从匹配定位的角度出发，增加颜色等属性的虚线段具有更多特征用于配对。但对于规划而言，连续的直线最容易通过拟合线表征，更容易读取运动学所需特征（比如曲率等信息），且表征处理速度更快。

从业务可用性角度来看，模型表征的精度需要恰到好处。在高速公路上，基础设施良好，道路和行车环境简单（通常情况下），因此可以简化模型的定义，常出现在 L2 级别的辅助驾驶系统中。简化模型对于计算非常友好，大部分嵌入式芯片都可以支撑，但由于无法完整表征复杂工况，因此可扩展性较差。当进入泊车工况或者城区工况时，为了应对更精细和复杂的规控策略，需要增加障碍物预测、栅格模型等更复杂的环境表征结构，这些常出现在 L4 级别全自动驾驶项目中。

越复杂和精密的环境模型并不一定获得越好的效果。复杂会提升通用性，但会增加不稳定性；简单会提升健壮性，但会限制可扩展性。不同精细度的环境模型并没有绝对的优缺点，人类的感知决策过程也会自动对维度进行简化或者粗化。工程实践中通常利用分层架构思想进行分层次的建模。

这种分层划分一般可以从两个角度切入，一是根据几何距离进行划分，如图 4-13 所示，由于距离较远的环境对车辆的影响较小，因此可以使用简化的数据表示。而近距离环境对车辆影响较大，因此可以使用更精细的设计。

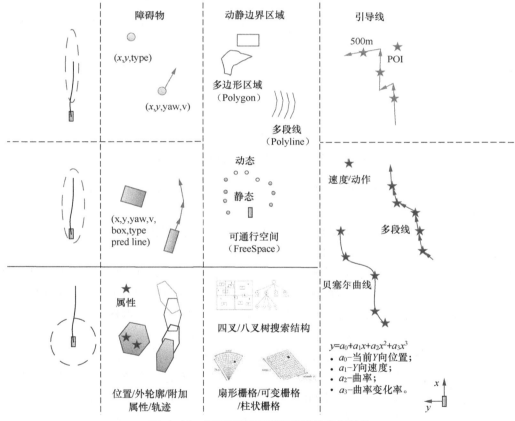

图 4-13　不同距离下环境模型的表征结构

二是根据认知的深度进行划分，如图 4-14 所示，定位等应用更适合使用低维度信号，因为这样可以更好地反映真实环境，过拟合风险大；而规控通常更适合使用高维度信号，因为其对环境描述做了高度抽象，更有利于环境的预判，欠拟合的风险较大。

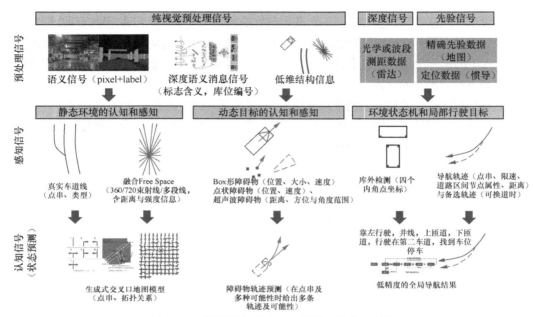

图 4-14 不同认知深度下环境模型的表征结构

在所有的表征方式中，栅格表征需要重点介绍，其对未来环境表征结构的发展趋势有一定的借鉴作用。

栅格表征是所有表征中精细度最高的，根据栅格单元的形状划分，可以分为扇形和矩形两种；根据空间维度可以分为 2D 方格形、2.5D 柱形、3D 积木形三种。从算法稳定性角度出发还可以分为可变与不可变栅格，变尺度与等尺度栅格，可变栅格区别于不可变栅格的最大特点是，其会根据车辆的速度和远近动态调节每个栅格的覆盖范围，保证整个运算过程的栅格总数不变。变尺度栅格与等尺度栅格最大的区别在于栅格的一致性，变尺度栅格在靠近中心点的分辨率较高，而远离中心点的分辨率较低。

在规则算法体系内，处理栅格常使用的算法是四叉树，其用树状搜索的方法提升了栅格的检索效率，但仍然不可避免地需要消耗大量资源。虽然这在目前的工程实践中并非主流方案，但伴随深度学习算法的不断深入，栅格这种类似图像的表征方式，可以较好地使用 GPU 进行运算推理，其效率并不亚于通过 CPU 进行运算的简单表征。

无论人工设计的复杂环境模型多么精妙，当业务发生变化时，我们总是无法避免地需要对接口进行调整，这会导致相关工具链的连带调整，破坏数据积累的持续性，同时也会改变车端原有的资源分配和调度策略。从变更灵活性和可持续训练学习的角度出发，这些调整都是不合理的。

为了满足上述要求，兼具可变尺度与可变特性的栅格表征更有潜力，其设计更符合人类认知的规律，接口形式固定，远近各有侧重，注意力范围和位置可变，复杂度足够满足泛化性要求，容易转化为定制芯片且运算消耗可以保持恒定。其实并不只是栅格表征，所有满足上述特性的表征方式都会有更好的发展。

在智能驾驶系统中，车辆、行人、道路、交通标志甚至天气都会影响规划决策，但这些元素的表征各不相同。如果使用栅格表征并将这些因素按照统一的形式描述，即可在不影响功能扩展的前提下，维持接口的一致性，控制耗时的稳定性。

在应用实践中，这种栅格表征方式也被称为安全场模型。该模型将影响驾驶决策的因素，在每个栅格单元上以能量形式描述，如图 4-15 所示，整个安全场模型一般分为三种类型：动能场、势能场和行为场。

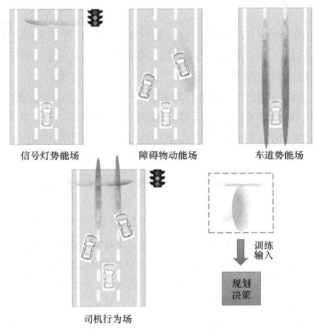

图 4-15　智能驾驶的安全场模型

动能场主要用来定义运动要素，包括移动的车、行人及其预测轨迹，在物体可能前进的轨迹上能量会更加集中。如果其他车辆的位置处在高能区域附近则表示存在碰撞风险。势能场主要用于定义静态要素，例如车道线、信号灯以及天气。势能场中心是静态目标所在的位置，势能场场强随着物体距离减小而呈指数增加，反之随距离增大而减小，当距离大到一定程度时场强消失。

行为场表征驾驶员对风险与收益的平衡，人类驾驶行为遵循的基本原则是"趋利避害"，"趋利"即追求高效，"避害"即防止危险发生。将这些行为（比如横纵向速度或者车头时距的把握）使用能量函数描述，即可形成一个由风险与收益组成的能量场。以纵向速度为例，提升速度会增加风险，却能获得更好的体验；而放慢速度则会提升安全性，但体验变差，模型会收敛到一个能量平衡位置。

将上述动能场、势能场、行为场结合起来可以建立一个以能量为单位的智能驾驶安全场模型，这个表征可以直接作为深度学习网络模型的输入，来训练智能驾驶的规划决策。

4.5 典型案例：算法稳定性设计

从智能驾驶系统的性能角度出发，设计通常贯穿芯片、操作系统、中间件、业务模型、算法等多个层次。这是一种全新的设计状态，因为难度较大，复杂性高度集中。任何一个层次上的设计没有配合好，整个技术研发"节奏"都会被打乱。

在这个背景下，智能驾驶汽车在进行软硬件一体设计过程中面对的一个核心主题是"无限与有限"的平衡。外部环境的复杂度是无限的，而"大脑"的计算能力是有限的。在执行驾驶任务时，外部环境需要的计算量会剧烈波动，人类司机可以很好地控制大脑的计算波动。比如远处有多个行人过马路，司机便不会将其视为个体，而是当作整体看待，降低计算量。如果行驶过程中司机感觉无法掌控车辆，便会降低车速来缓解处理压力。计算机也会面临同样的问题，而且更加复杂。

我们从这个主题出发列举一个比较有代表性的例子。如图 4-16 所示，在智能驾驶的轨迹规划中，有一类决策算法称为快速扩展随机树（Rapidly-exploring Random Tree，RRT）。其原理是根据世界模型，规划模块首先会产生一系列轨迹，针对每个行为轨迹，利用世界模型的数据进行仿真，预测该行为的可能后果，并给出一个评估分值，最后在所有策略中选择最优的策略执行并循环这个过程。

评估一条轨迹要考虑与不同障碍物的多条路径的可能碰撞，每个预测还要调用复杂性和稳定性同样不可控的世界模型（如典型的高精度地图）。作为一种理论效果较好的轨迹规划算法，其唯一的缺点可能是耗时较长且不稳定，因为我们无法预料外部环境随时可能发生变化的复杂性。对于量产模型来说，如果外部环境变化导致系统崩溃，是不可接受的。假设现在需要对其进行优化，考虑以上所有的讨论内容，有哪些策略可以选择？

第一，从芯片角度出发，芯片选型和算法匹配是一个思路。RRT 的算法首先是一种并行算法，如果使用 CPU 来处理则不够精益。可以评估是否将不同的轨迹评估过程分配到

GPU 核处理，或者将一部分耗时计算转移到 FPGA 进行。

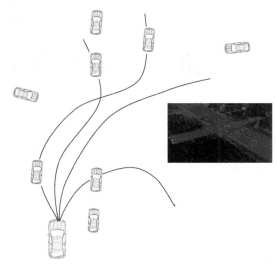

图 4-16　从 RRT 算法看耗时稳定性问题

第二，从操作系统和中间件角度出发，如果需要使用 RRT 这类通用性和计算复杂度高的算法，则需要确保运算性能。根据芯片选型的情况，评估是否需要使用整体计算效率更高的操作系统（如 Linux）。如果选用此类操作系统，还需要评估缺失的功能安全部分，是否需要额外的功能安全核或者功能安全芯片进行降级逻辑的设计。算法运行调度也需要根据 RRT 的算法特点进行针对性的调优。

第三，从业务层环境模型的设计角度出发，利用分层的思想进行建模，无论环境多复杂，都可以在时空维度上分解为一系列非线性问题，或者进一步分解为线性问题。不同粒度下采用不同复杂度的算法和接口即可有效控制运行的稳定生。在规则算法中，处理 RRT 的轨迹评估可以根据距离梯次使用栅格表征、矢量表征、状态表征来分解问题，也可以采用可变栅格的设计来维持不同速度不同感知距离条件下的计算量恒定。

第四，可以通过匹配规划行为来处理复杂度，行为本身可以起到降低复杂性的作用。比如放慢速度可以为信息处理争取更多的时间。远离障碍物行驶，同样可以降低对反应时间的要求。在进行一次性复杂计算的过程中，可以尽可能使车辆处于静止或慢速状态，确保安全性。

另外，我们并不一定从 RRT 算法出发，替换 RRT 算法也是一种处理思路，关键是掌握这种整体把控的思维方式。面对同一个问题，需要从不同层次不同角度去寻找解决措施，综合利用这些措施才能够有效保证软件既定目标的达成。

第 5 章 智能驾驶的车端软件算法

本章主要介绍与应用算法相关的话题,智能驾驶车端软件开发最核心的趋势变化是其算法体系正在从规则驱动向数据驱动转移。本章将向读者解释在数据驱动的背景下,智能驾驶车端软件的整体结构是如何完成转型的。

5.1 语义感知层

5.1.1 环境感知的基础与延伸任务

感知模块是处理外部真实传感数据的第一个环节。我们首先必须了解,感知算法的核心作用是"降维"。无论是使用有监督算法获得语义级别特征还是使用无监督算法获得某种压缩表征,感知的输出相对于其输入都会有几个数量级的缩小。外部传感器接收到的数据包含巨量冗余,因为许多感知信息对驾驶任务的影响可以忽略不计。对于前者,我们需要通过感知算法进行压缩与提炼;而对于后者,我们需要使用前面介绍过的世界模型进行注意力转移。

感知是所有功能模块中深度学习应用最为彻底的模块,因此基于专家系统、传统特征工程、浅层机器学习的车端感知算法已经讨论得越来越少,而是将关注点集中在云端支持自监督的模型训练上。因此,本章将聚焦于深度学习感知相关的网络结构及其应用。

车端感知的业务非常广泛。如图 5-1 所示,传统视觉感知任务主要包括如下几种。

- 物体识别分类:给出一张原始图像,识别出该图像属于哪个类别。
- 分类+定位:假定图像中只有一个物体,找到物体在图像中的位置并框选出来。

图 5-1 感知特征提取的基本分类

- 物体检测：分别确定图像中多个物体的位置并识别其类型。
- 图像分割：识别每个物体的外部轮廓，将像素映射到正确的分类。

如果从智能驾驶的工程实践出发，情况要复杂得多。感知提取部分的典型任务包括道路线检测、可行驶区域检测、车辆检测与行人检测、交通标志和信号检测等，并且检测内容正在从图像系的 2D 结果，逐步发展为直接感知主俯视角下的 3D 结果。如表 5-1 所示，感知任务可以进行如下划分。

表 5-1 智能驾驶的典型感知任务

	识别功能		详细描述与核心作用
像素级提取	坡度估计		表征上坡/下坡的俯仰变化，坡度会使智能驾驶主坐标系感知要素产生位置偏差，需要相关信息修正
	光流估计		有助于移动目标的检测以及时间序列的跟踪，可以辅助感知的稳定检测
	语义分割		对每个像素所属的类型进行识别，可以获得不同类型物体之间的详细边界，其简化版本为可通行空间（freespace）
	实例分割		语义分割的升级版本，对每个独立的语义要素进行分割，常用于精细化的物体跟踪以及碰撞处理
	深度估计		估计图像每一个点的实际深度，支持感知信息进行 3D 环境场景的重建，使视觉具有等价于"激光雷达"的功能

续表

	识别功能		详细描述与核心作用
矢量级提取	2D要素检测		包括机动目标（例如动物、行人、骑行者和车辆）的识别，限速、限高等标志的识别，红绿灯和锥桶的识别等，是智能驾驶最基础的语义提取形式
	3D要素检测		2D检测的升级版，结合了深度估计、速度估计、航向角估计以及车辆外尺寸估计，可以更有效地辅助3D环境重建
	骨架检测		对人类等复杂元素的详细描述（也包括驾驶员表情、五官的识别），通过骨架模型掌握关键人员的行为（乘客、交警、驾驶员），从而更好地预测其与智能驾驶车辆的交互关系
	标线检测		包括地面标线（车道线、停车线、斑马线）以及各类其他线状物体（杆件、横杆等）的检测
标量检测	物体属性		各类ID、数值、类型等物体参数，用于丰富上述语义或者像素感知信息，支持更细致的智能驾驶操作
	全局标量		确认全局环境的一些关键属性，支持系统完成一些参数调整，包括雨量监测、光感监测、场景寻址等

以上内容只是感知对象的冰山一角，停留在对可见物体的表层理解。这里列举一个有趣的例子，某城市引进了一个人脸识别系统用于抓拍行人闯红灯，结果发现违规次数最多的是董明珠女士，最后发现原因是很多大巴车上张贴了格力公司的广告（参见图5-2）。由此可以发现，当我们要满足一个具体业务需求时，单纯的目标检测是远远不够的，还需要关联环境的其他信息。基于深度学习的感知模块可以获得的信息量远不止于语义特征提取这样简单，正在逐步走向更深层次的信息挖掘。

图 5-2 贴有格力广告的公交车

从更深层次看，感知的语义提取通常只占认知信息的 10%。基于记忆、常识和推理，人类完全有能力从二维阵列的图像数据中获得剩余 90% 的隐藏信息，主要包括如下几个方面。这些内容层次递进，其价值也会逐层放大。

- 语义提取：获得物体的属性、类别和大致位置。
- 场景构建：获得深度估计，并在三维坐标系下确认物体的绝对和相对位置。
- 功能推理：即 Affordance，用于获得物体映射到动作空间的属性，比如汽车可以帮助人类实现空间移动，自行车也可以。
- 关联因果：基于物理定律等规则的预测和推理，明确不同元素之间的关联关系，比如有倒影的地面可能是水面。
- 行为动机：从服务观察主体的目标出发，获取需要特定掌握的信息，以及换位场景中其他智能体，观察其特征，预测其想法以及可能采取的行动。

基于常规理解，功能实现是从传感器接收数据，经过感知、融合、预测最后到达决策和控制的单向串行流程。在关于软件架构的讨论中我们了解到，世界模型（融合和预测）中有一个数据链路支持感知系统的注意力转移。感知系统不是孤立的存在，未来感知模型强化的重点并不只是感知提取的准确性，而是在与世界模型的交互中，可以额外获得多少潜在的信息。

在目前的设计过程中，感知用于向世界模型提供更多的信息。而在未来的设计中，结合内驱或者外部输入的目标，世界模型将反向为感知系统提供远大于输入的信息量，成为新的认知中心，反向影响感知信息的提取以及规控的动作实施。我们常说的"拿着锤子找钉子"就是传统感知设计无法规避的缺陷，即从感知出发，信息会被平均提取，导致单点挖掘不深。感知需要的其实是"拿着钉子找锤子"，利用世界模型积累下来的记忆、模式和规则，不断与感知闭环交互，使感知过程从识别到的"蛛丝马迹"中进一步还原"真相"。感知与世界模型是相辅相成的，正常情况下，感知应该是小数据量的存在，真正的大数据是世界模型。未来的感知过程不会单纯地追求对外部环境信息的维度压缩，而是更多地利用世界模型的信息引导感知做出自洽的解释，从而使智能驾驶车辆拥有更高的智能程度。

5.1.2 感知特征提取的典型策略

不同的感知任务之间既有共同点，同时又具有差异性。我们在讨论环境模型时，会发现智能驾驶需要的环境信息拥有完全不同的数据结构表示。即使感知输出结构相同，其感知网络结构的设计也会有所不同。比如细长的杆件识别和车道识别会与车辆识别和行人识别存在差异，因此需要一些有针对性的设计。

在关于智能驾驶感知算法的讨论中，我们通常从要完成的感知任务出发，比如车道线、车辆、信号灯识别等，但是这种依据业务进行的划分可能无法感知检测的核心结构，因此从感知的不同方法出发会使讨论更具有实践意义。目前典型的感知模型设计主要有三类。

第一类是 Dense Prediction 的方法，主要应用于全局像素级别的语义提取业务，包括语义分割、双目匹配或者光流估计等。如图 5-3 所示，以 PSPnet 为例，通常使用残差网络（ResNet）或者其他由 Residual Block 构成的网络作为骨干网络。结构以 "Encoder- Decoder" 为主，输入像素图像并以像素结果输出。典型的策略是采用金字塔形分层解析方法，同时使用局部和全局信息进行任务训练。

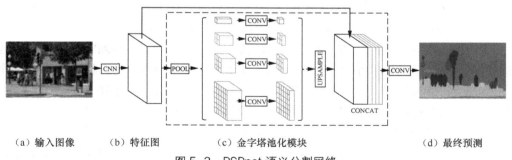

（a）输入图像　　（b）特征图　　　（c）金字塔池化模块　　　　（d）最终预测

图 5-3　PSPnet 语义分割网络

第二类是 Proposal-Based 的方法，主要应用于局部矢量提取以及局部像素提取业务，包括 2D/3D 目标检测、多人骨架检测、目标实例分割等。其核心思想是在精调之前先提供一个先验的 Proposal 来约束精调范围。在这个思想下，有经典的区域候选网络（Region Proposals Network，RPN）通过 two-stage 方案（区域提议+位置修正与分类）完成检测任务，例如 Faster-RNN 和 Mask R-CNN。也有一些 one-stage 方案虽然不包括 RPN 过程，但设计隐含了 RPN 思想（直接位置修正与分类），例如 SSD 和 YOLO。还有将 Proposal 思想的先验表征由 region 转为 line 的方案，例如图 5-4 中用于车道线识别的 Line-CNN 网络。一阶段方法速度更快，而二阶段方法精度更高，两者通过各自的优化手段改良后已没有太明显的差异。

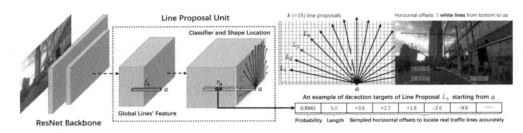

图 5-4　Line-CNN 网络

相对而言，智能驾驶行业对感知速度的需求更加迫切，因此 YOLO 等 one-stage 方法仍然占据主流地位。图 5-5 所示是 YOLO 网络的核心结构，其核心是在 RPN 思想上衍生而来的 Anchor-Based 方法。Anchor-Based 是某种网络训练的先验设计，在特征图的每一个像素点预设几个不同尺度和纵横比的包络（bounding box），并对每一个包络进行分类，然后对分类的包络进行位置及大小变量的回归，从而获得目标的 2D 检测结果。Anchor-Based 的方法有效提升了网络的检测速度，但大量的人工参数设定也使其灵活性以及业务的适用性受到很大挑战，因此进一步出现了 Anchor-Free 方法。

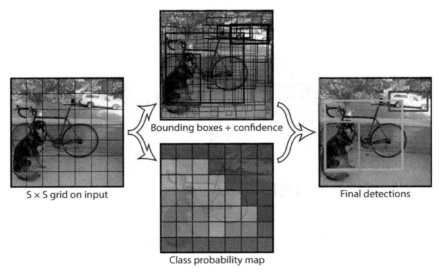

图 5-5　YOLO 网络的核心结构

第三类基于关键点检测的方法常用于复杂的局部矢量结构感知，点检测的核心便是 Anchor-Free。相比于 Anchor-Based 的方法，Anchor-Free 减少了人为设定的参数，特征图（Feature Map）上的每一个像素点都被视作一个"shape-agnostic anchor"，但是这种 Anchor 只与位置有关，其本质是"点"。比如 CenterNet 模型会预测中心点然后回归长宽，输出 2D 检测框，RepPoints 模型则会预测 9 个自适应关键点构成包络。图 5-6 所示为 CenterNet 的多种扩展应用，关键点检测的方法和思路可以扩展到其他感知任务上，例如人体骨架预测、3D 物体目标物检测任务等。

以上是目前常用的感知模型的设计方法。我们所熟知的车道线检测、目标障碍物检测等业务通常是以上几种基本手段的转换与组合。比如，我们可以使用图像实例分割以及曲线拟合完成车道线识别，同样的任务也可以借助基于关键点识别的方式完成。不同的设计方法还可以组合使用，构成新的网络模型。

图 5-6 关键点检测的多种应用

5.1.3 感知特征提取的进阶策略

上一节描述的策略足够满足一个 POC 项目的要求。但在量产过程中，我们所面临的现实环境更加复杂，算力更加紧张。因此在了解几种基础感知提取策略之后，我们再来看一些组合策略。

第一种策略是对上述策略的一些复合应用，由于不同策略的输出表征不同，其提取信息的侧重也有差异，因此复合多种思想设计的网络通常具有更好的平衡性。如图 5-7 所示，以论文 "CurveLane-NAS: Unifying Lane-Sensitive Architecture Search and Adaptive Point Blending" 为例，CurveLane 网络在弯道以及直道的标线检测上都有不俗的表现，是 Dense Prediction 方法和 Proposal Based 方法的结合体。该网络体现了 Dense Prediction 中多尺度融合的思想，在获取全局结构的同时捕捉局部细节；同时利用 Proposal Based 的思想完成多个级别车道线的识别，并建立了一种 Adaptive Point Blending Search 的方法，将不同粒度下检测的结果融合输出。

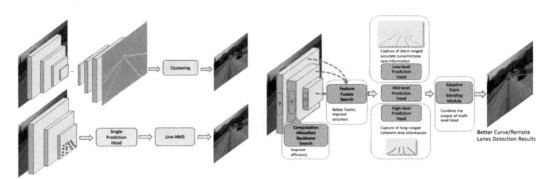

图 5-7　CurveLane 网络

第二种策略是多任务网络的使用。不同的感知任务之间通常具有相关性，因此存在多任务网络的结构设计，比如信号灯和车辆两个分支感知任务的同时训练，可以提升主干部分的底层角点识别能力。相关性也有可能不是相辅相成的关系，如果结构调整不合理，多任务网络之间的识别特性不一致，则会同时破坏主分支的其他任务。因此多任务的主干网络设计（底层/中间层）必须具有类似的特征结构或者语义关联性。图 5-8 所示为论文 "Heatmap-based Vanishing Point boosts Lane Detection" 提出的网络核心结构，作为一个语义分割网络，它同样采用了 Encoder-Decoder 结构。论文核心讨论了相关多个网络模型的不同组合对各任务的影响。消失点常用于辅助判断车道位置，将消失点检测任务作为一种关联因素，可能提升车道线检测的结果。该论文测试了多种组合方式，并找到了一种最优结构。后置的消失点识别任务可以辅助前置的车道线识别网络获得更好的性能。类似的多任务网络还有很多，这也是目前智能驾驶核心网络设计的主流结构。

第三种策略是对底层或者中间层网络结构进行优化，从而支撑特定类型的感知能力提升，在车道线或者杆件检测中，细长的形状通常不利于标准 CNN 网络进行参数提取。图 5-9 所示为论文 "RESA: Recurrent Feature-Shift Aggregator for Lane Detection" 介绍的模型结构，类似的还有论文 "Spatial As Deep: Spatial CNN for Traffic Scene Understanding" 所提出的模型，两者在 Encoder 和 Decoder 部分之间插入 RESA/SCNN 模块来增强空间结构信息在全局的传播能力，从而加强了细长特征的识别能力。类似的语义提取任务也可以共用这部分中间模块，从而精简多任务的算力，并相互提升精确性。

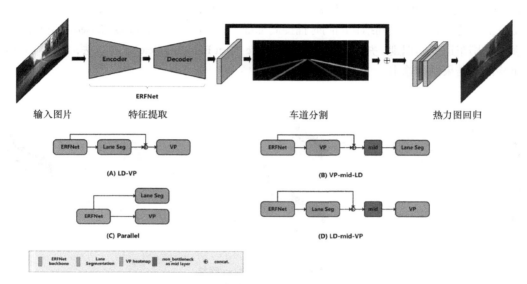

图 5-8　结合消失点的车道线检测网络

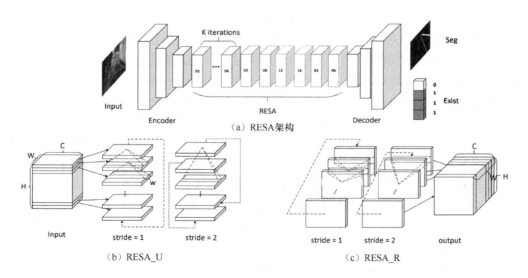

图 5-9　RESA 网络模型

图 5-10 所示为论文 "Key Points Estimation and Point Instance Segmentation Approach for Lane Detection" 提出的 PINet 网络模型，这是一种用于检测车道线的算法，但不同于主流基于图像分割的方案，其借鉴了 CenterNet 等目标障碍物检测常用的关键点检测算法。将原图进行降采样后，通过串联两个关键点预测中常用的 Hourglass block 模型来形成完整的特征提取层。每个 block 都有三个输出，分别为 confidence（关键点是否存在车道）、offset（车道线点相对 Anchor 中心点的偏移量）、feature（区别不同车道的向量编码）。

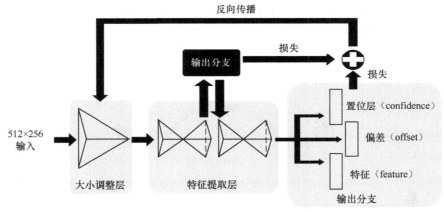

图 5-10　PINet 网络模型

PINet 适用于任意场景，可以检测任意数量的车道线，且与分割网络相比，模型计算开销也更小。但更重要的是各类其他业务（行人骨骼检测、3D 车辆检测等）也可以复用该特征提取层作为主干网络，进一步提升其他基于点检测的业务。

区别于单一策略的语义提取，我们可以看到复合多种典型策略的网络结构通常具有更好的性能，通过合并具有特征相似性或者逻辑相关性的任务，可以有效提升各自任务的识别能力，并大幅降低计算负载。

5.1.4　复杂环境感知模型的核心结构

前面几节介绍了感知特征提取的一些常见策略。如图 5-11 所示，在传统智能驾驶的软件开发过程中，我们可以很好地拆解感知、融合、定位地图、规划控制等算法模块，然而由于数据驱动下的算法设计使用了大量深度学习网络，因此感知与融合预测，甚至决策的界限变得越发模糊，逐步呈现出单一网络的趋势。

图 5-11　深度学习之下模块概念的模糊化

如图 5-12 所示，较为典型的是特斯拉的视觉感知网络 Hydra Nets（Hydra 意为"九头蛇"，故又称之为"九头蛇网络"），虽然目前这是一个应用于视觉的网络，但笔者认为激光雷达等其他感知算法设计也在向同一个方向发展。

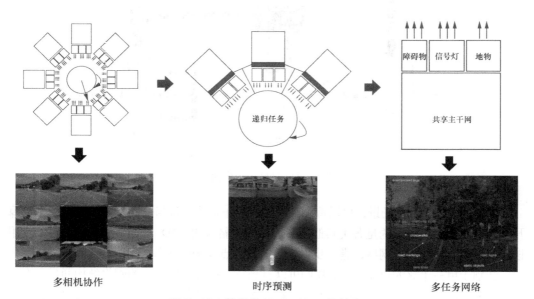

图 5-12　特斯拉 Hydra Nets 的特点

具体来看，单张图像的信息量优先，合并多摄像头协同工作将有助于智能驾驶系统更好地理解环境。基于这个思路，Hydra Nets 将整车的 8 个摄像头的视频输入合并成一个网络模型，形成了一个 360 度覆盖的综合视图。

另外，由于需要同时处理数百个不同类别的任务，独立运行这些任务通常需要消耗大量的资源，且相互之间缺少借鉴，因此 Hydra Nets 针对每个摄像头设计了一个共享骨干网络的多任务网络，骨干网络分摊一部分运算，其他部分则在分支上运行。骨干网络为了尽可能习得复杂的共性特征，一般采用参数量较大的模型结构，比如 ResNet-50 等深度残差网络。

每个摄像头在连续时空观测下所获得的感知表征会通过 BEV 网络进行变换和拼接，形成俯视图角度对环境的整体理解，最后被传送至一个递归网络进行时间序列上的推理，用于构建环境预测（诸如 Road Layout Prediction）等高阶任务。整个模型由此被拼接成了一个大型的单一计算网络。从 Hydra Nets 的设计中我们可以看到几个基本趋势。

首先是网络模型开始全面加强对时序信息、多模态、多任务信息的利用。从整体看，网络设计更多通过"Encoder-RNN-Decoder"的多模时序网络架构来挖掘历史信息和关联信息的价值。从局部看，从底层骨干网络到服务特定类型特征提取的中段网络，再到各类具体任务的分支网络，多任务的概念被强化。

然后是 3D 环境语义的直接重建（BEV 网络），感知由 2.5D（图像 2D 框+深度/属性）标注转换为 4D（三维空间+时间）标注。过去，感知更多是在图像坐标系下对信息进行提取，并通过坐标转换映射到 3D 空间，这种方法对俯仰角和坡度变化非常敏感。现在，通过将 2D 检测结果直接"联想"成为 3D 坐标系下的感知结果，不仅可以规避俯仰问题，还能进一步强化对于不可见区域的认知。这种坐标系下的输出对于智能驾驶系统而言也更友好。

最重要的一点是单一计算网络结构的确立对于车端算力的使用是极大的优化。单一网络结构对于环境语义信息的深度挖掘，相比多个独立网络，有更强的引导意义。单一网络训练多个任务会"逼迫"网络模型获得更为理想的特征。我们将在第 7 章对弱（自）监督网络的讨论中展开介绍网络模型的云端设计，也会从另一个视角发现单一计算网络的优势。

如果将"多个独立的网络模型+多个规则模型"串联起来的软件架构类比为一种分布式电子电气架构，单一计算网络结构就是"软件维度上的域控制器架构"，具有与域控制器类似的优缺点，比如性能更好、算力更小、数据战略的可持续性更强。但对工程师而言，这是一个更为艰巨的任务。

5.2　融合与预测层

在传统规则算法的开发过程中，融合与预测通常是两个独立体系，但是在数据驱动类的算法逐渐成熟后，两者的算法结构开始趋同。融合和预测这两个模块在世界模型的概念下是一个整体。融合通常包含一个短周期（一般到下一个周期）的预测过程，而预测则依赖地图、规则等多元信息的支持，是一种更高维度更长周期的融合。

5.2.1 传统融合算法的基本概念

融合存在的根本原因是可以完美感知世界的传感器并不存在。在第 3 章中我们详细介绍了各种传感器可能存在的优点与缺点。而融合的作用就是在各种工况下，强化优势传感器结果，弱化劣势传感器干扰的一种特征整合策略，融合的输出才是智能体"世界模型"的第一手输入。融合模块的角色定位是将"感知"的结果，正式转化为"认知"的结果，虽然许多感知算法也会产生认知结果，但从软件架构上看，融合层之后才有真正意义上的"认知"。

融合不仅是多元感知信息的整合，同时也是感知之上的一层"安全边界"。这种边界的核心思想是交叉验证，包括不同传感器之间的验证，单传感器不同任务之间的验证，以及感知与常识规则之间的验证。感知是一个单纯的归纳过程，因此无法有效发现可能的检测异常，然而融合的交叉验证可以较好地发现感知识别的"不一致"与"可疑"部分。比如在目标检测当中，如果视觉的可通行空间检测结果与目标检测结果相互冲突，那么这个区域的相机检测结果就需要被"质疑"，需要由另一个传感器来完成最终校核。即使无法确认究竟是哪个传感器或者任务出现了问题，对异常的发现也足以支持规控对不可信区域进行规避。同时，越多维度上的融合校检就可以暴露出越多的潜在感知问题，安全性会有大幅度提升。这种多个通道上对演绎思维的实践，是对抗感知过拟合的有效手段。

如图 5-13 所示，考虑不同传感器的接入以及不同语义结果的输出要求，在工程实践中，融合算法结构大体可以分为三种类型：前融合、后融合与混合式融合。

前融合是将传感器原始信息直接融合到一起进行处理，这种方法的优点是使算法在开始运行时就拿到最全面的数据，数据处理精度高，算法灵活；缺点是对处理器要求高，瞬时数据量大，可靠性低，任何标定异常都会影响最终融合结果。

后融合是将各个传感器信息单独处理，各自在独立的通道上处理语义结果后，再融合到一起。这种方法使不同传感器彼此更加独立，即使个别传感器失效，或者标定同步有些许偏差，也对最终的结果影响不大。但由于特征数据过早被压缩，导致处理精度不及前融合。

当下的融合算法结构已经开始出现深度学习的一些特性，最优的组合链路往往并不是简单构型，因此实践中更多采用混合式的融合算法。以功能要求为导向，不同的感知数据源可以与不同的融合模块构成特定的融合逻辑，甚至可以跳过融合阶段，直接作用于规控。

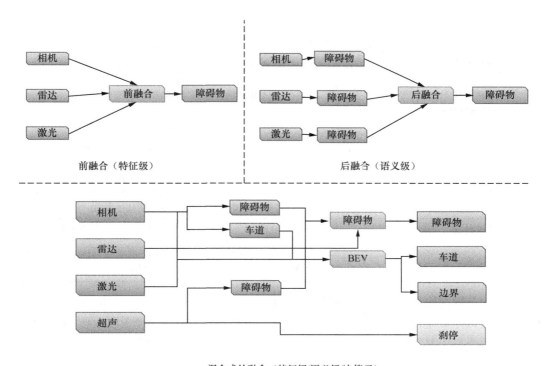

图 5-13 融合算法的不同策略

5.2.2 传统融合算法的原理及应用

智能驾驶的融合应用大致可以分为三大类——标量融合、单实体融合、多实体融合。如表 5-2 所示,车速融合是一种标量融合,定位融合是一种单实体融合,而障碍物融合则是一种多实体融合,三者有类似的算法体系即通过贝叶斯滤波器算法,该算法基于运动和观测模型及其各自的不确定性模型来完成多传感器下的跟踪和生命周期管理。三类融合嵌套叠加,各自有侧重。对于标量融合来说,滤波过程非常重要,在此基础上涉及多个标量的单实体,则需要关注观测与预测模型的构建,而多实体融合则需要额外完成对关联匹配算法的调整。

融合算法有几个关键环节需要重点关注。首先是观测模型与不确定性建模,其意义在于将异构感知信息通过模型处理转化为同构的语义信息,并评估转化后感知信息的不确定性,即观测的可信度(置信度或者 R 矩阵)。对应的预测模型与不确定性建模,其意义在于根据各种先验和高度可靠的推算建立融合对象的未来状态预测,并评估这个过程的可信度(置信度或者 Q 矩阵)。

表 5-2　不同融合应用的差异

融合典型应用	标量融合 （自车车速融合）	单实体融合 （定位融合）	多实体融合 （障碍物融合）
观测模型 与不确定性建模	轮速计/惯性导航传感器的速度输入信号	GPS 和 UWB 传感器的定位输入信号	障碍物的位置、速度、类型等语义信号
预测模型 与不确定性建模	速度变化的先验	先验与惯导推算	运动学和行为约束
数据关联	无	无	根据马氏距离等度量使用匈牙利等匹配算法完成观测数据与多个实体的关联
数据融合	滤波过程	滤波过程	跟踪——高维度的滤波过程
生命周期管理	无	定位更新、无信号推算、失效处理、重定位	目标产生、目标确认、目标更新、目标删除

然后是数据关联，这是多实体融合特有的步骤，一般会将多种传感器检测的多个目标以及历史目标跟踪的信息（附带跟踪 ID）进行两两组合，建立起多个关联矩阵，每个矩阵单元内填充基于某种距离的度量，利用匈牙利等算法获得各要素间最优的匹配关系（映射）。无法匹配的目标则要考虑根据其本身的不确定性度量来确认是忽略还是作为单独目标输出。

接下来是融合过程，无论是障碍物融合还是定位融合，其实都使用了贝叶斯滤波器（Bayesian Filter），具体包括卡尔曼滤波（Kalman Filtering，KF）、扩展卡尔曼滤波（Extended Kalman Filtering，EKF）以及粒子滤波（Particle Filtering，PF），三者的核心思想是一致的，只是适用的问题复杂性不同。这与本章后面讨论的规划算法的选择是类似的。卡尔曼滤波适合线性系统问题，扩展卡尔曼滤波适合非线性系统问题，而粒子滤波适合几乎任何形式的系统问题。

三者的差异主要表现在概率描述的精细度和运算的复杂度上。与参数化的卡尔曼滤波器算法不同，粒子滤波的思想基于蒙特卡罗方法（Monte Carlo method），利用粒子集来表示概率，通过从后验概率中抽取的随机状态粒子来表达其分布。虽然粒子滤波算法中的概率分布只是真实分布的一种近似，但由于非参数化的特点，其摆脱了卡尔曼滤波的"高斯假设"，能够表达比高斯模型更广泛的分布，也对变量参数的非线性特性有更强的建模能力，但运算耗时相对于卡尔曼滤波来说也更大。

滤波算法的本质都是在各自的参数空间内构建一种传感器观测与历史结果预测之间的"动态加权平均"，权重来源于观测与预测的不确定性。

最后的生命周期管理则是对历史跟踪对象的处理，由于目标遮挡或者传感器失效导致融合长周期无法正常运行时，采用更高层面的状态及操作。关闭、维持或者初始化一个融合过程，保证跟踪和滤波过程的健壮性与连贯性。

如图 5-14 所示，智能驾驶中两个关键的融合应用是障碍物融合和定位融合。两者已经逐步发展为一个独立体系。障碍物融合作为一种多实体融合，包含上述所有环节，唯一需要特别说明的是其中的障碍物跟踪，其实质是一种更高层次的贝叶斯滤波。贝叶斯滤波更偏向于数学计算，是对状态空间在时间上的变化进行建模并对下一时刻的状态进行预测，然后通过观察修正的持续性过程。而跟踪则更偏向应用，是在给定第一帧的物体位置后，由算法计算出后续帧中该物体的可能位置，并与下一帧观测到的多个物体进行关联，锁定最高概率的单个物体，以此来对预测结果进行修正的持续性过程。

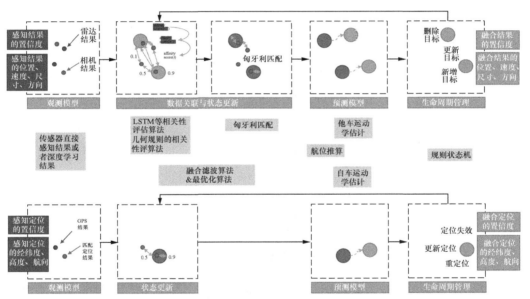

图 5-14　障碍物融合与定位融合

定位融合算法也已经非常成熟，一般在预测模型中使用 IMU 进行航位推算（DR）并利用动力学模型预测车辆可能到达的位置，然后利用 GPS 等绝对定位传感器作为观测模型的输入对定位结果作出修正，由此构成了典型的惯性导航系统（INS），其内部还会细分为松耦合与强耦合两个不同的方案，这里不展开介绍。更复杂的定位系统还会在观测或者预测模型中使用 SLAM 相关技术，比如地图匹配定位或者视觉里程计。

当前行业内对融合的观点呈现两极分化的状态，一部分车企正在不断减少对多元传感器的依赖，降低融合的作用，而另一部分车企在增加更多的传感器来增强融合的作用。这两种方案并不矛盾。上一节已经讨论过，传感器输入语义输出的融合转换过程呈现出越发复杂的混合状态，因此只要最终性能指标符合业务要求就是合理的方案。另外，值得一提的是，这种混合式的融合过程的最终结果是融合的深度学习化，由机器来决定整个融合过程的合理设计。我们将从下一节开始重点讨论这一部分内容。

5.2.3 多模态融合预测与各型嵌入表征

如图 5-15 所示，在有额外信息支撑的情况下，我们可以更好地判断障碍物未来的运行状态。这些额外的信息包括障碍物的类型、历史的行驶轨迹、周边的先验环境（地图）、其他障碍物的行为等。隐藏在这些信息背后的还有人类总结的规律，包括车辆的动力学约束或障碍物可能的行为模型。

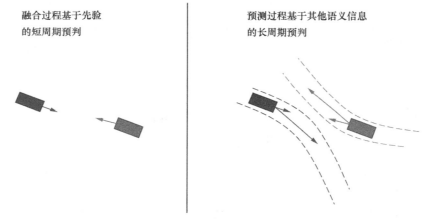

图 5-15 融合与预测的对比

在规则算法主导的预测模块中，工程师会综合利用上述信息来达成目标。比如通过感知获得的障碍物类型（比如一辆车）来确认预测的行为模型（大概率会沿车道行驶），或者根据车辆的位置以及历史轨迹来判断车辆最有可能切换的目标车道。

与其他规则算法的情况类似，这种预测算法在碰到长尾问题时，通常需要增加特殊的处理逻辑，而且车辆不会严格按照先验信息设想的模式行动。因此对于类似这种预测的问题，我们仍然希望通过可训练的深度学习算法来替换传统算法。

从工程实践来看，目前是规则算法和数据驱动算法的融合应用。融合过程中的生命周期管理、数据关联、滤波算法以及预测过程的评估框架一般都不会随应用场景发生改变，区别主要来源于观测、预测、评估模型的设计以及对不确定度的建模。这些内容是算法频繁调优的部分，也是最适合进行可训练化改进的部分。因此深度学习模型更多是针对观测、预测以及评估等局部环节的人工设计模型进行替换。

进一步推进融合与预测的深度学习化，会打破一些传统概念上的模块划分逻辑，其映射关系如表 5-3 所示。在传统智能驾驶算法体系中，融合和预测所使用的算法关联性并不大，前者关注多传感器的信息归纳，后者关心基于地图等先验信息的预判，因此通常是独立讨论的两个话题。然而在深度学习的算法体系下，由于两者产生了紧密的融合，因此我们要从另一个维度对其进行拆分，通过时序网络、多模态网络以及生成对抗网络三种思想，共同实现传统意义上的融合与预测业务。

表 5-3　划分世界模型要素的不同逻辑

		规则算法视角	
		传统融合算法	传统预测算法
深度学习视角	多模态网络	视觉/激光信息接入	地图/历史信息接入
	时序网络	基于历史信息的短时预测	基于历史和记忆规则的长时预测
	生成对抗网络	规则推理 / 网络联想与补全	

多模态和表征嵌入致力于将地图和其他感知信息整合至一个神经网络中。时序网络替代了传统融合预测中的滤波、跟踪、历史信息利用等过程。生成对抗网络对感知进行联想与补全，是对感知的扩展，替换了一部分规则算法的推理。

本节主要讨论多模态网络的内容，时序网络以及生成对抗网络的内容会在 5.2.4 节和 5.2.5 节展开介绍。融合与预测的第一个相同点是都使用了多元异构的信息源来支持结果的输出。融合会利用激光、相机等的输入信息，而预测则会整合历史信息以及地图先验信息，在深度学习过程中这些信息都会被统一成某种嵌入表征。

嵌入表征的核心是利用神经网络的感知压缩能力，将各类原始数据转化成向量表征。这些表征隐含了原始数据的绝大部分信息，并且具有统一的表达方式。多模态其实是通过拼接多个嵌入表征，使网络隐含更多信息输入，为后续的网络模型提供信息支持。如图 5-16 所示，与融合类似，传统算法体系内预测的模块组织没有固定的规律可循，需要根据业务作出调整。预测框架发展到极致就是深度学习。将这些嵌入表征与 LSTM 等时序网络结合，即可形成一个可训练的融合预测模块。

通过传统自编码器，我们可以对图像、点云等固定长度数据进行嵌入式学习。但在预测过程中，我们还面临许多非固定长度且可能存在拓扑结构的数据，包括高精度地图、知识图谱等，这些内容涉及图神经网络。DeepMind、Google 等公司共同发表的论文"Relational inductive biases, deep learning, and graph networks"提出了图神经网络（Graph Neural Network，GNN）的概念。简单地说，图神经网络是将 Graph 作为输入，并返回 Graph 作为输出的一系列神经网络结构的总称。图神经网络的发展为拓扑数据的嵌入、结构知识的优化以及关系行为的输出提供了一个有效的方法。

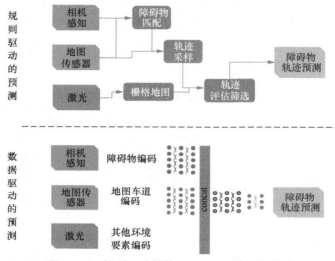

图 5-16　规则驱动与数据驱动的融合预测差异

在嵌入式表征的训练中，可以使用"图神经网络"将拓扑结构的原始数据转化并接入网络模型中。如图 5-17 所示，论文"VectorNet: Encoding HD Maps and Agent Dynamics from Vectorized Representation"构建了一个分层图神经网络用于编码地图数据，使用矢量表示各个道路组件的空间局部特性，然后对各个组件进行更高层级的交互建模，从而将地图数据转化为嵌入表征以支持轨迹预测等任务。

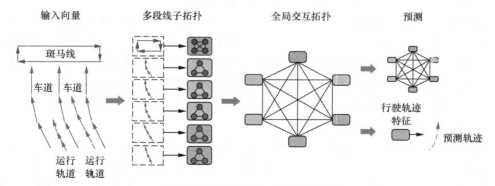

图 5-17　VectorNet 的基本原理

5.2.4 从循环网络、记忆网络到注意力网络

时序网络作为智能驾驶中的核心应用,是对时间维度上的空间-属性数据进行综合处理。当下,时序网络的构成正在从循环网络、记忆网络开始不断向注意力网络发展。如图 5-18 所示,循环神经网络(Recurrent Neural Networks,RNN)是将上一时刻的隐藏层输出与当前时刻的数据共同作为网络模型的输入,使历史信息对于当前时刻的输出构成影响,RNN 在时域上的权值是共享的,从而可以对时间序列过程进行建模。

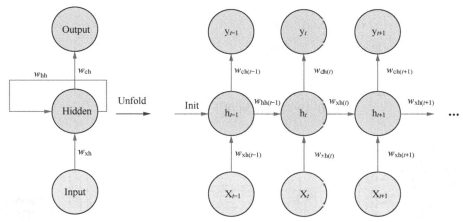

图 5-18　循环神经网络的原理

比较著名的长短期记忆网络(Long Short-Term Memory,LSTM)实际上是 RNN 的变种之一,其进一步设计了输入门、遗忘门、输出门等先验结构,解决了 RNN 中的梯度消失/爆炸问题。如果将 LSTM 与传统卡尔曼滤波做对比,LSTM 当中的 hidden state 类似于观测模型,cell state 类似于预测模型,在训练过程中 hidden state 会更新 cell state。目前融合算法向可训练化发展的一个重要方向就是利用这类时序网络模型来代替由人工建模的滤波算法。

如图 5-19 所示,在智能驾驶的应用中,障碍物轨迹预测是 LSTM 网络的一个典型应用。类似 LSTM 的时序网络一般不会单独使用,而是会配合各种嵌入式表征来为融合过程提供多元感知输入,或者为预测过程提供先验信息。

图 5-20 所示是另一个偏向融合的例子,源于论文"Robust Lane Detection from Continuous Driving Scenes Using Deep Neural Networks",其在 Encoder 和 Decoder 之间插入 ConvLSTM 层来提取有用的隐含历史信息,嵌入了不同时刻的图像压缩表征。在训练过程中,将连续多帧图像嵌入表征作为输入,并在带有标注的最后一帧计算损失。而在

推理过程中，结合连续多帧图像的持续输入，每一帧都会输出对应的推理结果，在论文中是一个二值化的车道语义分割。在空间识别问题中引入时间维度可以有效提高检测结果的稳定性。

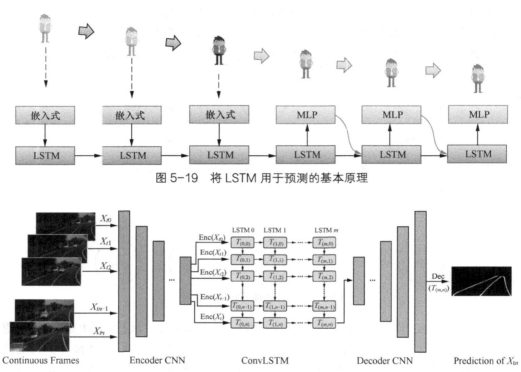

图 5-19　将 LSTM 用于预测的基本原理

图 5-20　整合时空信息的 ConvLSTM 层

然而，对于 RNN 类型的网络来说，不同时刻输入的数据对于输出的贡献是不相等的，历史数据对当前时刻的影响会不断减少，这是由其结构决定的。大脑的短时记忆通常只能维持 20 秒，这与递归神经网络的表现类似，其参数决定了网络不能支持长久的记忆，因此产生了记忆网络。如图 5-21 所示，我们可以简单理解为在循环网络的基础上，增加一个额外的记忆模块来保留更多的历史信息。其概念在很多领域都是类似的。在传统算法中，如果把短周期的融合预测过程看作一个循环网络，记忆网络则起到地图或者知识图谱的作用。从生物学上看，如果前额叶（负责短时记忆和信息处理）是一个循环网络，则记忆模块类似海马体，负责长时记忆。

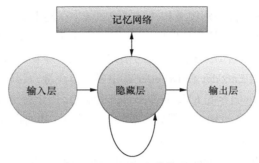

图 5-21 记忆网络的原理

记忆网络的重点并不是模型结构，而是一种思想，其最重要的贡献是提出了查询/键/值（Query-Key-Value，QKV）的概念。K-V 是一种键值对，是数据库或者关联信息存储的基本概念。记忆模型会使用输入的 Query 与各个 Key 比较，计算其相关性，然后对 Key 映射的 Value 进行加权求和并将其作为网络的输出，类似于数据库的检索。记忆网络并没有流行太长时间，但其 QKV 的思想被 Transformer 和注意力网络所继承。Transformer 内部的核心构件，即自注意力（Self-Attention）层其实是一个 Q=K=V 的记忆网络模块。

Transformer 是目前最为流行的网络模型之一，主要用于机器翻译领域。如图 5-22 所示，在机器翻译中引入 Transofrmer 的目的有两个：一是支持并行化训练，降低串行训练对规模部署的影响；二是在算法上规避 RNN 网络在串行参数传递中的损失。在机器翻译中，RNN 采用逐字处理，而 Transofrmer 则是整体处理计算每个字之间的相关性（Self-Attention 的作用）。RNN 通过上一次处理后的隐藏状态来捕获对先前内容的依赖，这可能导致信息的"逐步遗忘"；而 Transofrmer 对于处在任何位置的上下文都具有相等的依赖，因此没有类似的问题。

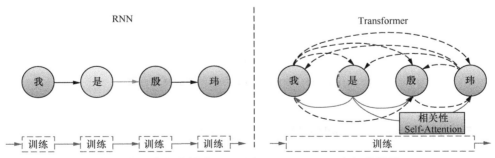

图 5-22 机器翻译中 RNN 以及 Transformer 之间的差异

当下 Transformer 在图像识别领域和智能驾驶领域也在逐步发力。如图 5-23 所示，从智能驾驶角度出发，Transformer 其实是根据"位置编码"明确的一组有相对关系的"时空块"，优化的侧重在于这一组"时空块"相互之间的相关性高低。整个 Transformer 仍然由 Encoder 和 Decoder 构成，每一层 Encoder 和 Decoder 都由多头自注意力层和前馈层构成，类似于记忆网络。Encoder 贡献输入内容的 KV，而 Decoder 贡献 Q，用于特定问题的"检索"。Decoder 可以根据任务 Q，配合 KV 的输出，得到所需的预测结果。也可以类似于 RNN，将本次预测结果经过处理后得到的 Q 输出联合 Encoder 的 KV 输出，作为下一轮 Decoder 运算的输入。通过上述分析可以发现 Transformer 不仅可以处理 RNN 擅长的时序业务，还可以处理有上下文关系的全局问题，其对局部的把握主要取决于"时空块"的粒度。

时序网络是可训练融合预测构建的核心，反映了人工智能体认知"世界模型"的核心逻辑。如果说 RNN 模拟了人类处理短时简单任务的过程，那么 Transformer 已经呈现出人类对于长时复杂任务的理解。Transformer 的内在逻辑已经隐性表达了"知识图谱"的概念。

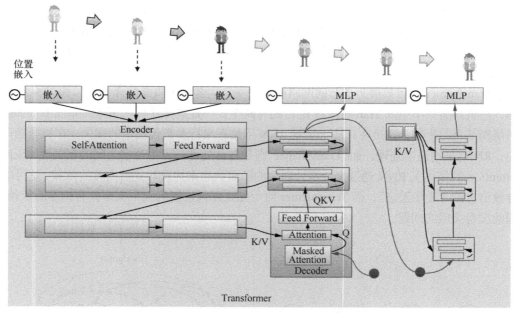

图 5-23　将 Transformer 用于预测的基本原理

5.2.5　基于生成对抗网络的信息联想和补全

在讨论生成对抗网络之前，我们先来看一个有趣的例子。DeepMind 曾开发出一种生成查询网络（Generative Query Network，GQN），如图 5-24 所示，GQN 将从不同视角拍摄的物体图像作为输入，用来构建内部表征，并使用此表征预测未观察视角下的物体外观。GQN 模型由一个表征网络（Representation Network）和一个生成网络（Generation Network）构成。表征网络将智能体的观察作为输入来生成一个描述物体潜在 3D 结构的表征，然后生成网络使用这个表征以未观察过的视角来渲染物体可能的外观。这种方法并没有在运行过程中显性地使用先验信息，而是通过训练将这些知识融入了模型内部并隐性地使用了它们。

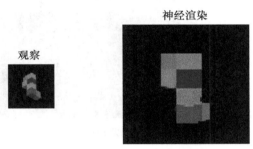

图 5-24 对不可见内容的联想

通俗地说，这个过程相当于人类的联想，这个技能可以使我们在面对轻度错乱的文字时，仍能保持正常理解。对于智能驾驶来说，如果在运行远程中不直接借助地图等先验信息，仅仅依靠历史的信息以及当下有限范围的感知结果，通常不足以支持复杂的智能驾驶功能。为了达成这个目的，我们需要网络模型对缺失的信息进行联想和猜测。执行这个过程的其实并不是车端模型，而是云端训练过程（我们会在 7.4.5 节展开介绍）。结合前面讨论过的各类融合预测深度学习模型，本节主要介绍生成对抗网络在智能驾驶应用过程中的作用。

特斯拉汽车的"地图生成"是介绍这个环节的一个典型示例。地图提供了环境的先验信息，无论是司机还是智能驾驶系统，在有地图数据支持的情况下，对不可见区域进行预判会使驾驶过程更加顺利。在没有地图的情况下，司机会放慢车速，智能驾驶系统会进行功能降级。但人类司机的"智慧"在于，其会对视觉不可及的盲区位置进行合理的补偿。现在我们希望智能驾驶系统也可以实现类似的功能，通过有限范围的感知信息，补全一定范围的地图，来支持后续的规划控制。图 5-25 所示是特斯拉 FSD 系统在获取感知信息后，补全的不同粒度的地图信息。通过摄像头的视角我们会发现，许多输出信息是在其感知范围之外的。

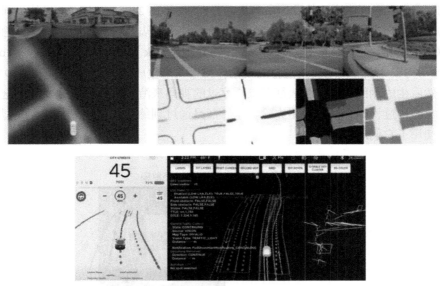

图 5-25　基于感知的地图生成

整个地图的生成过程分为几个主要步骤。首先是视觉深度的估计，单目视觉深度估计大都基于规则算法，比如单目常用的先验尺寸假设、接地假设、路面平坦假设等，但考虑到车身俯仰、上下坡、悬空物体等因素，在工程实践中无法获得稳定的输出结果。比如由于透视效应的存在，本来平行的事物（车道线）在图像中呈现交叉趋势，通常需要进行逆透视变换（Inverse Perspective Mapping）来消除透视的影响，传统的方法是进行单应性转换，但这种方法是基于路面平坦的假设。在车身俯仰变化的情况下，无法稳定还原真实的"平行"物体。虽然双目从原理上可以直接实现测距，但考虑单侧遮挡等因素，效果同样不尽如人意，因此目前更多的视觉感知方案开始通过深度学习直接估计深度的方法来进行 3D 感知，传统双目测距也在更多地使用深度学习的方法进行数据处理，并且从单纯的双目测距逐步扩展为周身各个单目相机两两重叠形成的多目测距方案。

视觉深度估计之后是场景的表征，图 5-26 来源于论文"Pseudo-LiDAR from Visual Depth Estimation: Bridging the Gap in 3D Object Detection for Autonomous Driving"，该方法将视觉深度估计结果转化为伪激光图后再进行 3D 感知，这种方法相比于直接在 2D 图像数据上进行 3D 感知，能得到更好的效果。这间接证明了从俯视视角（或者 3D 视角）处理智能驾驶的环境信息相较于传统图像视角拥有更大的优势，因此目前有许多视觉感知方案都切换到俯视视角中去讨论结果输出。从智能驾驶系统环境建模角度来看，这种俯视视角的方案也更为友好，更容易与其他信息进行整合。

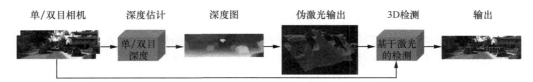

图 5-26 在 3D 视角下进行 3D 感知

以特斯拉 Autopilot 为例,如图 5-27 所示,其感知框架综合使用了各类网络模块,将八个摄像头的视频(图像时序)数据嵌入单一网络并使用 Transformer 等模块进行数据整合,形成完整的场景认知。

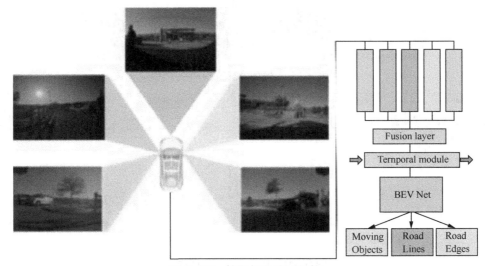

图 5-27 特斯拉的感知架构

值得一提的是,其中的 BEVNet 将多个图像的结果合并转化为鸟瞰图(Bird's Eye View,BEV),如图 5-28 所示,其原理可以参考论文"A Sim2Real DL Approach for the Transformation of Images from Multiple Vehicle-Mounted Cameras to a Semantically Segmented Image in BEV",该方法通过训练一个 BEV 网络,将车载摄像头的四个语义分割图像转化为一个统一的 BEV 视图,并对不可见区域的内容进行了补偿,使用仿真软件训练,节省了大量的标注工作。

获得俯视视角的感知结果后,最后是关键的地图生成环节。地图并不是单纯的点集,为了满足智能驾驶规划的要求,地图需要具有层次的拓扑结构,这对于传统地图而言轻而易举,但对于感知生成地图来说是一个新课题。如图 5-29 所示,我们可以参考"A Parametric Top-View Representation of Complex Road Scenes"论文中的方法,核心是利用对抗学习训练的方法将仿真训练的结果"迁移"到现实环境。第一阶段将众包地图导入仿真软件后,可以在仿真系统中将模拟感知数据作为数据输入,将众包地图作为训练真值输入,以此进行仿真域下的初步训练。第二阶段使用真实图像的 BEV 转化结果作为输入,利用生成对抗网络的域迁移方法将仿真系统上习得的成果迁移到现实图像(真实域)中,从而实现从现实图像输入中提取感知地图结果的目的。

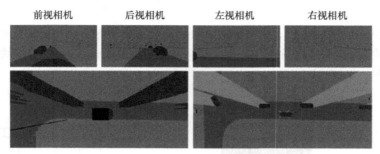

图 5-28 相机视图转化为 BEV 视图

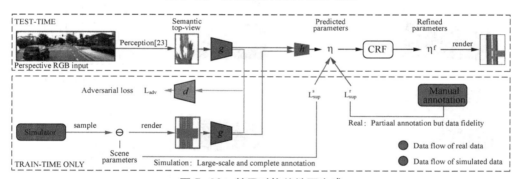

图 5-29 基于对抗的地图生成

总体来说,正如我们在环境感知的延伸任务中讨论的那样,无论是深度估计,还是"鸟瞰图"转换,抑或是地图生成,其实都是对感知的逐层挖掘,使模型不仅可以识别显性的语义,还能够对隐性的信息进行联想和补全。

5.2.6 "可微分"的智能驾驶系统

我们在第 2 章中介绍了全神经网络构建的一个简单智能体是如何在一个仿真系统中被训练出来的。如图 5-30 所示,依靠仿真系统这个"完美"的真值系统,从感知开始训练嵌入表征,然后扩大到世界模型进行环境预测的训练,最后基于预测,将训练扩大到规划决策,进行智能体的整体训练。虽然在工程实践中,要完成智能驾驶的整体可微分化仍然非常困难，但借由这个示例，我们发现了达到这一目标的基本路径。

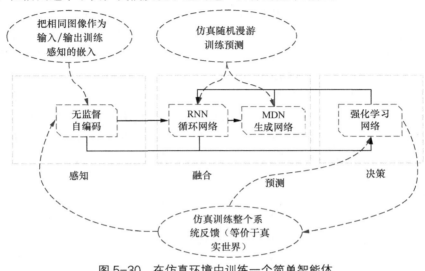

图 5-30 在仿真环境中训练一个简单智能体

深度学习算法在智能驾驶等复杂智能体上的综合应用如图 5-31 所示。虽然仍不完美，但已经有了一个基本的雏形。感知、融合、预测环节的深度学习改造已经进入量产阶段。这里特别要注意纵横两根分界线构成的四象限，以世界模型为中心，横线代表认知深度的加深，纵线代表训练方法的调整以及闭环范围的扩大。

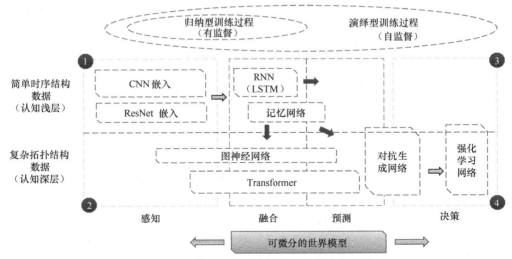

图 5-31 在工程实践中训练一个复杂智能体

在图 5-31 中，每个象限的情况各不相同，第一象限是行业应用深度学习的常规范围，大部分已经具备量产条件，这个象限也是跨越到其他象限必须经历的过程。如果工具链体系和网络模型整合的深度不到位，通常只能止步于这个阶段。第二象限是目前的前沿范围，只有小部分具备量产条件。这个阶段训练的不是浅层次的"条件反射"而是深层次的"逻辑思考"，有别于一般的时序数据，该阶段讨论的是"图"的概念，使深度学习的思考过程更接近人类。第三象限是深度学习的一个"弱势"区域，相比于第四象限，第三象限中的对抗学习和强化学习应用已经有一些不错的成果，比如强化学习的控制，或者一些图像风格的转换。但这些更多贡献于云端，在车端的直接应用效果不及规则算法。第四象限是一个探索区域，目前基本不具备量产条件。第四象限是智能体完成 End2End 学习的终局状态，是目前学术研究的重点。

另外，第三象限和第四象限需要完备的训练体系支撑，这个阶段涉及预测和规划两个环节。训练体系也会从有监督（归纳型）向自监督（演绎型）转移，训练过程真值数据不再直接作用于模型优化，而是以对抗或者价值评估的方式形成间接影响。具体内容会在第 7 章展开介绍。这里重点讨论目前处于前沿领域的第二象限，第二象限的算法开发都是围绕"图"进行的。

"图"的概念在论文"Relational inductive biases, deep learning, and graph networks"中有非常清楚的解释。如图 5-32 所示，人类的认知和知识结构绝大部分都以图的形式出现，例如分子结构、机械联动、逻辑关系、社交网络等。不同于低维度的流数据，图结构表示的信息通常是对环境的深层次挖掘和凝练，其内容可以支持更长周期的预测，无论是对于人类还是其他人工智能体来说，掌握这类信息具有更重大的意义，代表系统开始具有"推理"的概念。

第二象限中的图神经网络和 Transformer 看似是两个概念，其本质都是"图"。如图 5-33 所示，从结构角度看，Transformer 构建的是"块"之间的一个全连接图，与图神经网络的底层表示类似。从优化角度看，图神经网络从局部相邻节点集合中聚合特征，通过堆叠多层 GNN 将局部特征逐步传递出去；而 Transformer 则将节点集合定义为整个全连接图，然后进行迭代计算。我们可以简单地认为 Transformer 是一个使用了注意力机制的 GNN。

总体来说，整个智能驾驶系统的"可微分"升级，其发展是按照从第一象限到第四象限的顺序依次成熟的，但是其内核是围绕四个象限的中心——"世界模型"来展开的。运用好各类模型组件，处理好不同的表征结构以及不同训练体系的组合问题，梳理好相互之间的关系，这些都是智能驾驶系统"可微分"要完成的核心工作。当前阶段对"图"的理解是行业的一个重点方向。

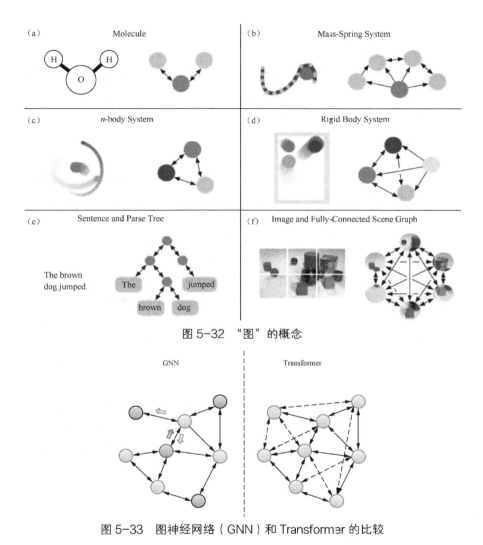

图 5-32 "图"的概念

图 5-33 图神经网络(GNN)和 Transformer 的比较

5.3 规划与控制层

5.3.1 分层规划控制算法的构成

虽然规划控制算法没有像感知算法那样发展迅速,但其在过去几年中有许多改进,未来也有不同的探索方向。本节主要介绍不同算法逻辑间的共性与关系，以及深度学习在规划控制中充当的角色。

如果使用一句话总结智能驾驶规划与控制，就是在有限且不确定的认知过程中不断做出确定性的行为计划和动作，来满足核心的产品目标。展开来讲，虽然感知融合以及预测在应对未知环境方面已经做了大量的工作，但是仍然有很多问题是这些模块无法处理的。传感器的检测范围和检测维度是有限的，世界模型记忆的知识也是有限的，并且这些信息本身也存在错误和误差。

预测过程的不确定性是客观存在的，且无法估计自身行为对未来环境变化的扰动。有限且不确定的认知对任何智能体来说都是有害的，但这并不影响绝大部分智能体的生存。因为满足一个有限程度的目标（比如个体生存），并不需要完全掌握环境的变化。例如，当某个物体以奇怪的姿势在高速公路上快速移动，可能系统也是第一次遇到这种状况，但规控策略知道远离这个物体即可规避风险，并不需要真的完全理解这个状态。

目前的规划控制系统本质上是使用不同类型的算法，把几乎无限大且充满不确定性的世界模型和动作空间，逐步消化处理成确定且有限的执行量的过程，消化的过程存在先后次序。一般确定性强、变化周期长的变量会更多地交由上层规划算法处理，比如目的地规划、静态障碍物等；不确定性强、变化周期短的变量会更多地依靠下层规划算法进行处理，比如动态障碍物规避、加塞过程的博弈等。这种分工更利于在计划和执行过程中出现问题时进行计划调整。

如图 5-34 所示，在分层的规划控制算法中，全局规划会获得整个任务的所有静态先验信息，特别是地图导航信息和目的地信息，并制定最粗粒度的行动计划。规划控制算法的发展已经较为成熟。下一层是场景管理与任务切换，其核心作用是通过限定问题范围来降低行为策略制定的难度。不同算法有各自的优缺点，所有规划采用同一种模型并不能使所有问题都得到解决，更好的结果通常来源于针对性的优化。

确认一个场景后，接下来会进入规划最重要的决策与优化过程，其将外部环境信息和任务目标最终转化为可实施的计划。在整个规划系统中，大量的研究都集中在决策优化过程。不同的决策优化算法在场景泛用性、计算效率以及健壮性等方面各有优缺点，但核心都是通过决策算法将非凸空间的问题简化为凸空间的问题，再通过优化算法完成对最终轨迹的调整。

最后，轨迹被拆分成路径和速度两个维度并下发给控制模块执行，即横向控制与纵向控制。控制通过前馈和反馈过程，操纵方向盘和刹车踏板等部件使智能驾驶车辆按照计划行驶。

目前，规划控制主要还是使用规则算法，虽然端到端的智能驾驶训练和基于强化学习的规划训练非常火热,但经过仔细分析我们会发现全局规划、场景切换、决策优化过程与控制过程并非都是深度学习适合的领域。A*算法的效率与可解释性完全能够应对全局规划处理拓扑信息的场景。在场景切换过程中,虽然云端广泛应用深度学习,但车端主要应用专家系统。在优化过程与控制过程中,由于维度和数据分布并不复杂,传统优化与正反馈控制基本能够满足要求。总体来看,目前深度学习在规划中的应用主要围绕决策过程展开。

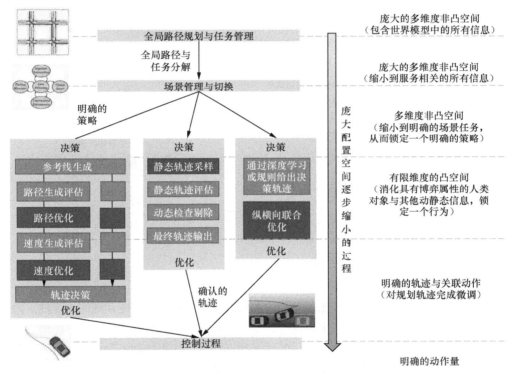

图 5-34　主流的规划层次架构

5.3.2　规划的时间一致性与变更过程

规划的核心是对未来的计划,而计划要被真正实施,就需要考虑时间一致性。什么是时间一致性?举例说明,规划和控制的关系就像是团队合作中项目管理人员与开发执行人员的关系。如果执行人员没有按照计划完美地执行项目管理制定的计划,项目管理人员就需要根据现状重新调整计划,最终项目会发展为不可控的状态。

智能驾驶规划轨迹实际上是过去每个时点计划轨迹的初始段积累而成的，是一种时域上滚动优化的结果。如图 5-35 所示，如果每个周期的计划相对于上一个周期保持尽可能"一致"，则计划成立。如果每个周期都不一致，则滚动优化的结果与原本的计划就会相去甚远，计划也会失去意义。

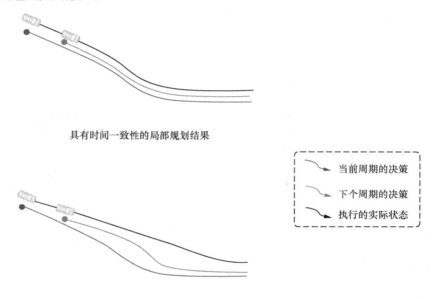

图 5-35　局部规划结果的时间一致性

时间一致性是指当执行过程出现预期内的误差时，规划需要保持计划的不变性。为了确保计划发挥作用，规划最终产生的轨迹必须考虑控制约束，而控制必须保证在约定范围内不会大幅度偏离计划轨迹。按照统一的性能指标要求，如果控制不到位产生过大偏移，则需要控制算法（执行）做出优化，而不是规划算法（计划）。

在出现如下工况时，计划也需要进行调整：
- 控制遭遇冰面等特殊工况，无法达成目标；
- 高速运动的障碍物致使轨迹优化突然无法获得最优解；
- 用户对全局路径规划进行调整；
- 错误的感知、不正确的预测、认知外的环境变化，导致原有计划制定错误。

如果外部发生了上述更为复杂的变化，导致原有的计划无法继续执行时，就需要做出计划变更。在进行计划变更时，算法仍然需要考虑短期的一致性。以项目管理与开发执行做类比，项目管理本身也有时间损耗，如果将当天的信息作为计划的输入，在一周后发布给开发执行时，此时执行在这一周内的状态变化可能已经偏离项目管理当初计划的前提。比如开发在这一周内已经向客户交付了产品，而项目却在一周后发布计划要求变更功能。在智能驾驶系统中，如果不能保证短期的一致性，轻则影响用户体验，重则可能导致软件功能的失效。

在规控算法中，这个过程也被称为轨迹平滑。如图 5-36 所示，计划中的轨迹通常可以确保平滑性，然而过去的运动轨迹是不可改写的，过去的不变性和未来的不确定性导致在当前时间点上平滑轨迹成为需要反复计算的内容。关键需要考虑以下两点。

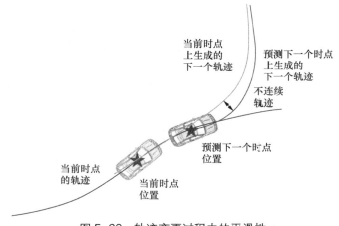

图 5-36　轨迹变更过程中的平滑性

第一点，所有的规控环境输入必须基于预测，预测时间点需要匹配计划制定完成的时间点。比如完成一个长距离的全局规划需要 3 秒，则需要根据 3 秒后车辆可能所在的位置作为起点输入，如果只选择当前位置，则车辆很可能在这 3 秒内驶入另一个分支道路，导致当全局规划在 3 秒后释放给下游运动规划时，车辆已经驶出了更新后的导航范围，此时系统就会进入异常状态。

第二点，规控计划调整需要考虑前一个计划可能影响的未来时间范围。当我们考虑了上一种情况，通常可以有效保证轨迹的平滑性，但仍然可能导致不舒适的问题出现。规划的未来部分并没有被执行，为何会产生不舒适？这一般与控制算法的设计有关，为了弥补执行器固有的延迟和物理约束，控制算法通常存在前馈过程，根据未来某一段轨迹预测执行器的状态，在预测过程外进行调整不会影响执行器的表现，在预测过程内调整则会导致不舒适。在应急状态下，为了确保安全，则需要牺牲一部分舒适性，立即作出调整。

在整个规划模块中，计划变更是分层构建的。如图 5-37 所示，自上而下，规划不断地分解计划并执行。自下而上，如果执行模块的偏差过大会反馈给同层次的规划模块，如果规划模块的调整无法满足更上层的执行要求,则会继续向其他模块反馈,直到偏差可以被容忍。

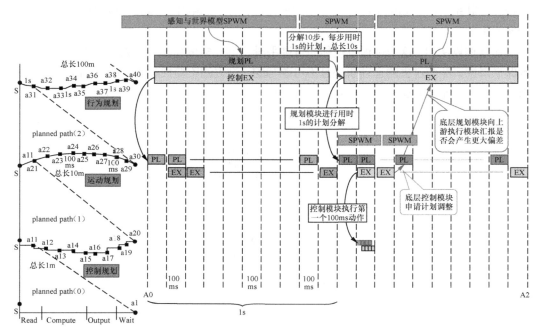

图 5-37　计划的逐层向下分解与计划变更的逐层上升

计划变更过程并不仅限于轨迹,所有被计划的要素都需要考虑类似的问题,比如纵向速度计划。由于人的感受器官对速度、加速度(acceleration)和加加速度(jerk)都非常敏感,跃变的加速度更容易被人类感受到,因此速度和加速度的调整并不能瞬间完成,也需要考虑时间一致性问题。

5.3.3　全局规划与场景状态切换

虽然全局规划与场景状态切换是规划的一部分,但本书认为将这两部分内容从规划中剥离出来单独分析更好。全局任务与场景状态切换的核心目的是通过某些相对独立的规则算法将规划问题的复杂度控制在下游运动规划可以处理的范围内。其体系已经较为成熟,与其他层次的规划算法相比,并没有太多革命性的突破,且与其他模块的关联很小。

全局任务规划是一个耗时较长的一次性计算过程,因此通常采用大周期触发运行的方式进行调度。全局规划主要分为两个大类:一类是大范围结构化道路的全局规划,比如高速地图导航；另一类则是小范围非结构化开放场景的全局规划，比如泊车路线规划。

实现结构化道路的全局路径规划主要以"A*"算法为主，发展已较为成熟。业务上需要关注的是车道级导航策略的设计，比如下匝道过程中从高速车道切入低速车道的多个换道点的选择。目前行业内更希望将结构化道路的全局规划模块转移至云端处理，车端资源处理这类触发性的大耗时计算并不精益。

非结构化道路的全局规划主要利用"混合 A*"算法来生成基本满足动力学特性、支持倒车过程的全局路径。后续再通过非线性全局优化或者逐点二次优化的方法对整条轨迹进行微调，从而获得满足车辆运行要求的全局路径，这类方案的实践也已经走向成熟。另外，由于非结构化道路的特殊场景非常多，但输入结构比较统一，非常适合深度学习的介入，因此不同于结构化道路的规划，非结构化道路的全局规划也在逐步开始应用深度学习方法。

在全局路径规划之下，一般是功能场景状态的切换，其核心算法是有限状态机（Finite State Machine，FSM）。与其说有限状态机是一种算法，更不如说是一种软件设计模式，其本质上等价于 if else 条件。但是在工程实践中，如果嵌套的 if 条件超过 5 层，代码的可维护性就会下降，原则上建议使用"状态机设计模式"来解决。使用有限状态机来分析和解决复杂的场景条件问题是一个良好的习惯。

如图 5-38 所示，有限状态机的核心可归纳为 4 个要素，即现态（state）、事件（event）、动作（action）、次态（next state）。由这四个元素可以定义一个完整的状态机模型。"现态"是指系统当前所处的状态，"事件"是指当某些条件被满足时，将会触发执行"动作"或者改变"现态"的状态到"次态"。"动作"是应用执行的具体内容，"次态"是被转移到的新状态。比如某个辅助巡线功能处在功能准备阶段，这个阶段会不断地对功能进入条件进行检查，如果连续 5 帧识别车道的条件满足，则"事件"被触发，从功能准备"现态"转换为功能维持"次态"，并执行对应的巡线行驶"动作"。

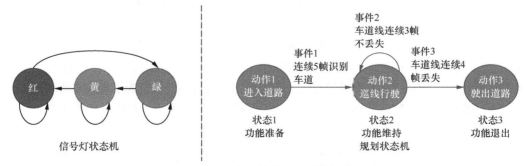

图 5-38 有限状态机的要素构成

有限状态机是一种应用广泛的规则算法，除场景切换外，还有人机交互、安全降级、决策处理等应用实践，过去也常被用于场景建模，比如红绿灯模型的建模，但这种方案目前正在逐渐暴露出弊端。工作异常的红绿灯在现实环境中非常普遍，状态机的表达无法有效覆盖这些工况，因此目前更多地使用时序网络模型来表征状态切换过程，而原有的红绿灯状态机算法则更多地应用于对异常信号灯区域的差异识别。

总体来说，有限状态机的算法并不复杂，其难点在于业务设计和软件设计的融合，这非常考验研发人员的综合业务素养。如果把纯粹的智能驾驶算法称为"信息面"，状态机则构成了"控制面"。信息面一般用于执行某种业务，控制面则负责对各种业务进行有序的切换。该过程具有一定复杂性，我们经常能够看到很多智能驾驶的信息面讨论，却很少讨论控制面的内容。然而在工程实践过程中，控制面非常重要。

如图 5-39 所示，整个控制面的状态机设计并非独立存在，其设计分布在多个模块中。除主状态控制模块外，每个模块都拥有自己的子状态机。所有这些状态设计之间都是紧密串联的。

最顶层的状态机一般涉及产品功能与模式。比如低功耗模式、工程模式、产品订阅功能等，相关控制面都是常开状态。次一级的状态机更多地负责功能转换过程中的互斥要求，主要来源于各种约束，例如运算资源的约束、I/O 资源调用的约束、信息传输冲突的约束等。同时存在部分常开模块，例如涉及连续观测的定位和融合模块。

中层的状态机涉及核心的软件启动过程和结束过程，这并不是一个简单的开关过程。除涉及必要的状态进入和退出检查外，特别要注意的是信息流检查的顺序。启动过程通常是自前向后、自下而上的；而结束过程则是自后向前、自上而下的。功能启动通常处在低安全风险下，因此要评估的是软件在未来的可用性，需要判断分散的子模块是否可以正常运行，然后逐步汇聚。启动的风险是由低向高的，强调的是"检查和预判"的概念。功能结束时通常处在高安全风险下，首先要评估的是当前系统的整体状态，判断下一步将要采取的措施来平滑过渡到下一个系统状态。结束过程一般也涉及将控制权归还给司机。

底层状态机用于解决应用算法层需求，属于规控的一环，有时也会对感知、融合、定位进行简单的状态切换管理。通过场景划分和状态切换提高感知的针对性，降低动作空间的复杂性。底层状态机一般有场景与阶段两个级别，场景的定义是为了解决某些场景下，规控算法需要实施的特殊策略。将场景细化成不同的阶段是为了更有针对性地处理阶段任务的参数优化。底层状态机的设计并没有特殊的设计准则，主要是确保整个应用需求状态机的完备性，防止部分状态设计缺失引发潜在的安全问题，同时要注意不同状态过渡过程中可能由于模型不一致而导致的临界突变。

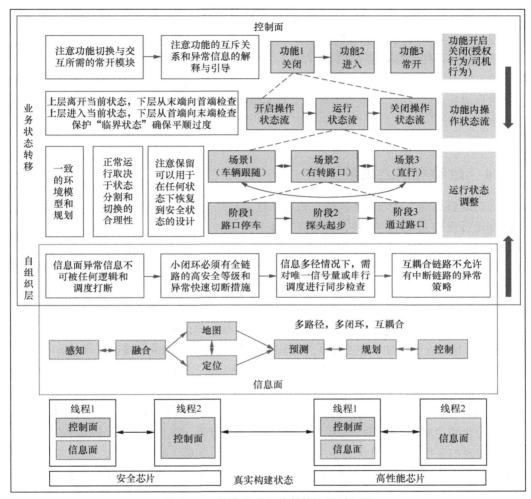

图 5-39 状态机的层次结构和设计要点

更为底层的状态机与业务弱相关,是一个自组织过程。复杂的状态信息传播呈现多路径、多闭环与互耦合的特点。这些特点可能会引发一些软件工程问题,设计时要特别注意四个基本原则。

第一,任何异常信息的输出不允许被逻辑打断,异常信息拥有最高权限,避免由于产品功能影响异常信息的整个链路。第二,存在功能安全所需的小闭环链路不能隐含低安全等级的节点,必须拥有快速切断和通知更大闭环退出的逻辑,各种节点异常都需要考虑其闭环降级和恢复过程。小闭环更关注安全,追求性能的大闭环往往是不可信任的,因此任何大闭环的信息流只能作为参考，避免对小闭环的决策判断构成关键影响。第三，多路径信息发送会导致串行判断的关键信号被并行发送，从而导致到达时间错位，进而误导决策。当多个状态信号传输链路需要协同工作时，需要有统一的信号量进行同步。第四，互耦合的系统不能存在打断耦合过程的逻辑。现实应用中经常会出现相互依赖的两个软件模块相互请求形成死锁的情况，这就需要理清交互的串行过程并预留时间使互耦合模块自行达成平衡。

5.3.4 运动规划之决策

运动规划是整个规划算法的核心构成，其上层的全局规划与场景切换，以及其下层控制都是行业较为成熟的模块，规划算法体系的发展大部分都发生在运动规划环节。运动规划的任务是服从上游全局规划的输入要求，并充分考虑执行器的约束，同时整合孤立、异构、模糊的多方面环境信息，在三者之间找到满足安全性、舒适性等多方面要求的最优轨迹。

在讨论运动规划的内部结构之前，我们要先理解一个概念，即什么是"凸优化"问题。"凸优化"可以简单理解为如果一个问题有两个可行解，则满足这两个可行解的线性组合也是可行的。比如在他车加塞的工况中，自车加速强行通过是可取的。减速让行也是可取的，但是其线性的中间状态，维持原车速行驶可能会导致碰撞，因此并不可取。我们可以认为这个决策过程是在解决一个"非凸"问题。

运动规划的内部结构非常多样，如果要用一条主线去表述运动规划的结构，本书认为可以划分为将"非凸"问题转化为"凸"问题的决策过程，以及处理"凸问题"的优化过程。如果我们采用简单的优化算法去处理一个"非凸"问题，则容易出现不稳定问题，在现实中的具体表现可能是前一秒还在刹车，后一秒就认为要加速，这是工程师和用户都不愿意看到的。

两个过程的算法体系差异巨大。在处理非凸问题时，基于离散与搜索的算法更为实用，虽然更为耗时，但是其健壮性和适用性与决策本身的处理周期相匹配。而处理凸问题时，最优化的方法更可靠快捷，与较短的控制周期要求相匹配。因此通过凸与非凸问题来界定运动规划的决策与优化过程，并有针对性地讨论算法体系是一种更为明智的做法。

整个规划的处理过程是一个大型非凸问题的求解过程。决策层的处理过程仍然是非凸问题的求解过程，静态的多车道以及特殊的交通规制是产生非凸问题的一个因素。除此之外，更多的非凸问题是由于交通参与者与车辆自身的动态博弈产生的。驾驶是一个多代理

（Muti-Agent）的环境，只要道路上有人类司机存在，机器就需要理解人类的不确定性并尝试协同。这个过程通常需要对其他 Agent 的风格、心态和对方所处的环境作出估计，甚至需要首先采取一些行动来试探其他 Agent 的反应。相比静态要素导致的非凸问题，动态要素的非凸处理更加复杂。这一过程也被称为意图识别，是智能驾驶正在重点研究的一个算法领域。当前智能驾驶的设计普遍比较保守，当出现博弈工况（比如并线、加塞、无保护左转场景）时，通常无法有效完成路权的竞争。总体来说，决策在这个过程中的使命就是使用各种算法，将整个层次规划过程中的非凸问题进行分解，并转化成对机器更加友好的凸优化问题来继续求解。

如图 5-40 所示，规划决策过程的算法包括专家系统、有限状态机、离散采样与动态规划等，同时包括许多深度学习方法。专家系统或者有限状态机的应用，与上一节讨论的场景状态切换类似，也是场景状态切换的一种延伸。通过这类算法的应用，我们可以将一个决策的非凸问题分解为若干个凸优化域，然后再使用优化方法进行处理。比如处理有关交通参与者的问题时，可以根据参与者的速度和位置划分成几种状态，分别判断自车究竟是停车让行还是加速通过。但这类规则算法通常无法单独处理复杂的环境工况。

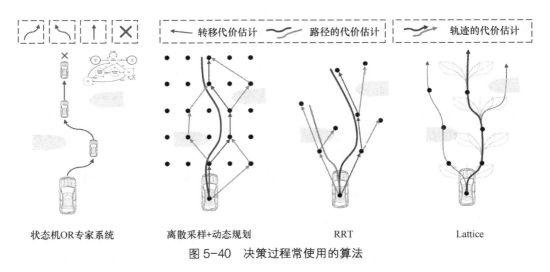

图 5-40　决策过程常使用的算法

目前行业主流方案多采用离散采样的算法。一种是随机采样方法，典型的是触须法 RRT，即从自车出发，不断在末端节点上随机增加"触须分支"来探索整个空间，对增量部分作出代价评估，从而探索出最优路径。这类方法在越野环境的驾驶系统中应用较多。另一种是目前在结构化道路环境中使用的确认性采样方法，比如通过"离散撒点+动态规划"的方法采样并评估最优路径，或者使用 Lattice 算法采样轨迹，再通过对轨迹进行评估和筛选获得最优轨迹输出。

离散采样本质上是一种多策略决策（Muti-Policy Decision Making，MPDM），是对部分可观察马尔可夫决策过程（Partially Observable Markov Decision Process，POMDP）的一种实践。通过生成多个策略后对每个策略进行动态评估和选择来获得某一个最优的策略。

离散采样方法具有状态机或者专家系统不具备的优势，可以有效地处理环境不确定性。状态机或者专家系统通常对不确定性更为敏感，进入错误的决策分支会造成后续所有决策过程的异常，而如果离散采样的评估过程具有不确定性，在不会造成严重后果的前提下，我们仍然可以对不确定性进行建模，确认期望的优劣。另外，离散采样有更好的完备性，因为开发一个复杂的覆盖所有情况的规划器非常困难，但设计离散型小规划器，能确保至少有一个评估筛选是合理的，也容易许多。

从算法细节上来看，RRT 和 Lattice 的过程较为通俗易懂，这里不做详细介绍。当我们需要串行组合多个战术过程以达成一个最优的战略目的时，可以有很多解决思路。对战术过程进行排列组合构成所有可能的方案，然后逐个比较战略目的的达成情况，这种方法称为"穷举"，一般很少直接采用，因为其计算成本巨大。另一种方法是每次都寻找可以显著缩短与战略目的之间差距的战术过程，最后组合成一个方案，称为"贪心算法"。这种方法的速度特别快，但是通常无法实现全局的最优解。

最后一种方法是动态规划，其实是对"穷举"过程的一种计算优化。如果整个方案的制定过程中存在一些子方案，这些子方案有多个路径可以达成。如果已经获得了子方案的最优路径，则不需要在其他路径上投入资源重复计算。"动态规划"是一种兼顾速度和准确性的最优化方法，但动态规划成立的基本要求是无后效性，简单来说就是未来的决策只与当前状态有关，与当前状态是如何达成的无关。但是智能驾驶所在的 Muti-Agent 环境并不严格满足这个条件。自车的下一个状态同时取决于其他车辆，而其他车辆也可能受到过自车的干扰。因此动态规划主要应用于对静态要素进行优化。

以上这些都属于规则算法，有规则算法无法规避的问题。比如状态转移中的代价估计很难量化，且计算稳定性差。固定的状态跳转过程并不能有效满足快速迭代的需求。规划决策也正在经历深度学习的改造，从某种意义上来说，在整个规划算法体系中，只有决策模块能够发挥深度学习作用。将非凸问题转化为凸问题是深度学习算法最擅长的部分。目前行业较为主流的方案有两种，一种是采用传统离散采样的方法生成路径，这种方法对路径的评估主要通过有监督学习算法训练获得。另一种方法则更为深入，核心是利用一个时序网络模型直接生成决策轨迹，如图 5-41 所示，谷歌 Waymo 的 "ChauffeurNet: Learning to

Drive by Imitating the Best and Synthesizing the Worst"是典型代表，这种方法使用仿真手段训练一个路径规划神经网络来处理跟随、停车、绕行等行为。其核心是将地图、交通灯、全局路径、其他障碍物的位置信息、自车的位置信息及历史轨迹通过渲染和编码方法嵌入一个时序模型，不断迭代预测下一个时刻他车的可能行为以及自身位置和姿态变化，从而形成自车当前的轨迹规划决策。

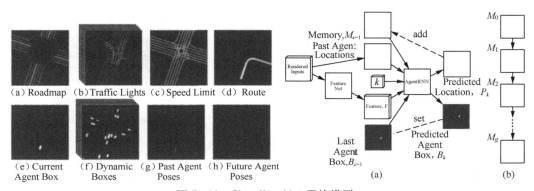

图 5-41　ChauffeurNet 网络模型

5.3.5　运动规划之优化

当规划问题最终被转化为凸优化问题时，后续的处理就会变得比较可控，运动规划中的优化处理已经非常成熟。但有一些细节还是需要注意，轨迹优化分为横向和纵向两个维度。为了满足实时性的要求，在实践过程中，优化是指局部处理，通常会先作路径规划（横向），结合道路边界线、静态/低速障碍物等慢周期变化要素进行优化。然后在此路径基础上作速度规划（纵向），结合动态障碍物的预测轨迹、信号灯变化等快周期变化要素再次进行优化。但由于是局部处理，其路径曲线会偶发出现无法适配速度曲线的情况，特别是在速度较高、变化幅度较大的场景中，因此其在中低速智能驾驶规控问题上应用较多。在高速规控问题上，多采用先优化纵向，再优化横向的方案。速度和轨迹同时优化的方案同样存在，典型应用是紧急避险策略的制定。在遭遇突发变道插车（又称"Cut-in"）等情况时，人类司机通常会在转向避让的同时紧急刹车，单纯采取其中一种措施都无法完成避险动作。这时单独采用纵向优先或横向优先的方法都会出现问题。

构建凸优化或者一般优化问题的两个关键要素是目标和约束，优化过程解决的问题是在求得满足约束条件的情况下达到目标最优。目标相当于一种软性条件，而约束相对应的是一种硬性条件。如图 5-42 所示，在工程实践中，所有优化过程都会采用离散表征方法将业务问题转化为优化问题。

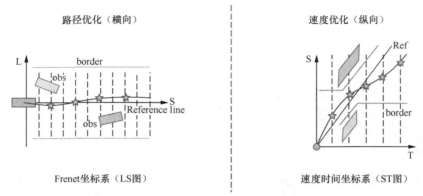

图 5-42 运动规划的优化问题构建

路径优化和速度优化的具体设计细节如表 5-4 所示。虽然具体的约束和目标各不相同，但基本思路都是类似的。

表 5-4 运动规划优化问题构建的细节

维度	路径优化（横向）	速度优化（纵向）
输入凸空间确保	由决策形成一个由边界和障碍物动态边界组成的凸空间	由决策形成一个由静态速度限制与行为限制（超车/避让）的动态边界组成的凸空间
约束	❑ 碰撞物规避 ❑ 道路边界规避 ❑ 横向速度/加速度/加加速度的运动学限制 ❑ 基本车辆运动学限制（速度平滑度等）	❑ 障碍物不碰撞的速度限制 ❑ 静态速度限制（交规/减速带/盲区风险准备） ❑ 执行器能力限制（最大加速度等） ❑ 速度变化的基本限制（速度平滑度等）
目标	❑ 偏离参考轨迹幅度小 ❑ 路径长度最短 ❑ 曲率限制 ❑ 轨迹平滑性 ❑ 横向舒适性（加速度等）	❑ 偏离速度计划 ❑ 通行时间最短 ❑ 加速度约束（滑行停车等） ❑ 纵向舒适性（加速度、加加速度）

结合行业实践，运动规划的算法体系实际上是对决策与优化过程的排列组合。只是在不同的场景范围和工况下，性能会有一定不同。百度阿波罗平台中提出的 EM planner 实际上是先使用"离散撒点+动态规划（DP）"的方法将非凸问题转化为凸问题，再使用

二次规划进行求解的过程,适用于较为复杂的场景。而 Lattice 算法则是直接进行轨迹采样,通过生成样本轨迹将空间搜索限制在对车辆可行的动作空间内,在一个轨迹上将非凸问题转化为凸问题,然后再根据代价函数对轨迹进行迭代筛选,最后获得一个较优的结果,适应相对简单的场景。类似的运动规划算法还有很多,但思路都是类似的,这里不作扩展介绍。

5.3.6 前馈-反馈控制与车辆模型

控制层作为智能驾驶系统的最底层,其任务核心是尽可能准确地执行规划制定的计划,其核心是一个"闭环自组织过程"。简单来说,控制可以看作一个"微缩版"的规划,而规划可以看作一个"减配版"的智能驾驶系统。整个智能驾驶系统实际上是由不同类型的闭环嵌套组成的自组织系统。

控制算法的复杂性通常表现在如何应对执行器的复杂性上。由于重型柴油卡车或者燃油轿车的动力、制动和转向系统中拥有较多的机械和液气结构,导致其执行器存在较多阶跃和非线性特性,因此在工程实践中,通常使用离散方法(分段 PID 等)进行处理,以覆盖这种复杂性。但是目前在线控执行器和电动化逐步普及,控制系统得到了极大简化,复杂度也随之降低。

如图 5-43 所示,无论多么简单的控制都包含正向的预测(前馈过程)与反向的调整(反馈过程),算法通过比较预期的状态和执行后的测量反馈来综合计算给出控制动作。从前馈控制角度看,由于增加了反馈控制,降低了对前馈控制模型精度的要求,并能够对干扰信号带来的扰动进行校正。从反馈控制角度看,前馈控制通过模型进行预测,及时进行粗略调整,能够大大减少反馈控制的负担,两者相互补充。

图 5-43 前馈与反馈过程

前馈控制中一般需要引入先验的预测模型,多基于车辆动力学或者运动学模型。如图 5-44 所示,汽车不能实现瞬时侧向移动,必须依赖前轮的转动才能完成转向动作,因此我们通常采用自行车模型(Bicycle Model)对汽车运动过程进行建模,当然也可以采用更复杂的运动模型，只是对普通乘用车来说意义不大。

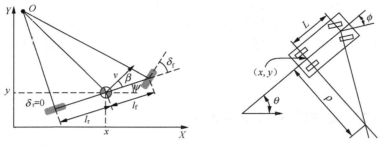

图 5-44　典型运动学模型（自行车模型）

车辆动力学本质上是轮胎和地面的附着问题。轮胎和地面的摩擦力变化并不是一个简单的力学问题。在低速运动状态下，动力学的体现可能并不明显，但一旦进入高速运动状态，情况则完全不同。如图 5-45 所示，当车轮的纵向力发生变化时，其侧向力也随之改变。汽车的纵向安全性能和横向轨迹跟踪性能通常相互影响，大幅度的加速减速可能导致横向跟踪出现偏差，引发侧面碰撞事故。而如果要确保横向跟踪，过分地约束加减速，则可能导致追尾事故。另外所有平衡都与环境工况有关，不同地面的附着系数差异很大。比如在冰面上驾驶车辆时，在没有防滑链辅助的情况下，车辆可以说是不受控的。

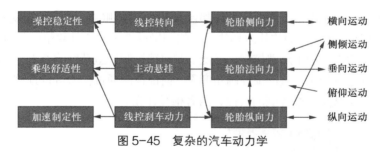

图 5-45　复杂的汽车动力学

由此我们可以看到控制问题与感知问题同样非常复杂，面对的都是不确定的环境。因此策略是类似的，首先控制算法必须建立联合模型，对转向、刹车、动力进行协同和预判，降低后期误差修正的压力，并通过误差修正尽力达成目标。另外，在面对无法解决的失控问题时，必须与理论模型作出差异校检，迅速交由包括司机在内的上层模块处理，避免超出能力范围的操作出现。

接下来我们来看反馈控制部分的算法体系。如表 5-5 所示，目前控制采用的算法核心主要由 MPC、LQR、PID 构成。三种算法并没有高低对错之分，需要根据业务场景来综合判断。

表 5-5 典型控制算法的对比

算法	计算复杂度（计算耗时）	行业应用范围	模型约束	反馈信息与参数调整	适用的系统环境
PID	低	大	只能够考虑输入输出变量的各种约束	只需要系统输出反馈来调整	无模型
LQR	中	中		需要所有状态反馈来调整	线型系统模型
MPC	高	小	可考虑空间中间状态变量的约束，可以存在不等式约束	需要所有状态反馈来调整	线性和非线性系统模型

所有算法中比较典型的是比例积分微分控制（Proportional plus Integral plus Derivative Control, PID），PID 是一种无量纲的控制方法，不存在内嵌的系统模型。由于结构简单，其适用性也非常好，而这同样是其最大的问题，即无法通过建模来做进一步优化。如图 5-46 所示，PID 由误差的比例（Proportion，P）、误差的积分（Integral，I）和误差的微分（Derivative，D）构成调节策略，加权后直接转换成控制量。

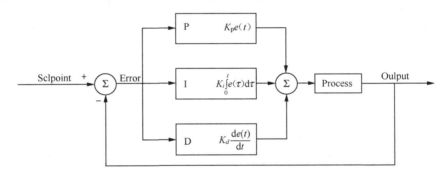

图 5-46 PID 控制算法原理

在现实中很难找到与比例控制（P）类似的例子，经典的故事就是阿喀琉斯追乌龟。这种策略只根据当前收到的信息来做决定，不借鉴过去，不预测未来。最大的问题是存在"稳态误差"，即能够很快缩小误差，但无法准确控制到位。一般无法单独使用，常配合 I 和 D 一起工作。

比例积分控制（PI）与人类的思维相似，能够估计当下状态和过去的经验。PI 的问题在于，陷入过去的线性思维，导致估计不充分从而产生偏差，这种情况叫作"超调"，其优点也很显著，虽然要面临一些波折（震荡超调），但相比 P 控制器总可以最终达成目标。

比例微分控制（PD）更关注未来变化，"微分项"用于预测误差变化的趋势，从而避免被控量的严重超调。在面对惯性较大或滞后的被控对象时,预判的控制可以有效加快收敛速度。但未来充满不确定性,如果被控变量变化频繁,比例微分控制效果也会大打折扣。这种方法也存在"稳态误差"的问题。

PID 可以简单理解为 P 关注现在,I 关注过去,D 关注未来。调整三个量的比例输出,目的是在做出下一步决定时,有侧重地综合考虑过去、现在、未来的情况进行决策输出。使用 PID 三项进行控制的理论效果最好,但是参数调整非常麻烦。如果 PI 或者 PD 都无法有效满足要求,可以考虑采用其他算法处理。如图 5-47 所示,PID 在智能驾驶系统中的典型应用是纵向速度控制。

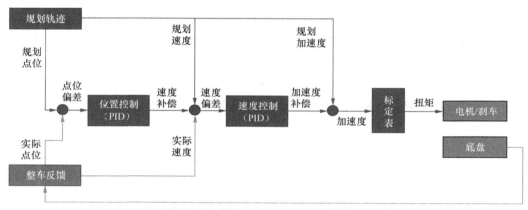

图 5-47 基于双闭环 PID 的纵向控制

线性二次型调节器(Linear Quadratic Regulator,LQR)是现代控制理论模型中发展最早也最为成熟的反馈控制算法。LQR 的核心过程是通过迭代求解黎卡提方程得到一个等效闭环反馈矩阵 K,由此将状态量的变化转化为控制量的变化。读者可以通过网络查阅 LQR 的整个迭代过程,这里不做展开介绍。如图 5-48 所示,目前 LQR 主要用于智能驾驶的横向控制。

图 5-48 基于 LQR 的横向控制

MPC 与 LQR 相似，都是有模型的控制，但复杂度相较于 LQR 更高。MPC 已经显性具备类似规划的预测与计划过程。如图 5-49 所示，MPC 与 LQR 相同，会建立控制与状态变化的关系，但是不同于 LQR 的一次优化反馈，MPC 会对未来多个周期进行逐级优化，迭代几个周期的预测状态量和控制量，但是只会执行第一个周期的计算结果。

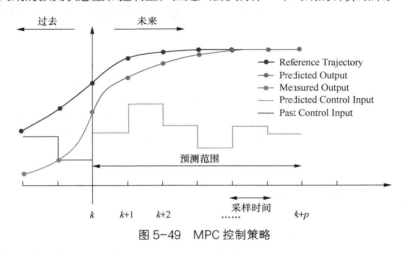

图 5-49 MPC 控制策略

在工程实践中，MPC 在纵横向控制中均有应用，只是对算力的要求会高于其他控制算法。MPC 被诟病最多的原因在于，规划的最优化过程已经大量考虑了控制约束，控制只需要进行简单的正负反馈调节即可应对，无须引入 MPC 重新实施该过程。也有观点认为，MPC 在切换仿真和现实运行环境时，拥有更好的一致性，有利于规划数据闭环。目前两种方案均有不同程度的实践，在一般情况下，LQR 与 PID 足够满足控制要求，在算力充分的情况下，也可以考虑 MPC 策略。

第6章
智能驾驶数据闭环平台

传统智能驾驶系统的核心在车端,而当下智能驾驶系统的核心是车云闭环。一个完整的智能体需要保持对环境变化的适应能力,而单纯的车端软件系统通常无法满足这一要求,需要依赖云端的设计和机器训练来完成对软件的迭代。本章主要对这些内容展开讨论。

6.1 底层云服务架构

要实现承载复杂业务的目的,云端服务必然有一个扎实的底层构建,我们先从底层出发对云端服务进行基本了解。

6.1.1 云存储与云计算概述

如图 6-1 所示,在理解云存储和云计算之前,我们先要理解"计算与存储分离"这个概念。计算机一般由存储硬盘、内存和计算芯片等部件组成,我们可以利用计算机开发一些简单应用。而云端应用的规模远远大于计算机可以承受的极限,因此我们希望有一台具有无限存储空间和无限算力的计算机来支持这些任务。云端实现这个目标的方法是通过"通信与网络"组合大量独立存储设备和计算设备,形成抽象的、可伸缩的"虚拟硬盘"和"虚拟 CPU",最终形成一个虚拟的计算机。

这个概念从外部理解起来比较简单,但内部结构非常复杂,我们首先从存储集群和数据湖应用说起。随着数据分析和人工智能应用的增加,行业对数据存储(读/写)的灵活度、性能和成本要求越来越高。数据存储的方案主要有直连式存储(Direct- Attached Storage,DAS)、存储区域网络(Storage Area Network,SAN)、网络附接存储(Network Attached Storage,NAS)以及对象存储服务(Object Storage Service,OSS)四种。不同存储方案在对接应用时各有优势,但单一方案不足以支持完整的应用,因此在不同存储集群和存储方案之上、应用数据调用之下，出现了"数据湖"（参见图6-2）的概念，其抽象了"持久性数据存储"的概念，使各类数据应用有了"硬盘"。应用的扩展不再需要重复的数据拷贝，减少了对存储空间的需求，同时解决了多份数据的不一致问题。

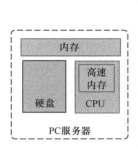
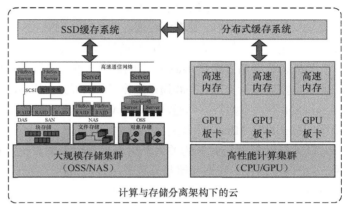

图 6-1　计算与存储分离

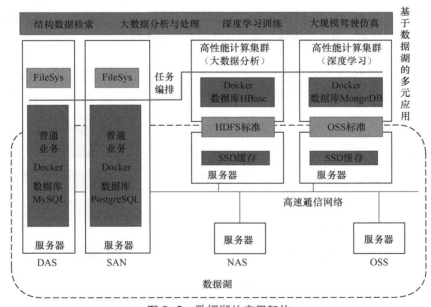

图 6-2　数据湖的应用架构

从业务角度看，数据湖平台需要满足不同应用接入数据的不同标准，比如大数据分析中的 HDFS 标准、大规模非结构化数据存储的 OSS 标准等。智能驾驶的云端数据服务是数据湖应用的典型场景。比如，车辆采集到的视频、雷达数据需要通过文件或对象接口导入存储，并且遵循 OSS 标准；在对提取的矢量和标量数据进行大规模数据分析时，则需要通过 HDFS 标准来完成；在关联计算统计成果时会用到数据库的存储标准。

在云端读写不同数据还要满足机器学习、大数据分析、批量仿真等业务的吞吐量和延时要求。在实际运行中，数据湖会通过服务插件对数据进行重新映射，通过内存和 SSD 多级缓存加速数据流转，满足应用读写的性能要求。

另外，云存储方案是 IaaS 层上的概念，在与实际业务应用对接时，我们主要与 PaaS 层的云数据库进行交互，一般通过数据库来完成大规模数据的读写任务。Oracle、MySQL、PostgreSQL 等关系型数据库通常会在 DAS/SAN 上直接搭建，而 NAS 或者 OSS 方案中主要使用 MongoDB、HBase 等非关系型数据库。

以上是数据湖与业务的关系，接下来我们主要讨论数据湖与底层数据存储技术的关系。如图 6-3 所示，数据存储服务底层一般采用独立磁盘冗余阵列技术（Redundant Arrays of Independent Disks，RAID），这是一种将大量磁盘通过专用设备连接来扩展存储的技术，用于支持 DAS/SAN 等存储系统的底层搭建，更偏向于硬件技术。在 RAID 上构建文件系统后可直接投入应用。而在 NAS 的方案中，通常有多个类似 DAS 结构的存储设备，使用 HDFS 等软件技术在一个服务器集群上实现类似 RAID 的功能。而 OSS 存储的规模更大，可能覆盖世界各地多个服务器集群，通过互联网来完成协同。

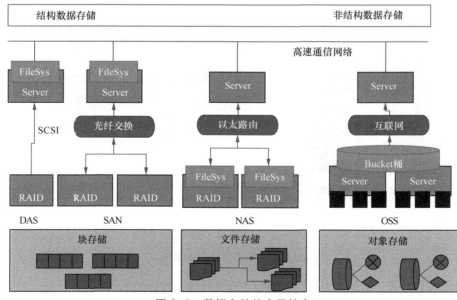

图 6-3 数据存储的底层技术

另外不同方案的底层存储结构也有所不同。块存储一般适用于有高随机读写性能和高可靠性要求的系统，比如关系数据库服务，其对于并发支持非常有限。文件存储更多地服务于一些对读写性能和并发性能要求较为平衡的应用，比如 FTP 服务或者 NFS 服务。文件存储一般采用搜索树算法进行牵引，其兼容性和易用性较好，也是用户比较熟悉的数据存储方式。而对象存储主要解决海量、慢更新数据的读写问题，并支持大规模并发访问的需求，其数据牵引一般采用哈希算法，能够为大规模海量数据访问提供良好的支持。

数据存储可以简单总结为，不同特点的软硬件技术构建了满足不同业务需求的存储方案，数据湖完成了不同存储方案的统一管理，并向上对不同数据应用业务提供了高性能的"映射"服务，同时使数据应用的开发拥有统一的数据来源。高性能计算集群的概念与存储集群类似，通过更高速度的通信网络完成大量 CPU 或者 GPU 计算设备的并联，形成抽象、可扩展的虚拟计算资源，如图 6-4 所示。

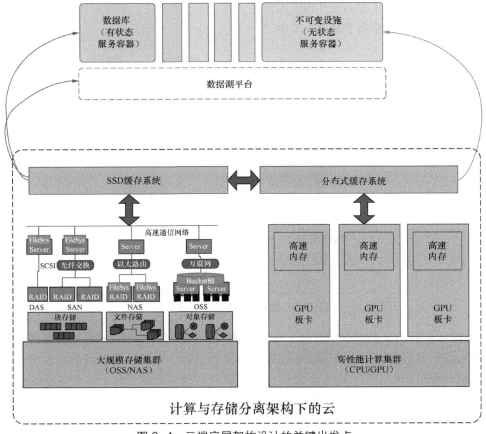

图 6-4　云端底层架构设计的关键出发点

"计算与存储分离"理念的背后仍然是集中式设计思维的体现,其为上层开发提供了良好的灵活性。存储集群支撑了数据湖和有状态数据库服务的开发工作,而计算集群支撑了无状态应用服务的开发工作,这些服务共同组成了"微服务架构"。

6.1.2 微服务架构概述

微服务是指单个小型的有业务功能的服务,具有松耦合、自治、去中心化、面向对象等特点。微服务通常不会因为使用方的需求变化而变化,而是可以根据业务量动态调整硬件资源需求,并且其内部不受开发语言和技术选型的限制,可以独立演化。交互则主要通过 API 进行。微服务并不是简单的拆分,而是在聚焦服务客户的目标且不影响整体系统性能(延迟、调度等)的前提下进行的模块化业务划分。如图 6-5 所示,微服务架构的关键是节点的创建,不同于普通软件模块的创建,为了保证灵活性,面向服务架构、容器化思想、不可变设施等诸多概念被融入其中。

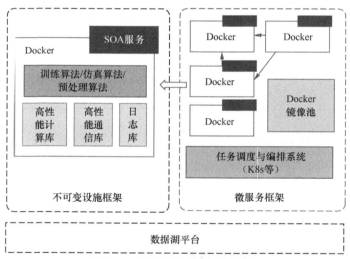

图 6-5 微服务架构的基本结构

如图 6-6 所示,创建节点有如下几个步骤,首先通过 Terraform 等配置管理工具灵活地申请硬件设施资源。Terraform 以配置文件为载体,定义了要管理的资源组件(计算实例、网络实例、存储实例),以此生成可执行的计划,通过执行计划完成组件的创建、变更和持续管理。这个过程反映了基础设施即代码(Infrastructure as Code,IaC)的基本概念。

然后通过 GitLab 等版本控制工具来管理基础设施的环境配置代码以及需要被维护的功能代码。核心软件代码则通过 Docker 完成容器化的包装并形成镜像。容器化解耦了内部的技术依赖，并省略了复杂的部署过程。在需要服务时，通过 Jenkins 等自动化集成部署工具，完成 Docker 容器的实例化、集成、配置与部署工作。最后通过 Kubernetes 等工具进行统一编排调度，包括跨集群的容器运行管理以及必要的备份与恢复机制。

最后，工程师通过 ELK Stack 等监控工具对过程进行运维，完成数据管道的搭建。与一般代码类似，所有的微服务代码，无论是配置代码、功能代码、可视化代码还是部署代码，都有对应的测试体系来匹配，以确保代码质量。

图 6-6　计算节点的整个生命周期的关键任务

微服务的一个重点是单节点的设计要尽可能满足不可变基础设施（Immutable Infrastructure）的理念。不可变设施的核心思想是一次性使用，不做修改。工程师不需要为生产环境中的机器打补丁，而是直接部署一个新的已经打好补丁的机器。所有容器在不可变基础设施概念下都是相同的，不需要区别生产环境和编译环境，因此工程师甚至可以禁用生产环境下所有调试接口。为了达成不可变设施的目标，行业提出了"12-Factor"的开发规范，包括代码与配置分离、集中式日志等内容，用于指导不可变基础设施的构建。

微服务架构的另一个重点是容器编排工具，比如 Kubernetes。微服务内包含大量容器，这些容器的协同、增减、更新、监控、容灾需求随之产生。容器编排工具用于解决容器统一管理的问题。

微服务架构改变了"软件"的基本构成逻辑，使用"服务容器"替换"软件模块"成为构建的最小单元，从而使业务功能的集成更为灵活。

6.1.3 云端数据应用的交互过程

软件开发工作有三个基本要素,开发使用的硬件、被开发的软件本身和开发软件的工程师。本节重点介绍工程师与软硬件的交互。

服务创建方可以登录远程服务器,通过代码动态申请所需的硬件资源(计算和存储),通过数据湖应用获取统一的原始数据输入,同时利用其他工程师构建的服务(容器)快速编排自身的数据应用。服务使用方通常只需要通过浏览器登录对应的云服务,新建并配置某一个数据任务,执行并等待反馈结果即可。

两种人机交互的共同特点是与软硬件的"松耦合"性,服务创建方通常需要完成对服务的监控和错误排查,而使用方需要与服务进行操作交互。过去类似的功能必须经过一个复杂的本地软件部署过程才可以实现,现在只需要打开浏览器即可,甚至还可以接入手机、物联网终端等其他设备。

如图 6-7 所示,人机交互过程的技术堆栈种类较多,以 ELK Stack 为例,ELK 由 Logstash、Elasticsearch 和 Kibana 三款软件构成。Logstash 是数据收集引擎,支持动态从各种数据源搜集数据,并对数据进行过滤、分析、丰富、统一格式等操作,然后存储到用户指定的位置。Elasticsearch 是分布式搜索和分析引擎,具有高可伸缩性、高可靠性和易管理等特点,能够对大容量的数据进行接近实时的存储、搜索和分析操作,通常是数据应用中搜索功能的核心构成。Kibana 是数据统计和可视化平台,从 Elasticsearch 集群中查询数据并生成图表,并传送到各个平台的浏览器。根据可视化需求的不同,可以使用 React、Flask 等工具进行可视化的补充,或使用开发对应的 APP 或者二次开发接口继续扩展服务范围。

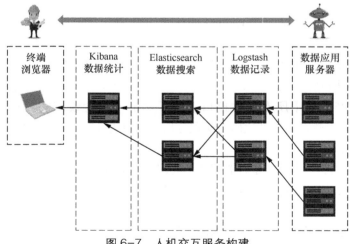

图 6-7 人机交互服务构建

6.1.4 数据应用开发的新模式

笔者在学生时期曾经开发过一个寝室卫生管理系统，使用一台计算机作为服务器，编写一个应用实现了界面交互、数据库和算法逻辑等软件部分，并配置了对应的运行环境，投入使用后不断有卫生检查数据被录入服务器，并发布了各类统计结果。

图 6-8 所示的项目反映了一个最朴素的数据应用开发任务。在面对不复杂的应用时，"一个人，用一台计算机，开发一个任务"的形式通常可以满足任务需求。

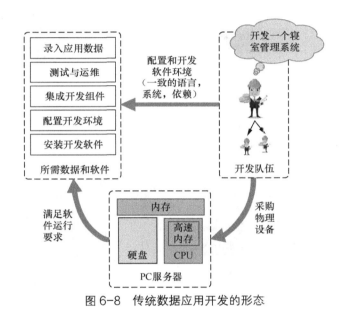

图 6-8 传统数据应用开发的形态

目前我们处在一个业务复杂性呈爆炸式增长的时代，这种传统开发方式无法满足复杂数据应用的开发需求，核心问题是灵活性的缺失。为了解决这个问题，新的云端开发模式应运而生。

如图 6-9 所示，全新的开发形态同样由运算资源（计算和存储）、服务（数据和软件）、人（团队）三个基本要素构成，与传统开发形态的区别在于内核的不同。传统架构是以硬件和人为中心构建的紧耦合开发，而当下是以网络和数据为中心构建的松耦合开发。计算与存储分离架构提供了硬件资源的弹性和灵活性。数据湖概念和不可变设施概念可以缓解数据变更和软件功能变更所构成的影响。设施即代码、微服务结构、轻量化的交互终端则可以解耦软硬件与人的关系。其中唯一无法从本质上改善的是人与人之间的沟通，因此出现了"中台""DevOps 文化""团队自治"等概念，驱动工程师更好地适应新的开发模式。

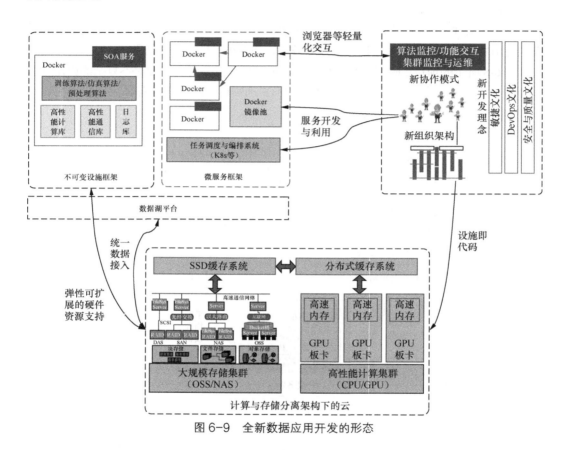

图 6-9　全新数据应用开发的形态

6.2　数据管道构建起来的智能驾驶大脑

　　智能驾驶业务构建于云服务之上。如图 6-10 所示，在传统的智能驾驶开发过程中，车端控制器是智能驾驶的"大脑"。感知、融合、规划等模块组合是智能驾驶软件的所有构成。产品性能的提升本质上是工程师能力的提升，系统只是简单地执行了工程师的设计。

如果系统性能的提升速度只能依赖于更多的人力资源投入，这显然具有局限性，因此我们亟须一种全新的开发模式更好地协同各个主体。

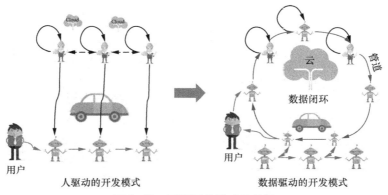

图 6-10　不同开发模式的差异

当前更为流行的是数据驱动的开发。智能驾驶的真正"大脑"不再是车端软件，而是研发流程、云端平台与车端软件三者构成的"半自动闭环过程"，是利用云端微服务架构组织起来的一整套数据处理平台。在这个平台上，人类工程师和人工智能可以更好地配合，使需求从获取到实现的过程更为顺畅和高效。

实现这种高效的核心是数据管道（Pipeline）。数据管道是出于一个特定目的而建立的具有较强约束力的数据处理过程。其作用类似于水管，普通的"水"是无序流动的，而水管中的"水"则呈现有序的流动状态，发挥必要的作用。管道构建需要满足高效与灵活两个基本要求。已构建的管道必须保障信息流转的效率与准确性，新增管道或修改既有管道必须是快速且低成本的。

管道支撑的数据流转过程可以发生在人与人之间、机器与机器之间或人与机器之间。将不同的管道进行组合与连接，就会形成各类自带功能的小闭环。不同小闭环继续衔接，即可构成一个具有"智慧"的大闭环。

如图 6-11 所示为智能驾驶全业务链中一些典型的数据管道及其关系。车端算法数据管道聚焦于匹配软件算法和计算芯片资源的关系，获得必要的计算效率。智能驾驶数据管道关注整个智能驾驶软件运行过程的稳定性。车云闭环中的训练数据管道和验证数据管道构成了软件有序迭代的过程。协同研发数据管道则强化了人与人、人与机器的有序沟通。

第 6 章
智能驾驶数据闭环平台

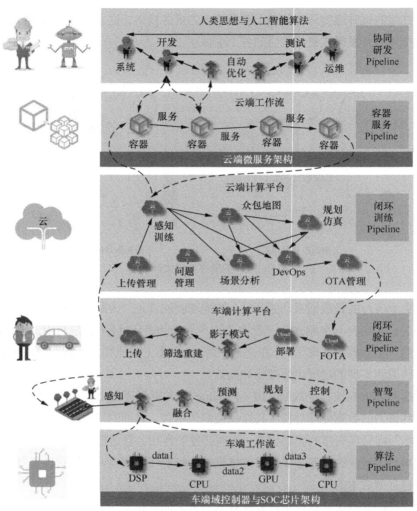

图 6-11　智能驾驶全业务链中的典型数据管道

如图 6-12 所示，如果我们将各个层面上的数据管道作为一个维度，类比大脑的思考过程。将系统的层次架构理解为另一个维度，类比大脑的物理构成。图中展示了一个"智能驾驶大脑"的全貌。

本章主要介绍承上启下的人机协同过程，即由工程师和智能驾驶系统构建的研发数据管道以及由客户和智能驾驶系统构建的车云闭环数据管道。

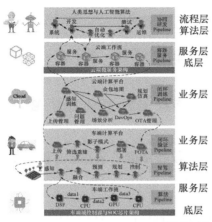 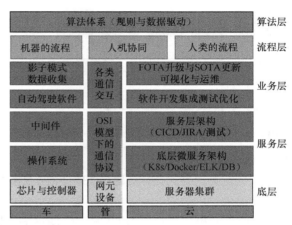

图 6-12 智能驾驶的真正"大脑"

6.3 功能研发的流程

6.3.1 DevOps 与敏捷开发概述

底层架构提供了一个更加灵活的开发平台,同时对工程师的研发思想提出了要求。这些思想中最具代表性的是 DevOps,为 Development 和 Operations 两个词的组合,意为软件开发团队和业务运营团队之间更密切的协同。

如图 6-13 所示,从传统 V 模型到敏捷开发,再到 DevOps,是一个环节打通的过程。在传统的 V 模型流程中,软件开发人员花费数周甚至数月编写代码,然后将代码交给质量保障团队进行测试,再将最终的发布版交给运维团队进行部署。V 模型适合条件比较理想化(用户需求非常明确、开发时间非常充足)的项目,即软件开发人员严格按照流程执行自己的职责。但是客户的需求变化越来越快,V 模型并不能很好地适配,因此产生了"敏捷开发"。

敏捷开发不同于 V 模型,它强调化整为零,将大周期分解为多个小周期,通过迭代来完善功能。敏捷开发一般不包含软件的正式部署,而 DevOps 是在敏捷开发的基础上进一步引入了部署过程。将敏捷性从开发环境扩展至生产环境,以更快地获得用户反馈。三者都非常重视架构的预判性设计。

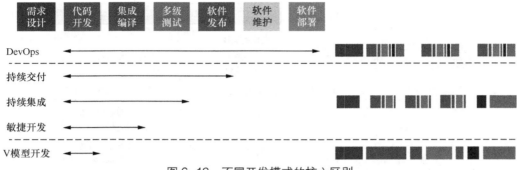

图 6-13　不同开发模式的核心区别

无论是 V 模型开发、敏捷开发还是 DevOps，其发展过程都是希望将更多的岗位角色，通过更为精密高效的数据管道工具串联起来，打破需求工程师、软件开发工程师、软件集成工程师、软件测试工程师、软件运维工程师等多个工种的沟通壁垒。

在 DevOps 与敏捷开发之间进行细分，还会涉及持续集成和持续交付两个概念。持续集成（Continuous Integration，CI）指的是对每一次改动都进行代码编译并覆盖基础的自动化测试，确保代码的质量。持续交付（Continuous Delivery，CD）则更进一步，即按照计划进行多次软件版本的正式发布，覆盖发布需要的所有测试环节。CD 的另一层解释是持续部署（Continuous Deployment，CD），即当软件完成发布后，还可以快速安全地部署到产品环境中，基本实现 DevOps。智能驾驶应用通常只允许自动化部署到内部测试车辆，而客户车辆部署则属于 OTA 的范畴。

DevOps 高频的迭代周期和更为完整的迭代循环的最大益处是风险的可控性。版本更新越慢，则需求变化的概率越大，隐含 Bug 的破坏性也越大，因此缩短迭代周期、快速验证，可以有效地控制风险及其导致的成本。虽然迭代周期的缩短会直接增加测试次数，从另一个方面导致成本增加，但这一部分成本通常可以通过高自动化的数据管道抵消。因此总体而言，高频迭代是更为可取的做法。

如图 6-14 所示，DevOps 的本质诉求是跨部门的横向整合，以更敏捷的方式快速构建业务能力。但这种改变并不只是单纯地在组织架构上进行调整，更为重要的是要求每个工程师都必须拥有更加复合的知识体系、更强烈的同理心和责任担当。成熟的工具链体系也是 DevOps 成立的先决条件。本书所有章节反复强调的是工程师的跨域思考和数据管道构建能力，而不是工程师的职业技能以及软件开发成果，读者可以自行揣摩其中的区别。

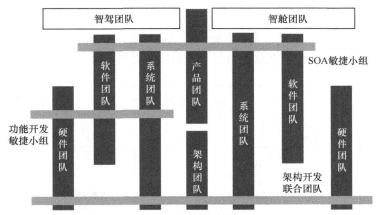

图 6-14　纵向职能团队基础上的横向敏捷小组构建

6.3.2　传统开发与敏捷开发的配合

传统汽车开发与互联网汽车开发之间的差异非常大。传统汽车行业通常采用 V 模型开发过程，重视安全；而互联网汽车开发更适用敏捷开发过程，重视体验。在一个融合安全和体验的产品中，如何使开发正常推进？这里我们详细展开介绍。

首先，我们需要了解传统汽车开发的特点。为了确保汽车研发的安全性和可回溯性，汽车软件与系统开发非常强调认证，普遍采用 ISO 26262 和 ASPICE 等标准，作为工作参考。

如图 6-15 所示，ASPICE 主要定义了研发过程必须完成的任务内容（以软件开发为主，硬件与系统为辅），例如项目范围定义、软件架构的动态设计等，但其不会明确具体的实施方法，更关注各个研发环节之间的追溯性。除了支持工作实施参考外，ASPICE 还支持必要的第三方评估认证，类似的标准还有 CMMI。如果希望为整车厂商提供产品，供应商必须通过 ASPICE/CMMI 相关认证。

ISO 26262 标准的核心是功能安全，覆盖产品研发的整个生命周期，包括概念、开发与生产，其不仅定义了必须完成的任务内容，同样定义了完成这些内容所必需的方法。工作参考价值更大，但是连贯性欠佳，不能支撑评估认证活动。ASPICE/CMMI 标准通常是 ISO 26262 实施的基础，在实际研发过程中，两种流程一般会搭配使用，嵌入公司自有流程中。

无论 ASPICE、CMMI，还是 ISO 26262，在严格实施过程中都会牺牲一定的效率。汽车安全产品需要在全生命周期内通过文档追溯安全责任。因此文档的作用非常显著，但由此引发的效率降低与敏捷开发的价值观相违背。伴随需求变更越来越频繁，汽车软件也开始正视这个问题，虽然许多汽车研发团队也在使用敏捷方法，但是作用范围有限，因为被认为"流程不安全"。在这个背景下，兼顾两者的混合开发模式逐步出现。

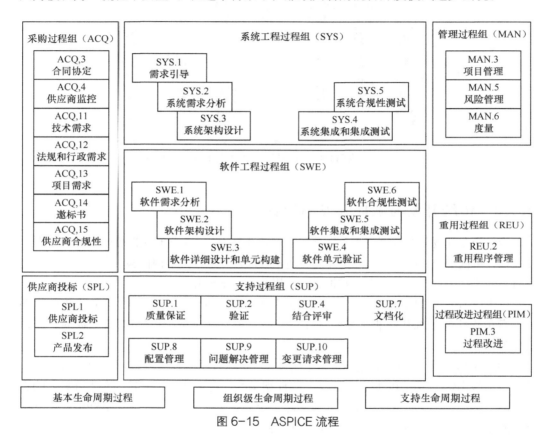

图 6-15 ASPICE 流程

如图 6-16 所示，常见的实施过程与一般敏捷过程相同，整个开发工作可以分为多个迭代循环，一次迭代被称为一个 Sprint。一般而言，为适配汽车软件的特点，靠前的迭代需要偏重功能性，确保系统可工作，有明显可见的功能增加，文档则维持在可工作的适当状态。而靠后的迭代更注意安全需求以及行业法规要求，需要不断完善文档以满足 ISO 26262 和 ASPICE 的要求。敏捷团队必须包括系统、安全、架构、开发、测试等多个工种的工程师。研发过程中计划、需求、设计、软件、测试工作的成熟度需要同步提升。

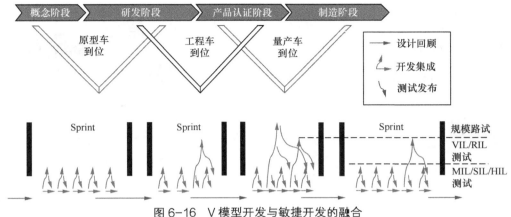

图 6-16 V 模型开发与敏捷开发的融合

每个 Sprint 前期一般为 2~4 周，团队成员需要明确当前阶段的系统需求、软件需求和功能安全需求，清晰地建立该阶段的 backlog，统一团队的计划和目标。Sprint 的执行过程通常为 4~6 周，每个 Sprint 代表一个微缩的 V 模型循环，集成、测试、开发工程师需要根据需求并行工作，完成一次小规模串联并反馈用户"可展示"的功能，以获得反馈。面对新的需求调整时，团队需要重新评估并引入下一个 Sprint。Sprint 后期一般有 1 周时间用于复盘整个迭代过程，进行必要的 Lesson&Learn 并完善文档，满足合规性要求。

软件开发过程还需要与整车开发过程进行匹配。整车开发从 MULE 阶段到 PP 阶段也是一个由粗到细，逐步成熟的过程。敏捷开发的迭代范围会伴随整车开发逐步扩大。在初始阶段，敏捷开发通常只需要满足 HIL 级别测试或者 POC 级别的功能验证。EP 阶段开发则需要满足在封闭测试场和小规模示范区道路中的使用，最终在 PP 阶段支持大规模的道路测试。整车发布后，进入 OTA 升级阶段，可以重复前面的过程。这只是两种开发模式配合的简单介绍，实际执行过程更为复杂。

除开发流程的配合外，技术配合也非常重要。整车厂商和互联网企业长期独立发展各自的软件开发业务，也因此衍生出了完全不同的软件技术堆栈。整车厂商更偏向于基于模型的设计（Model Based Design，MBD），而互联网更偏向于基于代码的开发（Code Based Development，CBD）。

如图 6-17 所示，MBD 模式通常应用于汽车、航天领域，主要开发可视化模型，自动生成对应的代码和文档，并且有一整套技术堆栈来支持产品的调试、测试与认证过程。相比 CBD 模式的开发，MBD 模式编写质量高，BUG 引入少，版本一致性好。关联工具有完整的功能安全认证，满足车规要求。

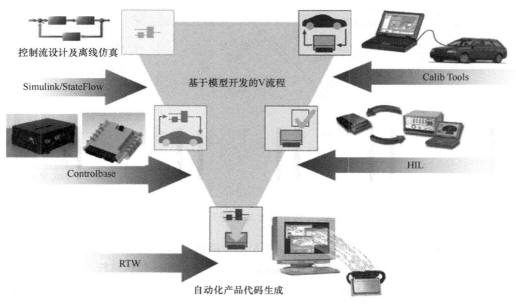

图 6-17　MBD 开发模式的技术栈

总体来看，这是一套成熟有效的研发体系，传统整车软件供应商更倾向于选择这种模式来满足质量要求。然而随着算法复杂度的上升，这种单纯的 MBD 开发模式的缺点开始逐渐显现，其最大的问题是只能支持一些传统算法逻辑，对深度学习和智能驾驶的部分高阶算法支持性较差，这些都是 CBD 开发的优势。真正原因在于软件的复杂性需要面向对象等更抽象的方法来支持。CBD 占比提高反映了软件复杂性的提升。

我们发现在处理智能驾驶底层功能时，无论是工具链成熟度还是文档自动化率，MBD 方法较 CBD 而言具有更大的优势，MBD 更适合安全软件边界的构建，而 CBD 的灵活性和探索性是 MBD 无法比拟的，因此更加适合智能驾驶功能软件的构建。

CBD 的开发模式也在发生分化，过去我们讨论智能驾驶的 CBD 开发是工程师直接使用 C++ 语言完成车端的智能驾驶逻辑代码。然而随着数据驱动和容器化开发的逐步深化，车端代码也开始出现由 Python 转化为 C/C++ 的开发模式。不同于 MBD 下转换的逻辑 C 代码，其生成的更多是神经网络模型，因此我们可以认为开发变得更加抽象。伴随容器化的设计，开发语言之间的配合难度进一步降低，更多的语言会被应用于云端的开发任务。

总体来说，无论是技术体系还是开发流程，对于智能汽车而言不是一个二选一的状态，而是一个相互配合的过程，最重要的是要找到合适的切入点。

6.3.3 智能驾驶开发数据管道的设计

整个研发过程可以总结为启动一个闭环，执行闭环中的每条管道、每个环节（明确需求、开发调试、集成测试、问题回溯、发布验收），然后关闭这个闭环。大闭环套小闭环，不同的时间总有大大小小的闭环被开启和关闭。无论管道和环节的参与者是机器还是人，都可以从三个方面去总结，即流的控制、处理节点和存储节点。如表 6-1 以及图 6-18 所示，我们可以看到不同管道上的典型工具链构成。

表 6-1 开发数据管道的工具链构成

定位	作用	流的控制	处理节点	存储节点
人人	需求管理/项目状态跟踪	Jira/飞书	Visio、PPT	Confluence/飞书
	开发即时沟通		微信、钉钉、邮箱	后台三方服务
	测试问题反馈管理		Jira	MongoDB 等
人机	集成与测试过程	Jenkins	QAC、SIL 软件	GitLab 和 Artifactory
机机	复杂数据训练与处理过程	Airflow 等	Docker 包装的各类定制数据处理容器	MongoDB（测试用例）、训练数据、自动化报告

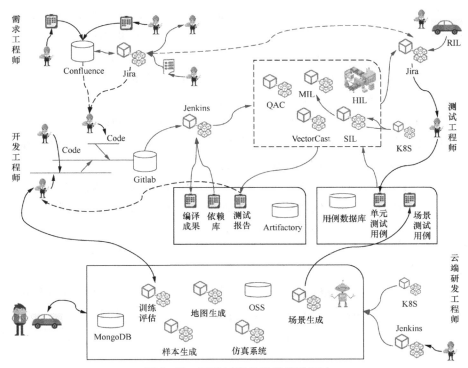

图 6-18 开发过程的数据管道设计

其中，人与人之间的管道最重要的是信息的一致性和准确性。简单来说就是，用正确的方式说正确的话给正确的人听。我们在第 2 章已经讨论过，在没有工具约束的情况下，人类的沟通是如何失控的。Jira 和 Confluence 是这类管道搭建工具中的典型代表。Jira 是一种项目与事务跟踪工具，相比定制化的专用流程管理软件，其可以实现轻量化的快速流程搭建。一般的问题管理、需求变更管理、开发管理都可以通过 Jira 解决。如图 6-19 所示，Jira 的核心是任务单（Ticket/Issue），其核心属性是状态（Status），包括开始、关闭、重开等状态位。一般由任务发起人创建，然后指定给某个业务人员处理，业务人员接受该任务，进行处理后将其关闭，若事后发现任务仍有问题则重新开启。任务单类型可以分为史诗（Epic）、故事（Story）、缺陷（Bug）、任务（Task）等多种，从本质上构建了任务（问题）的主从关系。项目（Project）是任务单的容器。创建项目时，Jira 会要求指定项目编号（Project KEY），所有的任务单都会将项目编号标注为前缀，以作出区分。这些要素构成了流程工具的静态结构。

动态来看，每个 Project 都有且仅有一种工作流主题（Workflow Scheme），其包含多个工作流（Workflow），不同的问题类型会触发不同的工作流，但同一个任务单的状态是公用的。一个工作流由状态（Status）和转换（Transition）组成，可以视为一个状态机模型，Transition 代表状态切换的条件以及进行切换时要触发的动作（通知等）。

字段（Field）和显示（Screen）决定了任务可输入的字段类型以及显示方式。Field 是一个任务单的所有内容项，比如任务类型（Epic、Story）、名称、详细描述、提交人、提交时间、优先级、状态等，而 Screen 决定了展示给用户的可视化设置。

这里以 Jira 为例。以往整车开发的一个难点是系统、开发与测试的需求适配，在没有有效沟通的情况下，常出现需求释放过度，软件开发进度失控，测试盲目执行的情况。Jira 在这种情况下能够发挥巨大作用。一般在系统需求梳理阶段，系统会对产品的每一条需求进行分解并使用 Jira 创建需求任务单，开发人员则使用 Jira 建立对应的开发任务清单，并链接系统的需求任务单。在迭代开发中，开发人员确认每个版本发布后所完成的需求任务清单。最后将对应需求任务单传递给测试工程师，测试工程师根据该清单逐条完成测试，确认需求是否被正确实施。实际的流程会更复杂，这里只是简单描述，在整个过程中 Jira 可以较好地确保开发过程的质量。

另一个文档共享软件 Confluence 和 Jira 由同一个公司开发，旨在配合 Jira 存储和共享高质量的技术文档，并可以将 Jira 的动态标签嵌入 Confluence 使文档具备实时性，与传统的 Word 和 Excel 不同，其解决了文档版本一致性的问题。由于其结构和使用都非常简单，这里不多做展开。

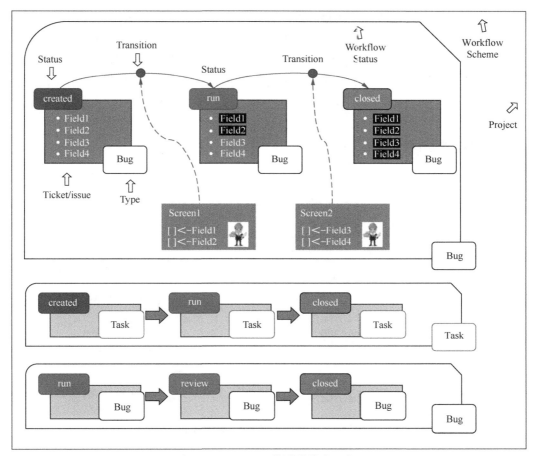

图 6-19　Jira 工作流的基本要素

Jira 维护的是人与人之间的数字管道，而经软件集成的人机合作过程的数字管道主要由 Jenkins 进行维护。Jenkins 是一套集成与测试自动化工具，可以通过界面配置或者代码来制定数据管道推进顺序，通过插件和规则来启动一系列集成测试工具软件，避免重复的手动操作。比如自动完成一整套的代码集成与测试工作，并在指定时间发布集成测试报告，确认前一天的代码质量、状态与问题。

在 Jenkins 的流程控制下，对应存储节点和处理节点分别发挥各自作用。Artifactory 会对集成部署过程中的二进制文件进行存储和检索，用来管理发包、依赖库、容器以及其他软件构建物，而 Git 则会管理具体的代码以及代码版本。同时 QAC、SIL 等会作为审核节点，充当"质量墙"的作用，控制代码的质量。

开发的核心是版本管理、质量管理、发布管理。针对一些简单的软件项目，常使用的方式是分支开发主线发布，主线代表产品迭代。如图 6-20 所示，复杂多体项目通常采用主线开发-分支发布的方式，不同主线负责推进不同技术方向的研发迭代，而在一定周期下，由产品经理主导，整合各分支的阶段成果，并将其融合成一个完整产品进行发布。

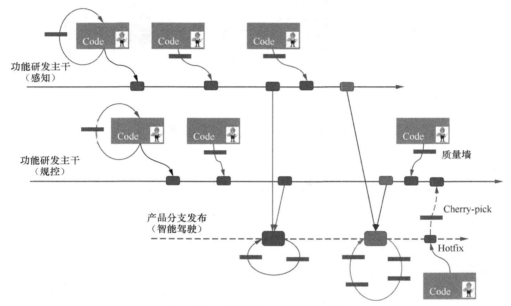

图 6-20　主干开发-分支发布模式

目前自动驾驶复杂度较高，所以通常选择主线开发模式。过程的质量墙配置一般会遵循梯次测试的基本原则。不同粒度的集成数据管道会触发与之相匹配的递归测试数据管道。分钟级别的个人调试集成配合分钟级别的简单冒烟测试反馈，为正式集成做准备。小时级别的正式 check-in 集成，配合小时级别的标准测试（静态检查、单元测试、功能测试、SIL 测试、Code Review），能够防止隐患混入正式版本线，避免问题发酵和追查困难。每天的日集成过程则配合晚间运行时间进行全量测试（功能测试、性能测试、SIL/HIL 仿真测试、集成测试），最后还可以根据产品要求进行不定期的产品发布测试，即在全量测试的基础上叠加更长周期的测试科目（RIL/VIL 测试、产品 Benchmark 等）。

在机器与机器之间进行软件的自动化迭代中，也存在类似 Jira 和 Jenkins 的流程概念，某个数据处理服务可能依赖另一个任务完成后才能启动。例如，一个计算容器节点要启动深度学习训练，可能需要另一个计算容器节点完成数据预处理的工作，其底层的编排工作是由 K8s 等工具组织完成的，这是智能驾驶系统的另一个重点。

6.3.4 智能驾驶测试数据管道的设计

智能驾驶的测试数据管道设计非常重要，需要重点展开讨论。在介绍庞杂的测试体系之前，本节先介绍智能驾驶测试的一些基本思想。

首先来考虑一个问题，自动驾驶的测试量需要达到什么量级？根据国际一般标准统计，人类司机连续驾驶一小时的死亡概率约为 10^6 分之一，全世界每年因道路交通事故死亡人数约有 125 万。如果要推广应用智能驾驶汽车，其死亡概率必须要远低于这个标准。根据调查，目前社会可以接受的智能驾驶一小时的死亡率须不高于 10^9 分之一。因此，如果要将死亡率降到 10^9 分之一，每更新一次软件，车辆必须行驶 10^9 小时，才能保证功能的可靠性。而行驶 10^9 小时，里程将近 250 亿公里，需要 300 万辆车每天不间断地行驶一年时间，采集成本高达千亿元。

显然，这种实车测试的方法并不可取。真实的测试体系通常会利用分层思想，结合多种不同的测试手段，占用可控的时间和成本，近似达成实车测试的效果。如图 6-21 所示，不同测试方法的成本是不同的，合理的迭代次数也有区别。一个拥有合理测试体系的项目，模块逻辑测试必须规避 60%以上的潜在问题，仿真功能性能测试则要解决 30%的剩余潜在问题，而另外 10%由实车健壮性测试解决。在各自范畴内尽可能地发现潜在问题，控制后续测试手段的问题量，在最大程度上实现在保证极高覆盖度的同时，将成本控制在可接受范围内。如果仿真测试体系完备，则规划开发甚至无需实车验证，可节省大量的外围支持资源。

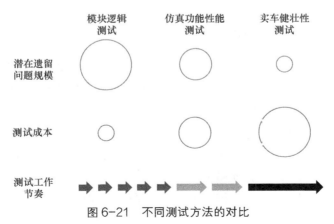

图 6-21　不同测试方法的对比

构建一个专项测试系统通常会面临搭建周期长、初期成本高的问题。无论是零部件测试中的 CAE、DV、PV 测试，还是软件的静态测试、集成测试、仿真测试，经常会发生为追赶进度而跳过部分测试工序的情况。当我们出于一些原因省略了某一低成本的前道测试工序，那么一旦后续高成本的测试工序解决前续工序遗留问题时所耗费的资源高于设立前续流程的花费，整个测试体系就会得不偿失。合理的测试层次也是一个平衡过程。但一般而言，在一个延续性和成熟度较强的研发体系内，更多梯次且相互正交的测试体系，配合高效的流转，通常可以实现更高的效率。

"过于完美"的测试体系设计并不可取。如图 6-22 所示，真正有效的测试，通常是使用特定的工具和特定的测试用例，审核被测对象特定维度的问题。评价测试系统的标准是成本和解决问题的能力。测试的设计方式比较灵活，最重要的是实现测试目的。

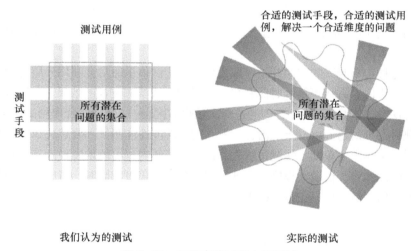

图 6-22　工程实践过程中的测试

另外，测试通常也是训练的一部分。以往测试体系的工作主要是杜绝由于人为失误所导致的潜在产品隐患。最为我们所熟知的就是测试驱动的开发（Test Driven Development，TDD），即在编写某个功能的代码之前先编写测试代码，然后只编写使测试通过的功能代码，通过测试来推动开发进行。而现在自动驾驶正在走向自监督过程，其中包括机器与机器之间的测试反馈和开发调整，深度学习。对人而言，测试是为了保证产品和目标一致。对机器而言，训练也是为了达成类似的目的。

以上是测试的一些基本思想，接下来我们主要介绍目前智能驾驶的典型测试过程。如

图 6-23 所示，本书将从不同的合作模式、不同的领域专项以及不同的技术断面三个方面进行系统性的梳理。

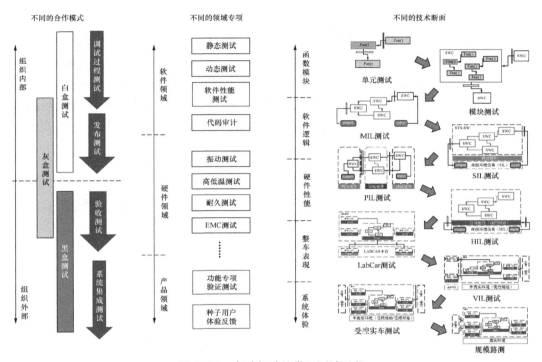

图 6-23 自动驾驶的常用测试手段

按照合作模式区分，测试可以分为黑盒、白盒以及灰盒测试。白盒测试会检查内部结构每一条通路是否按照设计正常工作，一般用于产品提供方内部的管理。而黑盒测试一般不考虑内部结构，仅检查产品功能是否按照合同提出的技术要求实现，一般用于被提供方的内部管理。灰盒测试介于上述两种测试之间，在测试外部功能的基础上，会对关键链路进行确认，一般用于提供方的发布测试或者被提供方的验收测试。

从不同领域专项来看，不同的领域有各自需要测试的问题及其对应的测试维度。软件代码通常需要进行静态测试、动态测试等。静态测试会分析程序的语句结构、编程规范，常用工具包括 QAC/Converity 等，静态测试占整个测试体系的比重较小，一般是软件测试的第一步。与之类似的是代码审计，即组织相关专家对代码的静态设计做出评估。而动态测试则会比对运行程序的结果与预期，分析运行效率和健壮性。目前智能驾驶绝大部分软件测试科目都属于动态测试范畴，比如性能测试以及各类在环测试。

从不同的技术断面出发，是所有划分模式中最复杂而且最重要的。这里首先解释设置断面的意义。当我们面临一个复杂多因素混合作用的系统问题时，通过设置断面，可以隔离影响变量，将复杂性简化到一个可以被测试的程度，同时可以将原本串行的问题排查任务转化成并行任务，缩短项目进度。

如图 6-24 所示，最底层的是单元测试、模块测试和模块集成测试。在研发平台上（X86），将软件函数、单个或多个模块的输入/输出作为断面，核心在于验证代码逻辑的正确性。通过 VectorCAST、GTest 等工具将大量的错误输入和少量的正确输入注入被测对象，确认反馈符合预期，这个过程一般是开环的。模块级别的测试通常被称为模型在环测试（Model-in-the-Loop，MIL）。除考虑部分正确性外，在测试过程中还会进行一些模型性能指标的评估，比如感知模块的识别精度等。

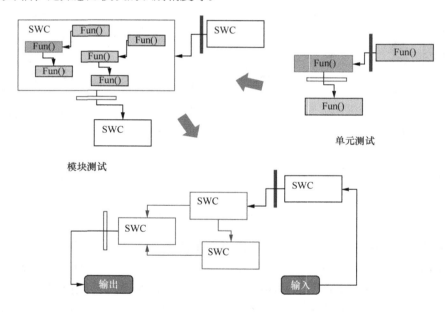

图 6-24 软件逻辑层面的测试方法

一个在工控机上稳定运行的软件，在嵌入式环境下可能出现堆栈溢出、调度混乱、系统调用不兼容、内存读取异常等一系列问题。为了排查这种差异，如图 6-25 所示，我们可以在软件测试过程中继续引入目标硬件这个维度，也就是处理器在环测试（Processor-in-the-Loop，PIL），即将部分代码放置于目标处理器上，在验证代码功能正确性的同时，确认其性能是否达到要求，比如软件最长耗时、系统调用可靠性等。

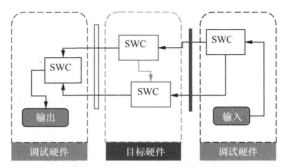

图 6-25 PIL 测试方法

如图 6-26 所示，以上所有测试通常是开环过程，并不会验证与环境的交互。当我们在软硬件的维度上增加与虚拟或者现实环境的交互，就产生了软件在环测试（Software-in-the-Loop，SIL）和硬件在环测试（Hardware-in-the-Loop，HIL）的概念。软件在环测试一般用于评估正确性，而硬件在环测试一般用于评估稳定性。测试引入环境和在环概念后，还会同时引入场景库测试用例来进行匹配。除验证基本逻辑外，测试过程还会评估一部分智能驾驶的运行服务指标。

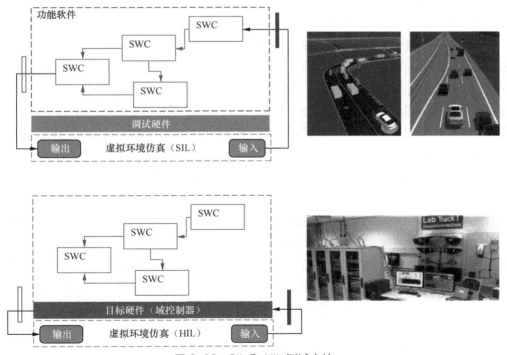

图 6-26 SIL 和 HIL 测试方法

SIL 测试不考虑目标硬件，可以在服务器上大量部署，成本较低，核心用于验证智能驾驶功能的闭环运行正确性。SIL 可以划分为使用语义级仿真系统进行的局部闭环测试，以及使用环境渲染级别仿真系统进行的软件全功能闭环测试。

　　SIL 是目前最有潜力的测试手段之一，这里我们只做简单介绍。单元测试、模块测试等方法自动化率高，但是不能直接发现智能驾驶系统的功能性问题；硬件在环测试、实车测试等手段发现问题更为直观，但是成本较高；而 SIL 在这些方法之间取得了平衡，具有较高的性价比。

　　从 SIL 系统内部看，关键是要确保可重复性，如果测试无法复现之前的实验结果，对后续评估会构成很大影响。如果由于多线程等原因无法完全保证可重复性，也需要在进行多次实验后确认其方差与稳定性。从整个测试体系看，越靠近内部（比如单元测试），则越容易控制可重复性；越靠近外部（比如实车测试），则越难控制可重复性。

　　从 SIL 系统的外部看，作为整个测试体系当中规模最大的测试手段，核心是自动化率和大规模并行部署的能力，有效降低测试成本，并提高测试效率。

　　除测试外，SIL 系统在智能驾驶中也开始为规划的迭代训练服务。我们在仿真测试中进行的安全评估、功能评估、法规要求评估、舒适性评估等所使用的指标和用例，都是规控训练过程中的一种"损失函数"。

　　HIL 测试区别于 SIL，需要考虑目标硬件，一般不会大量部署，因为成本较高，其结果相比 SIL 更接近真实状态，可以额外评估软件在目标硬件上的整体性能（运行调度、内存调用、算力调用）是否符合预期。HIL 测试通常将一个被测控制器和一系列模拟设备进行硬线（PWM、UART、CAN、GPIO 等）连接，将记录或模拟的原始数据反向构建成真实信号输入，来完成对目标硬件的测试工作。在实践过程中，全功能长周期工作的 HIL 台架价格昂贵，相当于 20 台轻量级 HIL 台架（PIL 台架）的价格。两者的实现效果对比差距较小。在工程实践中，HIL 台架一般多用于短周期的闭环测试，长周期测试的效益并不符合预期。

　　完成单控制器的测试后，智能驾驶测试会进入整车级别，如图 6-27 所示，首先我们要介绍的是车辆在环测试（Vehicle-in-Loop，VIL）或者称作实车虚拟注入测试。即通过在软件内部配置模拟信号注入接口，在封闭测试场环境中屏蔽部分真实感知输入，从而在测试场内的空旷区域模拟任何形式的道路环境，比如在路上添加并不存在的车辆或是模拟一个交叉口的信号灯切换。由于其他测试要素均为真实内容，因此测试可信度高，且可以充分利用封闭测试场的环境资源。目前还有一种做法是构建室内封闭测试场来模拟外部环境，相比露天测试场，其环境可控性更高，测试效率也更高。

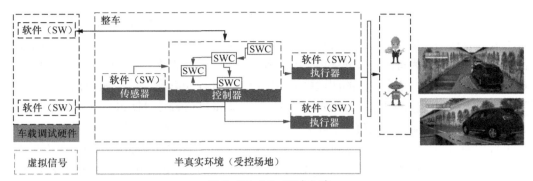

图 6-27 VIL 测试方法

如图 6-28 所示,接下来是道路在环测试(Road-in-Loop,RIL)。除环境参与者和司机外,其他全部都是真实存在的模拟要素(比如假人、假车)。在传统汽车测试体系中,该测试手段也是常规操作,但不同于过去人工遥控和摆放的实施手段,目前已经出现了自动化测试方案,由于新的假人假车装备同样配置了必要的传感器、执行器与通信设备,可以接入云端集中指挥调度,因此云端的测试用例可以同步到封闭测试场内由智能假人和假车"表演"出来,大大提升测试效率。

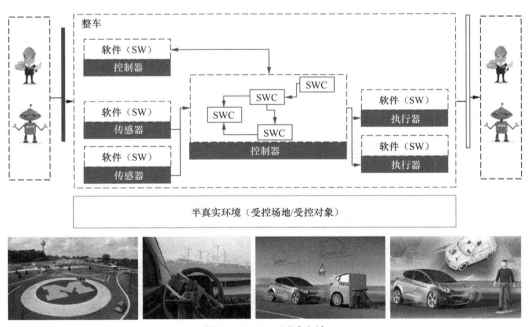

图 6-28 RIL 测试方法

最后是系统级别的大规模实车测试，其测试范围与整车测试有所区别，主要集中在智能驾驶高频使用的场景，而不是传统意义上的"三高"区域，对特殊工况的定义也从极限温度等因素，转变为特殊的驾驶环境工况。考虑到智能驾驶的复杂度，其用车数量通常比整车测试要多得多。这个阶段的测试更关注用户感受和社会影响，需要确保体验和安全的平衡。以高级驾驶辅助系统（Advanced Driver Assistance System，ADAS）为例，通常会增加驾驶员对系统的主观感受确认。如果只考虑安全性能，系统的介入越敏感越好，但这可能干扰驾驶员的正常驾驶，使驾驶员产生反感情绪。另外，政府作为智能驾驶的监管角色，会更关注安全收益评价。比如，驾驶员的驾驶习惯在受到 ADAS 影响后，对整个交通安全的贡献。

在涉及体验相关的实车测试中，要同步采集功能数据、行为数据、环境数据，以便综合观察司机和系统的交互过程。功能数据通常来源于系统本身，行为数据核心是监控司机反应，来源于额外安装的内部摄像头、眼球追踪仪等设备，而环境数据会同时来源于车辆自身的环境传感器以及一些额外安装的性能更高的传感设备。

实车测试是所有测试中成本最高、运维管理难度最大的手段，其实验过程需要配备牌照、保险、司机以及大量其他资源。为了控制成本，其测试计划也会被严格要求，实验工况数量和测试次数需要经过精密计算，因此其测试过程最接近真实状态。能够通过上述其他测试手段规避的问题，要尽可能避免进入实车测试环节。

除此之外，智能驾驶系统级的测试还有许多整车级别测试，例如 LabCar 测试、整车性能验证测试等。这部分内容与传统整车开发流程相关度更高，我们会在第 8 章继续进行详细介绍。

6.4 车云闭环流程

6.4.1 车云闭环过程概述

总结来说，车云闭环的数据管道的核心过程是以车端环境感知数据与司机行为数据为基础输入和触发条件，来收集海量真实场景数据，并将数据传输到云端学习系统。通过对智能驾驶模型进行训练，优化其综合表现，经过系统测试后通过 OTA 返送到车端，改善用户体验，进而催生更多用户增量数据的产生，以形成一个可持续成长的数据闭环系统。如图 6-29 所示，车云闭环的核心由以下几个关键模块构成。

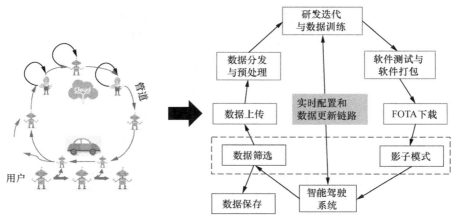

图 6-29 车云闭环的核心构成

- 数据筛选与记录：对比司机以及软件的各类信息，发现异常位置，并记录关联的环境数据，保存在本地。
- 数据上传：将本地数据进行归类、脱敏、压缩和打包，通过 4G/5G 上传到云端服务器。
- 数据分发：根据数据的归类信息，将数据分发到对应的云端服务单元进行针对性处理。
- 数据训练与研发迭代：对大量汇聚的同类型数据进行有针对性的处理，比如将新数据加入训练集重新训练迭代出新的软件模型（例如视觉感知），与原来的数据进行归并，获得新的经验性积累（例如地图）或者提供给工程师进行软件算法的迭代，并由此产生新的软件版本和优化配置信息。
- 软件打包：在云端将更新的模型和数据进行重新集成，形成新的软件版本，并通过一系列的测试验证，获得下发授权。
- 软件更新：即 FOTA 更新过程，将新的软件和文件通过 4G/5G 网络下载至车端，并完成安装部署。
- 软件验证：影子模式的一部分功能，被部署的软件通常不会直接更新至用户正在使用的功能，而是在后台运行，当影子模式中的差异识别模块监控发现软件可以按照预期工作时，才会真正替换正在使用的功能，并最终完成一次完整的软件迭代。

车云闭环的数据管道的重点主要是热门的 OTA 更新业务，但并不全面，如图 6-30 所示，OTA 直观地体现了软件在汽车交付后获得的"成长"，但成长的内核并不是更新本身。

差异识别才是车云闭环的数据管道的核心。本书已经讨论了智能驾驶的学习过程、采集上传过程和更新下载过程，这些也是车云闭环的核心，但不是触发整个系统运转的源头。就像人类的成长过程，驱动我们去学习并成长的源头并非知识，而是现实和理解的"差异"，这些差异通常比数据更有意义。数据并不是越多越好，提炼数据的工作比搜集数据本身更重要。因此，本书将"差异"作为讨论的重点。收集数据、学习消化和成果更新都是围绕"差异"的发现而展开的。

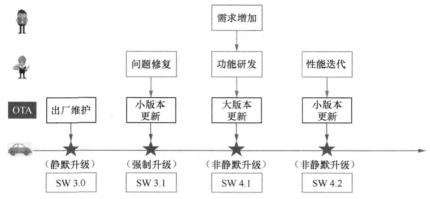

图 6-30 传统概念下的车云闭环

如图 6-31 所示，差异作为"触发器"，带动了数据采集系统、学习系统、OTA 更新系统、影子模式协同工作，驾驶员不仅是需求的提供者，还是应用开发的参与者。机器在功能迭代的过程中，会不断增加参与的比例，以更快地完成自我成长。

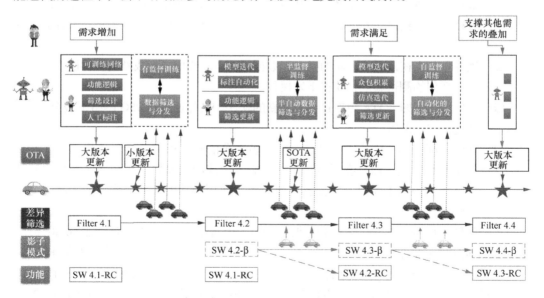

图 6-31 全新概念下的车云闭环

6.4.2 数据筛选与影子模式

差异的来源有很多种，当多个传感器检测同一个目标获得不同结果时，这可能揭示了某个传感器的失效，或者某个软件逻辑的错误。车辆实际行驶位移与算法预估位移存在差异，这可能揭示了特殊的地面工况或者某个位移传感器的失效。司机行为与算法判断不一致，可能揭示了司机的某些激进行为，也可能是软件出现bug。感知结果与地图记录结果不一致，可能揭示了某种特殊的视觉遮挡，也可能是发现了一处地图更新。差异不一定能帮助我们直接解决问题，但对于指导我们不断完善问题的解决方案有重大意义。

如图6-32所示，数据筛选和影子模式通常由一个软件模块实现。影子模式其实是独立运行的一种差异识别策略，小到一个筛选条件，大到刚更新的一个智能驾驶软件版本。影子模式会独立运行在车端系统中，同步接入智能驾驶的感知数据、司机的行为数据以及后台运行的智能驾驶软件内部的数据，调用差异识别的策略找到并记录差异点。

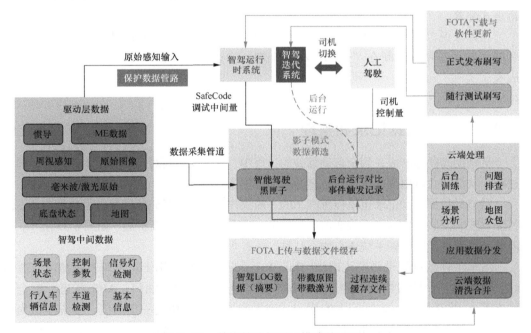

图6-32 数据筛选与影子模式的原理

问题的解决通常是大小两类闭环过程。小闭环是指单车发现问题后，直接上传云端支持设计的改善，并下发给所有车辆，这种方法比较直接，一般针对明显的逻辑问题。大闭环则更为复杂，发现差异后，系统会配置其他车辆的筛选系统，重点监控类似场景，收集所有车辆的类似场景数据并上传，一般针对复杂问题或一次获取的数据不充足的情况。系统应用初期的差异一定是海量的，但随着影子模式后台运行的系统越发成熟，差异识别也会更为精准和深入，最终达到目标状态。

以特斯拉 Autopilot 负责处理相邻车道车辆 Cut-in 动作判断的模块为例。首先，影子模式会有一个原始的筛选算法。车辆的前置摄像头将会捕捉相关环境信息（所有车道与障碍物），一旦发现临道车辆有疑似 Cut-in 动作（比如临近车道前车轮胎压线且触发了司机的制动行为），则记录相关片段的所有关联数据，包括本车和他车的速度与位置、车道线的变化、红绿灯状态等。在大量类似工况数据的积累下，云端对应的训练数据管道会根据真实的司机反应以及对应的感知数据进行 Cut-in 模型的训练。当把训练好的 Cut-in 模型下发到部分车辆后，影子模式会更新策略，静默运行新的 Cut-in 模块来更加深入地发现差异。如果目标车辆的 Cut-in 动作与模型预测一致，则无须上报。如果不一致则会把对应时间片数据再次上传云端，继续对 Cut-in 模块进行修正训练，直到达到一个可以接受的阶段，进行正式部署。

总体来说，差异是触发器，人工智能和人类智慧是动力，FOTA 和数据收集是手段，智能驾驶系统可以不断在"已知"和"未知"的边界上推移，促使智能驾驶系统不断成长。

6.4.3 车云数据记录和整理

从辅助驾驶逐渐成长到全自动驾驶的过程中，我们需要面对一个责任主体逐渐切换的过程，从法律角度出发，车云业务还要承担证据留存的职责。

对整车数据进行记录也是传统汽车的一般操作，故障诊断码的留存就是典型应用。而智能驾驶的发展促使这套系统变得更加复杂，应用领域也在不断扩展。如图 6-33 所示，目前具有类似功能的车辆系统还有如下几种。

汽车事件数据记录系统（Event Data Recorder，EDR）用于记录车辆碰撞前、碰撞时、碰撞后三个阶段中汽车的运行关键数据（速度、挡位、油门、ABS 状态、安全带状态等）。当车辆在一定时间内的横向或者纵向速度变化超过一定阈值，系统即认为可能会有一次碰撞的情况，此时开始记录车辆相关信息。大多数汽车的 EDR 主要集成在气囊控制模块中。

智能驾驶车辆的数据存储系统（Data Storage System for Automoted Driving，DSSAD）是智能驾驶出现后衍生出来的数据记录系统，与 EDR 相同的是，其聚焦于责任界定问题，只是引入了智能驾驶的责任界定问题。区别于 EDR 的部分在于，DSSAD 并不只是在事故发生时才被触发，其记录时间是围绕人机控制权切换的时间点展开的。比如车辆已指示司机接管而司机没有接管的时间点，抑或是司机接管了某个系统异常退出的时间点。EDR 关注车辆状态，而 DSSAD 更关心驾驶状态。DSSAD+是目前 DSSAD 的升级部分，除人机切换的记录外，还会额外记录司机驾驶过程对软件改善有价值的数据点，比如特别的驾驶行为或者特殊的环境工况。

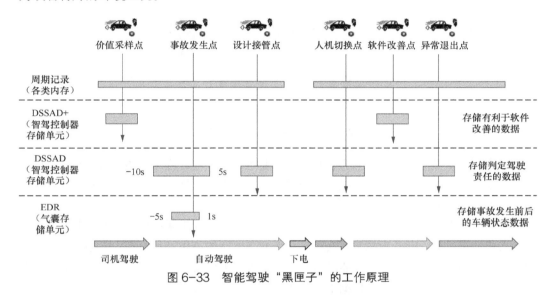

图 6-33 智能驾驶"黑匣子"的工作原理

根据不同的用途，数据会有不同的存储位置和释放要求。定性事故的关键数据通常会在本地留存，而且不允许在未获得用户授权的情况下被提取。而改善类的数据在获得用户授权后，通常会直接上传云端。

整个上传过程的内部实现逻辑如图 6-34 所示。一般情况下，满足一定开启条件时，数据便开始在内存上循环记录。在获取多个触发信号后，根据多个触发信号到达的时间，考虑最大数据记录长度等约束，数据打包模块会确认数据记录的开始和结束位置，并附带各个触发 Tag 的时间点位置。

数据缓存模块会根据硬盘剩余空间、I/O 负载等约束，控制记录新数据和移除旧数据的速率。数据上传模块除了要负责和外部的移动通信外，还需要考虑通信不稳定或者上传流量约束时的上传策略。这里需要额外说明的是，由于采集数据量巨大，整车研发初期也存在使用大容量硬盘传递核心数据，通过移动通信上传牵引数据，并在云端进行对齐的工程实践。

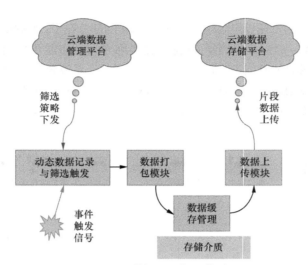

图 6-34　数据记录与上传过程

　　数据到达云端后通常不能直接使用，还需要进行预处理。首先，必须清洗和过滤存在问题的数据或无效数据，比如车辆在行驶过程中未发生有效移动，由于硬件故障导致部分关键数据采集不完整等。

　　在完成清洗和过滤后，还需要对有效数据进行数据片的重新打包。由于在上传过程中必须考虑流量约束，因此数据并不会严格按照业务团队的需求进行组织。比如，多源感知数据可能没有对齐，任务 Tag 可能没有对应独立的数据片段。这些问题都会在云端预处理环节被集中处理。最后，才会根据不同业务块线的需求进行不同业务数据管道的分发，进入各自后续的处理流程。

第7章 数据处理自动化——机器的流程

在车云闭环的大背景下，人和机器通过数据管道形成串联。流程是思考的范式，数据闭环自动化本质上是机器和人的流程和思考过程。结合第5章和第6章的相关内容，本章重点介绍机器的流程，即云端闭环自动化数据处理的相关内容。

7.1 深度学习训练的自动化

7.1.1 智能驾驶业务推进学习系统演进

本章主要讨论当下智能驾驶闭环自动化系统的基本构建。简单来说，外部环境一直在变化，例如增加新的感知元素，扩展新的场景，学习新的规则。相对应的，智能驾驶系统也在锻炼三种"能力"——归纳思维、记忆力和演绎思维。

归纳思维的构建可以简单理解为对所有可微分组件进行训练的系统（例如感知系统），记忆力的构建反映的是关键信息的积累和检索（例如地图众包与场景库积累），而演绎思维的构建是对规律的理解以及利用（例如仿真系统）。

三种能力之间环环相扣，层次递进。通过人工或者半自动标注获得真值数据以及对服务感知融合模块的训练，使智能驾驶汽车获得对环境要素的识别能力。而识别的结果配合绝对定位数据，可以形成对沿途感知结果的累积，为地图的生成和更新提供源头。动态感知信息与静态地图数据积累，即可获得完整的环境变化，支持训练预测模块作出更好的预判，进一步转化为仿真场景则可以持续地提高规控软件的安全性和可靠性。

以上是从工程实践角度出发对数据闭环自动化的理解，但笔者认为这只是智能构建的初级阶段。我们从人类的成长过程中，或许可以得到一些启发。

从十月怀胎到嗷嗷待哺，由基因承载的"规则算法"保证了生物存活所必须具备的本能，比如对食物的渴求，对父母的依赖性以及对未知物体的好奇心。但基因能够影响的部分有限，婴儿为了持续成长，会逐渐开始从外部环境中获取信息。这个阶段主要是有监督的学习过程，婴儿通过观察大量样本并接受父母的指导和纠正，来形成对客观世界的基本理解。

在持续发展的过程中，个体开始构建自己对环境世界的独立理解，这个过程可以理解为自监督学习，即个体不再是简单的听从，而是开始根据自己的意识作出一些尝试，付出一些代价，然后总结出一些教训。这个过程看似没有监督学习高效，却奠定了持续成长进步的基础。

伴随着认知的提升，个体开始对环境产生更为深刻的理解，并基于长周期的预判来指导自身行动，认知逐步走向稳健。如果一个个体的价值观以及知识覆盖已经形成了完整的体系，说明其已经达到认知巅峰。这时，外部环境的变化将难以改变个体认知，智能体开始进入认知下行阶段。

纵观人成长的整个过程，有监督学习占据的比例非常小，更多的是自监督学习在施加影响，智能驾驶系统里同样如此，目前智能驾驶系统的智能程度大致相当于一个 1 岁小朋友的水平，研发道路仍然非常漫长。

如图 7-1 所示，与人类成长的过程相似，智能驾驶软件也正在从 1.0 走向 2.0。无论是车端硬件设计、软件设计，还是云端的构建思路，都在发生着巨大变化。机器在软件迭代中的参与度逐步被强化。当下我们正处在软件 1.5 的阶段，车端各个模块正在逐步被网络模型所替代，算法开发呈现全面可训练化的趋势。自监督学习的雏形已经出现，软件开始构建半独立的迭代能力。

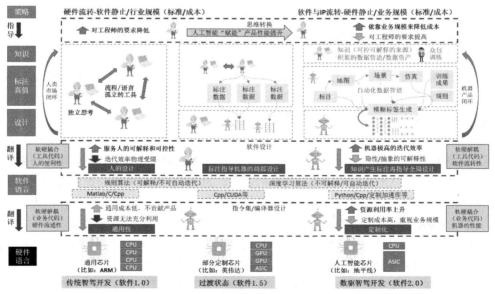

图 7-1　软件从 1.0 走向 2.0

本章重点展开介绍自监督学习的相关内容。自监督学习框架本质上是以深度学习模型为中心，将规则算法、众包、仿真等人工开发的组件作为其训练指导构成的一个学习系统。

如图 7-2 所示，自监督学习系统的意义是一套同时挖掘人类智慧和机器智慧以提升产品体验。人类智慧包括参与开发的人力资源（技术工程师、数据专家、业务专家）以及与之匹配的物力（台架、工具链、工程车），是传统汽车行业中"赋能"智能驾驶系统的主力。然而如果将这些"能量"和另一种潜在"能量"（知识以及大量客户的反馈）相比，前者几乎可以忽略不计。

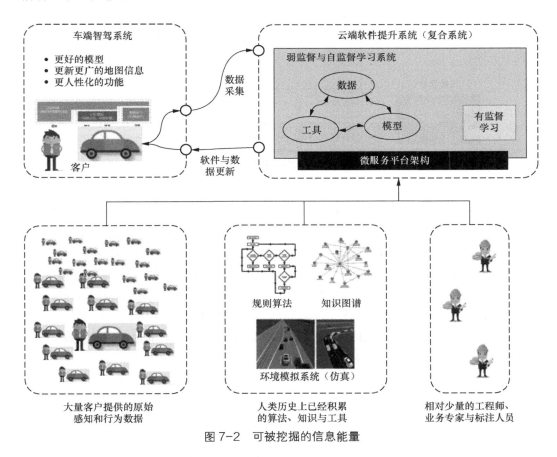

图 7-2 可被挖掘的信息能量

智能驾驶行业没有直接进入自监督学习阶段的核心原因在于，如果没有"工程师"作为桥接，客户的行为数据都是无标注数据，无法直接改善深度学习模型的性能。相对来说，由工程师设计的规则以及标注数据支撑的有监督学习可以更直接地获得业务效果。

7.1.2 传统深度学习系统的构成

前面曾经讨论过智能产品的三个设计阶段,从固定且稳定的设计到灵活但不稳定的设计,再到灵活且稳定的设计;同时讨论了电子电气架构的三个阶段——点对点连接、分布式连接以及集中式连接。整个训练系统也经历了类似的三个阶段,即基于规则的学习系统、分布式深度学习系统和集中式深度学习系统。

如图7-3所示,基于规则算法的学习系统(或者说浅层学习系统)包括人工设计的特征(例如HOG特征)、人工的处理过程(例如划窗搜索)以及人工的先验规则(例如多弹簧人脸模型)等。

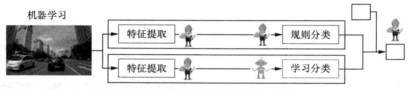

图 7-3 基于规则算法的学习系统

规则系统逐步升级,就产生了深度学习系统。一个标准的有监督深度学习系统主要由如下几部分组成:原始数据样本与对应的真值、网络模型结构(先验)以及对应的损失函数(目标)。通过梯度下降和反向传播来完成性能迭代,训练过程中需要调整大量关键参数(初值、最优化器、Epoch、Iteration、Batch)来改善训练效果。多次训练后还需要对结果进行评估,通过交叉验证等方法,识别欠拟合或过拟合等训练问题,确认模型的泛化性;通过方差、偏差、准确率、召回率等指标,评价模型和业务的匹配程度;根据对应评估结果,重新调整训练数据、训练参数、训练过程、模型结构等内容并开始下一轮训练。在整个学习过程中,数据的质量和体量基本决定了模型的性能,模型结构决定了模型效果的上限,而训练过程决定了逼近上限的速度与程度。

以发展的眼光看,更复杂的模型训练还需要配置多个数据处理系统来支撑,包括数据标注系统(半自动人工标注、自动标注生成)、数据预处理系统(数据的清洗、转换和增强)、训练评估系统(模型版本管理、超参数调整管理、实验管理)、数据部署系统(将模型从云端适配到业务终端)等。

深度学习(有监督学习)系统可以看作一个真正意义上的可学习系统,如图7-4所示,该系统具有完整的数据收集、真值获取、网络训练和模型部署环节,是目前智能驾驶的主流方案。

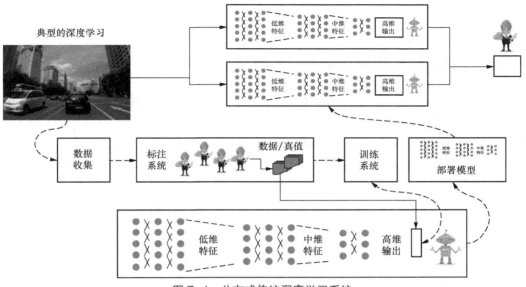

图 7-4　分布式传统深度学习系统

这类系统更适合称作分布式深度学习系统。虽然各种模型设计或者训练过程各不相同，但基本上都是多个独立的有监督训练系统的并行部署。最大的问题在于资源无法共享，这一特点与分布式 EE 架构的问题类似。每个网络都需要大量的标注数据，且这些标注数据并不具备通用性和复用性，当需求发生变化或者应用平台发生转移后，这些数据便会失去价值。

深入分析目前的规则系统和分布式学习系统的应用，我们会发现几个关键问题。第一，规则系统可以解释但无法学习，深度学习系统可以学习但不可解释。我们需要的是具有一定解释能力的可学习系统。第二，我们希望尽可能地避免业务新增和转变后从零开始数据标注，使数据实现可持续积累。第三，尽可能地减少每个业务需要的巨大标注量，充分利用已有的知识积累，并减小人员负荷。

为了解决这些问题，出现了自监督（弱监督）学习系统，也可以称为集中式学习系统。自监督（弱监督）学习系统通过挖掘事物内在规律和已有的知识成果来代替部分人工标注。相比有监督学习的"填鸭式"教学，弱监督学习更像是业务专家对学习系统的"点拨"，而自监督则更多是师父领进门后的个人修行。或者说，有监督学习是智力的"酵母"，而弱监督与自监督学习则是后续一个持续发酵的过程。在这个过程中，人类工程师的参与逐步减少，提供的支持也更为抽象。当然，人工智能仍然不能在脱离人类支持的情况下完成自我成长。因此，很长一个周期内，有监督学习、弱监督学习以及自监督学习会长期并存，相互依赖。

下一节继续展开介绍自监督学习系统的构造。

7.1.3　自监督学习系统的构成

自监督（集中式）学习系统是目前的前沿话题，已经有许多出色的实践成果，在论文"The Role of Massively Multi-Task and Weak Supervision in Software 2.0"以及特斯拉的专利"Data Pipeline and Deep Learning System for Autonomous Driving"等资料中可以发现这种学习系统的雏形。这种学习系统所涉及的并非某项单独的技术，而是一种庞大的系统集成。本书覆盖的所有学习策略，例如监督学习、对比学习、迁移学习、强化学习等，以及所有的数据处理策略，例如标注自动化、众包地图、知识图谱、仿真系统、场景库等，都是自监督学习系统的有机组成部分。

图 7-5 所示为整个自监督（集中式）学习系统的基本构成，整个系统分为数据采集、数据处理、模型训练、核心云端网络设计、模型部署和最终集成等几个基本环节。虽然结构类似，但我们仍然可以发现自监督学习系统与分布式深度学习系统有非常大的区别。

首先是车端采集策略的变化，人工标注只需要收集被标注对象（图片），其余工作交给标注人员处理。但在自监督学习系统下，为了发现数据之间的联系，大量关联数据需要被同步采集，包括视频和其他时序数据（支持模型预测）、多传感器数据（支持半自动标注）、语义场景和司机行为数据（支持标签构建）。

数据采集之后要进行真值标注。在过去标注是一个劳动密集型产业，需要标注人员完成大量工作；但目前，真值系统已经逐步演变成一个综合性极高的技术和业务密集型产业。伴随训练范围的扩大，真值系统正在从人工标注演化为一个更为广义的概念，即如何为智能驾驶各模块的优化迭代提供直接或者间接的学习素材。

如今的真值系统更像是一个带有噪声的"真值标签"生成器。所谓"授人以鱼，不如授人以渔"，自（弱）监督关注产生标签的方法，而不是产生标签本身。模型、地图、规则都是类似生成器的存在，比如激光雷达被视为融合的真值，地图成为感知地图的真值，时序数据成为预测的真值，仿真系统成为规划决策的真值。

接下来介绍云端训练模型的设计。前面我们讨论过分布式学习系统大都采用独立的学习模型，而集中式的学习系统更倾向于选择有多个任务目标的单一网络模型。独立模型在训练过程中更容易控制，但也存在更严重的问题。与电子电气架构类似，学习模型也在逐步走向集中化。与分布式控制器中独立的"计算资源"类似，独立的多个深度学习模型同样无法有效地利用数据"能量"。

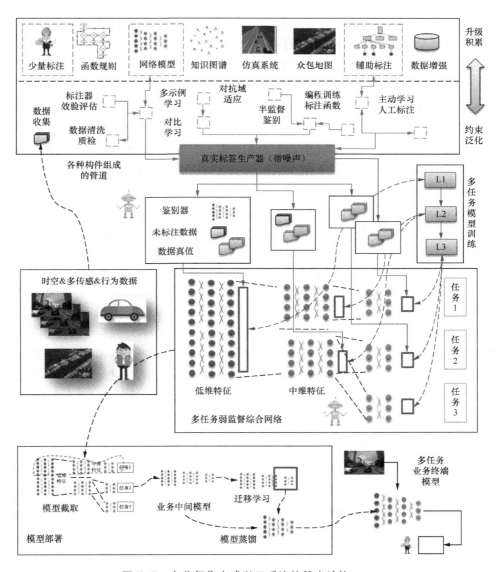

图 7-5 自监督集中式学习系统的基本结构

以考试答题为例,如果通过考试是唯一的考量,那么我们是选择把试卷隐含的所有知识点都理解透彻后参加考试,还是直接把答案背诵下来参加考试?大多数人都会选择后者。因为大脑本质上是"懒惰"的,希望消耗最少的能量来完成目标。这种懒惰的代价是无法真正掌握核心认知,知识无法进行持续地积累。

集中式的单一网络训练是另一种思路，它会在整个网络的不同横向断面（主干层、分支层、支线层）逐层进行训练，同时在纵向对多个任务目标进行训练。这些不同断面、不同任务的联合训练，实际上是一种对神经网络的"逼迫"。

简单理解，就像是完成一份试卷不仅要求答案准确，还要求使用多种解题思路，并对中间过程提出要求。在这种情况下，理解知识点会变成最"节能"的方法，这促使网络模型学习到真正的知识。

大量"规则组件"的融入也增强了网络模型的可解释性，不同层次可以根据需求使用不同的标签生产器，前一层网络的训练结果甚至可以反向结合各种真值生成构件，为后一层的网络模型提供真值数据。

在最后的部署阶段，根据业务场景的输入/输出要求，可以对云端大型网络进行精简，保留关联的连接结构以及业务所需的输出。同时，借鉴迁移学习的思想，可以将网络模型的部分参数结构锁定，作为模型的"预训练"成果，在特定业务上进行"微调"。或者利用蒸馏学习的思想，使用云端模型训练一个车端更紧凑的模型，满足车端的算力和业务要求。全新的部署过程是对持续知识积累后的一次适配，而不是重新开始。新业务增加的投入是可控的，而且可能会为后续业务作出贡献。

自监督（集口式）学习系统的整个过程可以总结为，依托一系列"真值生产器"将大量异构众包数据转化为训练输入，使用各种弱监督策略将这些"带噪声的真值数据"用于单一网络的训练，强化通用性和可解释性，然后在业务上进行"适配性"的部署。

如果说域控制器提供了智能体的"身体"，这类学习系统则为"身体"注入了"灵魂"，整个智能驾驶系统的"类人结构"初见雏形。毫不夸张地讲，自监督学习系统未来必然是整个智能驾驶闭环系统最核心的部件，它将完成"人工智能"走向成熟的核心过程。

7.1.4　可训练构件的"工具箱"

本章讨论的是机器与机器之间的交互关系。与人类类似，机器也有"岗位"，其由单个或多个容器的集合构成。如图7-6所示，图中罗列了很多常见的构件，并将这些构件分成了四大类。

第一类是直接赋能的构件，是整个学习系统的"外在动力"，主要有三种类型，分别是客户构件、工程师构件以及复合系统构件。客户构件包括车端的感知信息和司机驾驶过程中的真实反馈，隐含了大量的真值信息且数量庞大。工程师构件数量较少，但其提供的领域设计具有更高的质量。复合系统构件是一个概念上的构件，是各类构件组成的有机整体，其自身可以独立运作，并向外部其他系统提供模型或者数据支持。

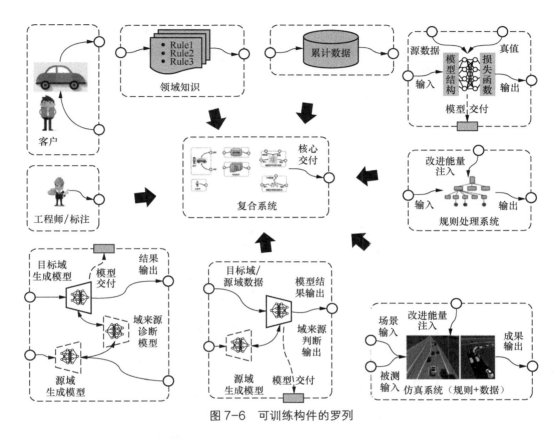

图 7-6 可训练构件的罗列

第二类是间接赋能的构件，包括仿真系统构件和规则处理系统构件。这类系统的核心是将知识和规则算法蕴含的能量传递到学习系统中，其本身不提供车端软件所需的数据和模型，但是会提升云端学习系统的"指导力"。智能驾驶软件的改善与这类学习系统自身的改善是一个相辅相成的对抗过程。

第三类是记忆构件，包括领域知识、地图数据以及训练真值数据等，保存更多有价值的数据类似记忆的过程，是智力提升的关键。众包地图和场景库都是记忆构件的典型应用，其中的数据不仅会交付车端，也会对云端学习提供支持。

第四类是深度学习训练模块，其交付的核心是网络模型的训练成果，根据用途也分为业务模型和支持模型两种类型。业务模型的训练成果最终会被转移到车端参与运行，例如感知网络、地图预测网络等有监督训练成果。而支持模型训练的更多是服务业务模型，例如对抗学习会将未标注数据或者仿真迭代成果通过支持模型间接转化给业务模型。

如图 7-7 所示，我们以一个典型的有监督学习系统为例，解释构件之间的协同工作。

车端（客户）将原始数据上传至云端并输入 OSS 存储集群，数据管理与预处理系统继续完成数据的解包、筛选、分发等一系列处理。数据标注人员借由标注系统读取数据后完成人工标注，标注结果被重新存放至数据库并等待训练。

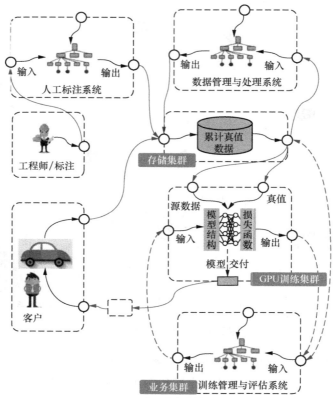

图 7-7　典型的有监督学习系统

在整个训练过程中，训练管理与评估系统和 GPU 计算集群之间不断重复实验组织和数据验算这两个步骤，视具体情况还要进行数据集分割、badcase 回溯、模型指标评价和对比、实验任务管理、超参数优化管理等一系列操作，最终产生满足业务要求的模型成果。

复杂的训练系统通常不是直接研发出来的，而是持续积累的产物。如果没有长期在有监督学习和规则算法研发方面的积淀，自监督系统便不会产生。如图 7-8 所示，智能系统的成长由一个小型可训练的构件开始，首先接入闭环，逐步成长，直至成熟后进入另一个更大的学习系统，形成一个更大的可训练构件。在这个过程中，外部人类输入的信息会逐步减少，更为庞杂的信息将从内部复杂构件中涌现出来。积累构件并有效组合构件，是目前智能驾驶学习系统演进的主要路径。

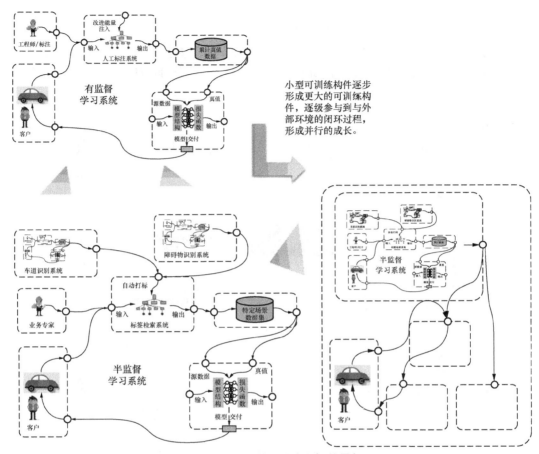

图 7-8 不同学习系统之间的叠加

7.2 众包地图

7.2.1 地图的基本概念

地图对于绝大多数人而言并不陌生,基于传统导航地图的位置服务(Location Based Service,LBS)也已经非常成熟。目前智能驾驶系统使用的地图与传统导航地图有很大差别,关键在于服务对象不同。对于传统导航地图而言,主要关注界面是否能够良好互动、语音是否人性化、导航提示是否准确等。但对于智能驾驶系统使用的地图而言,则主要关注输出内容是否可以有效地被"机器"所接受。

如图 7-9 所示，智能驾驶地图有丰富的层次构建，包括数据检索层、车道级矢量地图层、栅格地图层和支持其外围的动态地图层，以及与传统导航地图的适配。

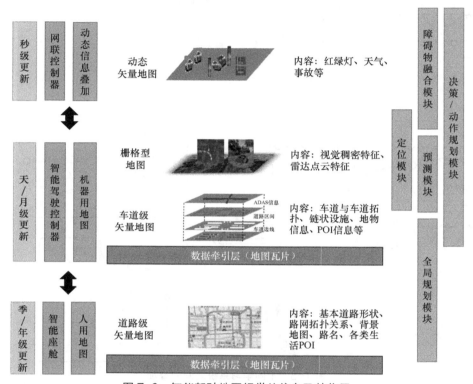

图 7-9　智能驾驶地图提供的信息及其作用

数据检索层的主要作用是数据瓦片的加载。为了高效调用大规模的地图数据，数据本身会进行层次性的分片，这种分片称为瓦片（Tile）。系统会根据车辆定位位置进行逐级加载和释放。

车道级矢量地图层和栅格地图层是智能驾驶地图的主体，其精度通常能够达到厘米级，相比道路级地图的米级精度更加适合机器调用。矢量图的体积更小，但表征有限；栅格图体积更大，但表征更为细致。

动态矢量地图主要是指 5G 通信或者 V2X 车联网提供的动态信息，与静态地图拥有统一的坐标体系且均需要 GPS 等定位手段支持，因此从广义上讲也是地图的一部分。

不同的地图数据层次承载着不同更新频率的信息。地图保存的是静态信息，例如道路设施和道路拓扑，其更新频率视具体内容有所不同，道路级别的地图信息一般可以维持季度或者年级别的更新,而车道级别的地图信息通常维持周或者月级别的更新。5G 是准动态信息,例如施工或突发事故等状态数据,更新频率一般为分钟级别。V2X 则是动态信息,例如周边车辆实时位置、智慧红绿灯等,可以达到秒甚至毫秒级的更新同步。

智能驾驶的许多功能模块都需要用到地图信息。智能驾驶汽车的全局路径规划一般需要传统导航地图(道路级地图)与智能驾驶地图共同配合,将生活化的路径规划转换为智能驾驶地图的行驶路径。定位模块通常需要将矢量和栅格地图提供的大量特征与感知结果进行比对,修正定位结果。在软件架构中,智能驾驶地图属于世界模型的一部分,支持大部分融合预测的数据组织以及规划模块的使用。

地图作为车端的一个重要感知输入,在第 3 章已经进行过简单介绍,这类业务的重心集中在云端而非车端。对于智能驾驶地图业务而言,核心是云端地图数据的制作和更新。该业务与标注业务类似,也是一个劳动密集型产业,其发展趋势也与标注相似,都在逐步降低人工参与的程度,研发的重心也在发生变化。

地图相关技术在发展初期非常强调作业人员的基本素质,其收集的数据质量直接决定了地图制作的质量。地图相关技术发展中期,各类数据采集设备完善,数据通过影像和数值资料的形式保存下来,并交由后台处理,因此地图质量主要取决于后台作业人员的素质。随着软件技术的进一步的发展,相关自动化作业平台出现,这种质量保障的职责又开始转移到平台的开发人员身上。

这一系列调整主要是为了满足更频繁的地图生产与更新需求,相关任务已经不再需要大量人力完成,而是闭环的一部分,因此出现了众包地图这种新的生产和更新形式。

7.2.2　高精度地图与众包地图的差异

简单来讲,高精度地图的生产过程可以描述为首先由外部采集车在道路上行驶,采集原始的图像/激光数据,并借助高精度 GPS 获得部分地图控制点信息。如图 7-10 所示,相关车辆都是经过改装的专业测绘车,配置有昂贵的测绘设备(高频单线激光、高精度惯导等)。然后将采集到的数据通过物理手段传递到云端,进入数据生产环节。负责预处理的工程师需要对原始的 GPS 数据和点云数据进行必要的后解算、对齐和拼接,获得精度更高的原始地图点云数据,开始正式的地图制作任务。

大量地图制作工程师利用半自动化的工具链以及生产平台,再在点云和原始图像上进行矢量特征的绘制作业,由系统完成后续的编译任务后,再进行最后的质量检查。质检合格的数据会被存入母库(原始地图成果数据库),等待后续进一步业务调用。这就是完整的高精度地图生产过程。

图 7-10　传统地图数据采集车

众包地图的生产过程与高精度地图有所区别，简单来讲，首先由车辆上传对应的感知局部重建结果，并在车端对数据进行压缩，通过 4G/5G 通信传递到云端。同时，少量用于地图修正的车辆（专业测绘车辆）会采集精度更高的测绘数据用于对齐众包来源的低精度数据，并上传至云端。

在生产过程中，后台基于 SLAM 技术对各类获得的感知重建结果再次进行聚类、对齐与编译，形成最终的地图成果。对自动化处理产生的质量问题进行人工修正，质检通过后存入母库，完成一次众包地图的生产或者更新过程。

表 7-1 从多个维度评估了两种制图方式的差异。在工程实践中，两种模式通常结合使用，高精度地图是众包地图的前期框架，而众包地图在后期支撑更为频繁的数据更新业务。

表 7-1　高精度地图与众包地图的区别

评估维度	高精度地图	众包地图
绝对精度的评估	5cm	0.5～5m
相对精度的评估	10cm （定位 5cm+地图 5cm）	10cm （匹配 2cm+感知 8cm）
采集元素	激光点云（特制高频单线激光）与 360 全景图像+高精度 GPS 信号	自车传感器的感知信息（3DPOI+1D 公式线型）+高/低精度 GPS 信号
数据传递方式	硬盘快递	数据实时上传
采集车情况	价值 200 万～500 万元的专业测绘车（2～100 辆）	出售的营运车辆（千万辆级别） 额外需要 2～10 辆 20 万～100 万元量级的基准修正车辆

续表

评估维度	高精度地图	众包地图
优势	与城市交通等外围行业合作时可以提供统一基准	在自有数据闭环内部可以建立高效的内部标准
数据大小	3～10GB/km	10～500KB/km
优缺点	有计划地控制采集范围和最终地图的数据质量，但是更新和生产成本高	采集范围和数据质量受到用户行为和车辆传感器性能影响，但是更新和生产成本低
智能驾驶适配性	动力与定位适配性一般，但法规匹配性较好	动力与定位适配性较好，但法规匹配性较差
适用范围	变更较小的高速道路	变更轻快的城市道路
采集策略	一般单向道路只需要采集一次，另外需要配合控制点的静态测绘	一般单向道路每条车道需要采集一次，控制点信息主要由基准修正的车辆动态测绘提供
生产方式	人工标注生产线配合半自动的生产和质量保障工具	半自动的生产平台，配合人工进行辅助修正与质量保障

高精地图和众包地图的发展是相辅相成的，高精度地图是众包地图的根基，离开高精度地图，众包地图将缺少可靠的基准去应对大规模的地图作业。面对跨界应用（如不同汽车闭环中的车联网业务），与众包地图相比，高精度地图的标准一致性更好。扎实的高精地图能力是众包业务发展的基础，这个逻辑同样适用于规则算法以及数据驱动算法。

众包地图的发展符合现实趋势。我国幅员辽阔，道路总里程有几百万公里，如果完全按照测绘方式制作，考虑更新成本，其费用将是一个天文数字。众包要解决的正是智能驾驶地图应用的经济性和可持续性问题。与其他汽车软件业务类似，虽然传统地图的质量控制更有优势，但是在当下阶段可持续性更加重要。虽然目前众包地图仍然面临许多问题，其算法更复杂，质量控制更困难，法律约束更多，但这些都不会改变其愈发重要的发展趋势。

7.2.3 地图加偏对业务的影响

在讨论地图加偏之前，我们首先要重新理解感知精度的概念，第 3 章曾提到感知类传感器（比如激光雷达）的精度可以达到厘米级别，因此网联相关的传感器（比如地图传感器）在理论上也应该达到厘米级别。如果对这个精度指标继续进行分解，则定位传感器和地图数据本身的绝对精度都需要控制在厘米级以下。

定位传感器的误差（特指 INS）主要决定于定位接收机以及惯导的成本和算法，其成本大致为 100～5000 元不等，可以达到的精度在 10m 到 10cm 之间，具体的精度取决于外部环境。在信号较差的区域，精度将无法保证。地图数据的绝对精度误差主要来源于图商制作过程，高精度的数据要求通常会造成采集、制作和质检的成本增加，相较于普通米级地图，10～30cm 精度的高精度地图成本每公里要高出 500～2000 元。地图与定位这两个误差的叠加基本等价于地图传感器的误差，由此看来，实现厘米精度是可行的。仔细分析即可发现，这是在不计成本且限定场景工况的情况下理论上可以达成的目标。

第 9 章讨论数据安全问题，其中一个就是地图数据安全。地图行业发布的所有测绘数据，包括日常我们使用的手机地图，都会按照国家要求施加一种保密的扭曲偏移算法，使每一个数据点的绝对位置偏离几百米到几千米不等。为了保证应用的正常使用，定位的硬件或软件也会被嵌入相同的算法，从而达到抵消扭曲偏移的效果。虽然绝对位置发生了偏移，但是计算相对位置时，仍可以满足一定的精度。为了保险起见，还会嵌入的定位算法中额外添加 5～20cm 的随机抖动，并限制坡度、曲率、高程等信息的输出分辨率。从实践方面来看，保证地图传感器的绝对精度是极其艰难的。

成熟的智能驾驶定位与地图系统多运用了同步定位与建图（Simultaneous Localization and Mapping，SLAM）的思想。SLAM 是一个相对概念，当机器人在未知环境内移动，根据感知和已有的地图进行匹配获得自身定位，同时在自身定位的基础上增量构建新的地图，相关算法常被应用于扫地机器人的研发过程。

应用于智能驾驶的 SLAM 技术其实是将 SLAM 拆分为"众包地图+匹配定位"两个概念。匹配定位是指利用感知获得的道路信息和地图信息进行时空对齐从而找到自己的位置，GPS 加偏不会对其构成影响。

匹配定位的实施还有另外一层含义，不仅是为了找到更加准确的位置，也是在寻找一个正确的锚点来发现可能的差异。在匹配定位过程中，地图与感知的关联错误能够在很大程度上指示可能的外部环境变化。匹配定位是众包地图一个不可或缺的过程，离开匹配定位，众包数据的差异更新无法成立。

在这种相对定位的思想指导下，精度的构成也会发生改变，智能驾驶系统的定位精度由感知精度和匹配精度共同构成。感知精度是传感器确认的地物相对位置和实际相对位置之间的误差，而匹配精度是地图和感知描述的同一个物体在对齐过程中的误差。这两者共同决定了地图传感器最终的误差。

由于感知修正的参与，定位和地图的绝对精度误差以及政策施加的随机抖动误差可以被消减掉。系统对于这些绝对精度的要求也会降低，甚至米级别的误差也可以被接受。

7.2.4 众包地图闭环数据流

整个智能驾驶的众包与定位过程，实际上是一个超大型的同步定位与地图构建 SLAM 过程。采用这种思路构建的系统通常不会对车端传感器提出过多要求，主流方案由一个低成本 INS 配合多个摄像头完成，因此目前成熟的众包地图是指视觉众包地图。行业内非常著名的视觉地图众包系统是 Mobileye 提出的道路体验管理系统（Road Expeirence Management，REM）。

REM 从大量装备有 EyeQ 系统的汽车上采集 Sparse 3D（交通信号、方向指示牌、长方形指示牌、路灯及反光标）和 Dense 1D（车道线信息、路沿、隔离带）的众包数据。经过车端与云端两级环境重建后，构建出完整的地图数据。由于是矢量数据，经过压缩后的数据包只有 10kb/km，有利于大量收集。另外，REM 中的地图数据绝对精度在城区约为 10 米，在郊区约为 5 米，这并不影响其使用。在车端，EyeQ 感知结果与 REM 地图数据进行匹配后，可以实现自车系下 10cm 精度的相对地图信息输出。

如图 7-11 所示，虽然众包地图看似是一个云端服务，但是其实质是一个车云配合的应用。车端的核心构成围绕匹配定位展开，一方面匹配定位完成了整个闭环的精度自洽，另一方面匹配定位也支撑起了外部环境变化后的发现。云端可以借由这个差异筛选器更好地构建数据闭环。

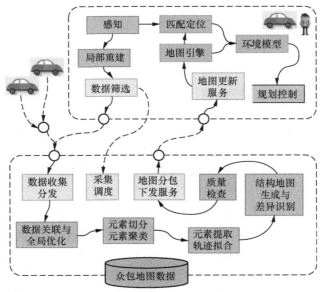

图 7-11 众包地图与匹配定位数据流

相对车端而言，云端部分更加复杂。首先是数据对齐，后台依靠众包车辆采集的大规模数据以及少量基准车辆提供的基准，完成多元数据的对齐工作。云端利用感知信号灯、虚线段、杆件等静态高价值定位特征，配合同步采集的航位推算与绝对定位信息，采用SLAM的优化方法来修补单车采集过程中可能存在的误差。

在完成原始数据的对齐后，需要进一步对地图语义要素（轨迹与地物）进行处理。其一是通过采集轨迹获得地图引导线；综合考虑各类轨迹的点位、高度、坡度、航向等信息，通过聚类算法完成轨迹的分类聚合以及异常剔除；通过曲线平滑与曲线拟合方法抽取地图引导线参数模型，根据数据的时序关系，完成初步的拓扑构建。其二是将感知识别的地物转换成地图兴趣点（Point of Interest，POI），采用聚类算法归并多元感知获得的地物数据形成POI，并通过一些距离度量算法完成POI点与引导线的拓扑挂接。

构建完引导线、兴趣点与拓扑后，一份众包地图基本完成。在工程实践中，全自动化完成整个构建仍然比较困难，需要对地图数据进行人工检查与修复。

众包地图只是类似闭环系统的一个代表，可以扩展到一般时空类型的知识存储。众包地图的整个实施过程本质上是知识的加工与共享，是大量智能驾驶汽车的集体记忆。其他类似众包地图的应用也处于发展过程中，例如场景库。

7.3 规划仿真

7.3.1 规划仿真与强化学习

传统规划算法的训练迭代实质上是研发人员对代码的手动调整。但伴随着智能驾驶功能和行驶范围的不断扩大，规划工程师需要大量的时间用于解决问题，而且解决成果通常不理想。这类问题与其他规则算法类似，因此我们仍然希望探索通过数据驱动的方式来解决规划问题。

规划训练与感知训练之间存在许多区别。感知训练是对历史信息的总结，而规划训练是对未来不确定状态的处理。感知是一个开环过程，其结果不会对环境产生影响，因此我们可以大量使用标注数据。而规划是一个闭环过程，其结果会反向改变环境，难以获得标注结果。

从更深层次看，这个问题不只是感知和规划的差异，而是世界模型左右侧的差异。世界模型的左侧是可观测的世界状态，因此属于有监督学习过程。而世界模型的右侧是不可观测的部分，属于"演绎"过程，需要使用包含"演绎思想"的对抗学习和强化学习等方法解决。对抗学习下的预测、基于图网络的知识图谱构建以及基于强化学习的规划都是这一类问题。我们不能通过对每个字、每个词的好坏来评价一篇文章的好坏，也不能通过一个行为或者一个动作来评价竞技过程的胜负。这些活动通常依赖最终结果的评价来回溯规则与计划的合理性，通过"奖励/惩罚"来进行训练。因此针对规划的训练需要采用一些新的方法，而这种方法就是仿真。

仿真系统相当于规划算法训练所需要的"标注数据"。如果地图是一种记忆，那么仿真则是基于"记忆"的"复盘"。人类在获得足够记忆后，会将记忆与掌握的规则相联系，形成对过去的推演，而在这个推演过程中，可以对一些变量做出改变，虚拟地改变未来，从而获得记忆以外的认知体验。这个过程相较于单纯的"记忆"可以获得更多的信息。仿真系统在过去只是测试和调试所使用的工具，而现在我们必须将其理解为思考的一部分，其自身的成长也是整个智能驾驶系统成长的关键组成。

大多数读者比较熟知的训练对象是强化学习模型。这里做一个简单介绍，如图 7-12 所示，强化学习训练需要一个仿真软件或者游戏引擎充当虚拟的环境（Environment）。被训练的行为主体可以从仿真软件中获得环境状态（State）信息，并施加行为（Action）给仿真软件。

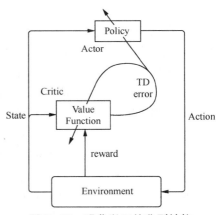

图 7-12　强化学习的典型结构

强化学习模型多采用 Actor-Critic 的网络结构，其结合了策略（Policy）选择的 Actor 网络和价值（Value）评估的 Critic 网络。Actor 基于概率选择行为，Critic 则基于 Actor 的行为给出评分，Actor 根据 Critic 的评分修改行为选择的概率。由此构成一个强化学习过程。

在实践过程中，规划的强化学习训练比感知的有监督训练更加困难。一方面，从安全性来讲，智能驾驶规划是最需要被解释的模块，而强化学习的不可解释性并不满足这个要求。另一方面，强化学习的样本效率较低，即使是简单的应用，也需要大量的训练资源投入。最复杂的是其模型结构的设计过程，超参数的选择和奖励信号的设计通常难以确定。行为的优化通常不是一个连续过程。

以上问题在基于强化学习的规划训练中会经常遇到，这实际上是一个良好的机制，证明智能体正在根据环境的不确定性预期和在该环境中实现目标所需的成本之间作出权衡。但在工程实践过程中，这种不稳定性成为主要的限制条件，因此车端规控算法目前更多使用规则算法,只在部分规划模块(例如决策模块)或者部分业务(例如泊车业务)上有所突破。强化学习仅应用于云端一些功能复杂性较低的控制业务,相关内容会在后续章节具体展开。

7.3.2 场景库的数据驱动方法

在传统智能驾驶系统开发流程中,场景库是功能需求经过分解后形成的功能测试用例,一般以层次化的文档形式存在,由场景图示和语言描述构成,其内容一般包括道路信息(道路形状、路面情况)、固定设施(标志牌、护栏等)、临时设施(散落物、施工等)、交通参与者(行人、车辆)和气象状态(温度、湿度等)等五大元素的描述。

详细的测试文档还包括关键场景参数和关键验收指标的定义,这些信息用于指导测试人员确认功能是否被正确实施。为了方便累计行业里不同公司的场景库数据,ISO 34501～34505也针对场景库进行了标准化讨论。

传统场景库由工程师进行设计和制作,也称为正向场景库。正向场景库的设计可以很好地适配由人类主导的验证工作,例如法规要求场景的测试验证。正向场景的划分有很多方法,比如从智能驾驶能力角度出发,可以划分为遵守交通信号灯的能力,识别和使用限制性车道的能力,正确使用待行区的能力等。根据行驶环境可以分为高速、城市道路、乡村道路场景,也可以按照物体类型、天气等情况进行排列组合。正向场景库通常是一个树状结构,在主分类建立起来后,会逐步分解为逻辑场景与具体场景。

正向场景库的优点是快速覆盖,有经验的工程师可以通过正向设计快速覆盖大部分业务场景。但这种方法也有许多缺点,除人工成本较高外,更关键的是其分类逻辑会隐含工程师的思维局限,不一定代表真正的"客户需求"。比如与视觉障碍物识别相关的场景,按照天气组合是合理的,按照行驶区域划分是不合理的,会产生大量冗余。

考虑到正向场景库的局限性,在数据驱动的思维趋势下,出现了负向场景库,其构成来源于众包数据而非人工设计。相对于正向场景库,其构造过程更长,质量更难以控制。由于需要处理多源异构信息且缺乏真值参考,在没有成熟筛选机制的情况下,通常会产生巨量的无用场景。如果有完善的筛选、挖掘和分析机制,通常可以获得更符合实际的高价值场景和分类策略。

负向场景库的设计与众包地图类似,都是一种记忆构建的过程。与地图的区别是,负向场景库在地图数据的基础上增加了动态信息以及司机的反馈。具体来说,收集的场景库数据包括自车轨迹与速度变化、司机交互信息、感知障碍物的轨迹和速度变化、感知信号灯的变化甚至感知天气的变化。对这些信息进行结构性分析可以识别某一段数据可能包含的场景语义特点，比如交通违法行为等，最终将这些数据转化成一个电子化的场景记录。

整个场景的自动化收集、识别、转化过程可以形成一个新的数据管道。该数据管道的应用非常广泛，几乎贯穿智能驾驶研发体系的各个环节，例如系统需求设计参考、规控开发调试、软件递归测试等。对智能驾驶而言，负向场景库是必需的，边缘场景、长尾场景的获得似乎只能依赖大车队。对于一些主观性较强的场景，人工设计也无法准确把握，比如将欧美测试良好的 ACC 参数应用于邻车频繁切入的地区则不会获得良好的用户体验，因此我们需要通过数据驱动探索更贴近用户的测试参数边界。

如图 7-13 所示，由于正负场景库都是必要的，因此在实际的数据管道搭建中，正负向场景库通常会结合使用。正向场景库建立的场景分类树可以通过负向场景库的信息进一步完善，利用匹配算法来关联正向和负向获得的新场景。如果分支数据过多则继续细分场景，如果未匹配任何场景则建立新的树分支。通过对场景库各要素的分布统计，还可以排列组合出许多"虚拟"的价值场景。

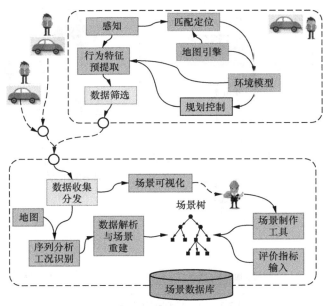

图 7-13　场景库积累的数据流

7.3.3　规划训练的闭环数据流

场景库配合仿真系统，有机会形成规划的训练系统。如图 7-14 所示，规划的闭环在整个系统中处于下游位置,是所有数据管道中比较复杂的结构。车端预测模块的作用相当于一个在线的简化仿真器,为车端规划提供短周期的推演。在预测支持下,车端对比预测环境与现实环境的差异,并将差异的内容上传给云端。云端通过众包地图以及场景库累计来增加仿真软件的测试场景,从而提升仿真系统的能力。

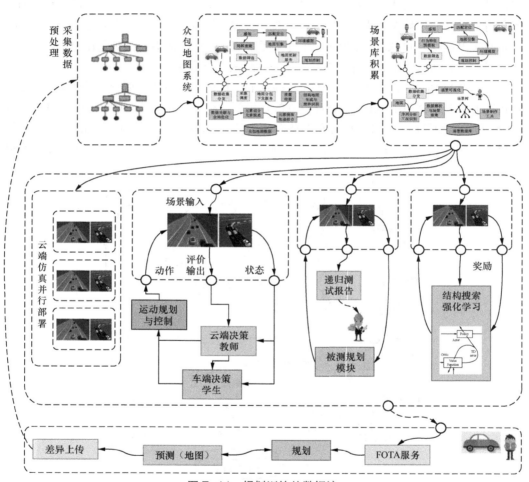

图 7-14 规划训练的数据流

仿真系统的自我进化还包含其他几个层面,除增加场景库外,还会通过规则交叉生成更多场景,通过实车采集的语义要素获得更多仿真元素,或者通过大量的统计获得更多知识图谱与模型规则。更好的云端仿真系统可以对车端规划算法进行更全面的训练,这会反向提升车端规划和预测算法的能力，同时强化车端差异识别的能力，由此形成一个大闭环。

仿真软件和规划算法的交互通常包括三个信息流。被测对象从仿真系统中获得环境输入，仿真系统从被测对象中获得动作输入，同时仿真软件在一个场景运行周期内给予被测对象激励或者评价信号用于训练或测试。

这三个信息流可以与不同的规划方案配合使用，目前主流的可持续学习的规控方案有三种。首先是参数搜索方法，由人类工程师撰写规则算法，但关键参数迭代过程由仿真系统完成，搜索方法包括网格搜索、随机搜索、贝叶斯搜索等。第二种是对规划整个过程中最具有可训练价值的决策部分进行有监督训练，利用一个云端不考虑资源成本的完美决策器作为训练车端的决策模块。这类方法也是目前研究的主流方向，具有很高的工程价值，但总体来说还是一种归纳算法，机器并没有完整地建立自身对于规划任务的理解。第三种就是强化学习方法。作为一种完全的神经网络算法，理论上可以构建一个完整可训练的规划过程，但目前这种方法的工程实现还有很多困难。

7.4 弱监督训练

7.4.1 弱监督学习的概念和重点

在传统有监督学习过程中，模型依赖大量手工标记的真值数据，以语义分割为代表的人工标注真值既昂贵又耗时。更糟糕的是，由于业务需求和接口的变化，大量高额成本的训练数据很可能瞬间失去价值，因此出现了弱监督学习方法。任何缺失完整真值信息的人机合作学习系统都可以称为弱监督学习。

如图 7-15 所示，传统规则算法在初期通常可以线性提升，但面对复杂系统时，存在一个较低的性能上限，并容易在迭代后期出现反复。有监督学习系统在完成初期构建后，会有一个快速上升期，但过大的标注量和不可重用性也会使其面临持续提升的瓶颈。

理论上价值数据的数量与质量大致决定了模型的优劣，因此继续提升模型性能也需要在数据上下功夫。弱监督学习要探索的便是除人工标注之外，更加高效且可持续的标注手段，使模型性能进一步提高。

如果有监督学习本质上是高质量的真值数据配合简单的数据挖掘，则弱监督学习本质上是低质量的真值数据与更深层次的数据挖掘之间的对抗。

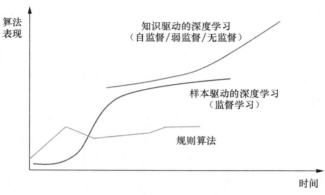

图 7-15 不同阶段不同体系算法的表现

从数据质量角度看，训练数据的问题可以分为宏观和微观两个层面。从宏观层面上看，训练数据的问题多为比例失调问题，特定场景数据的稀缺容易引发"数据偏见"，此类问题主要源于不可控的用户采集过程以及车端数据筛选机制的缺失。通过对筛选策略或者客户采集行为进行激励，可以有效缓解失调问题的发生。对于弱（自）监督学习算法来说，数据问题多反映在微观层面，比如数据异常处理、数据维度缺失补偿、高维异构数据的有效利用等。

为了消除这些数据质量问题，数据的挖掘需要剔除误导信息（异常数据），从看似毫无关联的线索中（高维异构数据）找到补全整个事件拼图的碎片（推导缺失数据）。在实际智能驾驶业务中，用户的行为、事物内在逻辑，以及已有的知识都有助于数据挖掘过程。

周志华教授在论文"A brief introduction to weakly supervised learning"中将弱监督分为不准确监督（inaccurate supervision）、不完全监督（incomplete supervision）、不确切监督（inexact supervision）三类。不准确监督是指给出的标签并不总是真值。不完全监督是指只有训练集的一个子集（通常很小）是有标签的，其他数据则没有标签。而不确切监督是指训练数据只具备粗粒度标签，没有资源支持进行更加精细的标注。

如图 7-16 所示，结合智能驾驶业务，我们可以发现车端采集的数据多呈现出不准确与不确切问题，不准确问题一般在云端学习系统的前段进行处理，用来控制数据输入的质量。不确切问题的应对方式则是对已有数据进行增强，出现在特定数据增强环节。云端标注过程中出现的主要是不完全问题，也是弱监督需要解决的核心问题。对人类工程师来说，解决不完全监督问题才能有效地释放人力资源压力。

所有弱监督问题的解决策略本质上都是强制施加一定的"视角"约束，将数据内部潜藏的能量"释放"出来。在面对没有能量的噪声数据时，任何策略都不会起作用，如图 7-17 所示。

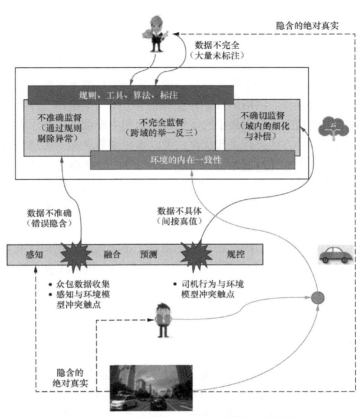

图 7-16 通过弱监督学习挖掘数据内在能量

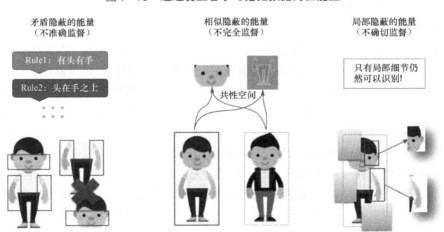

图 7-17 数据隐藏的暗能量

针对不准确监督问题，强行加入检查冲突的视角，使多个规则模型检查同一项数据，可以有效地剔除异常结果。云端采集数据的预处理或者（半）自动化的打标结果多采用这类算法来提升质量，其还有助于反向溯源并定位多个数据和真值来源本身的异常。

针对不确切监督问题，核心策略是假定已经了解一个数据集合整体正负的前提下，采用某种强制方法（随机偏移、网格拆分、逐项擦除等）将一个整体（包）强行拆分成局部（示例）。从已有线索中找出正包中最正的示例以及负包中最接近正的示例来训练模型，开始下一个循环。通过这种方法进行迭代优化，可以强化细节之间的区别，使用局部线索驱动局部内容的细化。样本标注过程中将人工的 2D 标签自动转换为语义分割标签就使用了类似的方法，甚至传统规则算法也可以借鉴这个思路进行已有规则的补充推理。

针对不完全监督问题，关键是从各种维度上发现不同域之间的相似性能量，尽可能叠加，从而形成从一个已知域迁移到一个未知域的动力。环境内部看似独立而不同的物体，实际上有更深层次的共同源头，因此相互之间隐藏了不同程度的相似性能量。通俗地讲，不完全监督是一种 "举一反三"的能力。不完全监督的应用实践也有很多，包括主动学习、标注编程、半监督学习等。

7.4.2　弱监督在自监督框架中的定位

自监督学习（Self-supervised Learning）可以理解为自主学习，是机器学习的一种 "理想状态"和最终目标，可以脱离人类工程师的支持，自动迭代提升。而在实际应用场景中，自监督学习则转化为一种弱监督学习，即在较少的人类工程师支持下，通过自动化方式生成训练标签来完成学习目标。

自监督学习已经不是一种技术，而是一个技术堆栈。众包地图系统、仿真系统、无监督训练系统、半自动标注系统等都是自监督学习系统的组成部分。借由大量数据管道高度自动化地对数据进行反复提炼，挖掘数据内隐藏的 "智慧"，是自监督的核心意义。

如图 7-18 所示，从结构上看，自（弱）监督学习由一个概念上的生成模型和一个概念上的鉴别模型构成。人类标注和规则生成真值的系统都可以理解为生成模型，这些都可以作为鉴别模型训练的输入。在后续章节中，我们将了解到不同类型的弱监督策略在整个自监督学习框架中有不同的作用位置以及不同的内在机理。

整个闭环对弱监督的影响隐含了类似对抗学习的思想，工具和模型是在相互优化的。更好的云端模型更新到车端，促使车端获得更好的差异鉴别能力，促使云端数据处理构件（众包、仿真、检索）性能进一步提升，产生更好的弱监督数据，而数据又可以进一步提升云端学习模型的能力，如此循环往复。

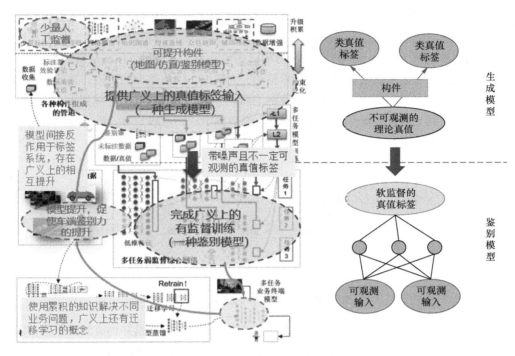

图 7-18　弱监督下的训练逻辑

7.4.3　规则驱动的真值系统

前面介绍过深度学习方法正在替换规则算法成为车端软件的核心构成，这并不代表规则算法会逐渐消失，而是完成了"上移"。一种是在车端完成"上移"形成安全边界，另一种是"上移"到云端，成为数据训练的指导者。这种"指导"是指通过编程手段组织各类外部知识库、规则模型、知识图谱来形成一个标注函数，并使用该函数来完成真值数据生成，其典型策略主要有如下几种。

第一种是基于环境时序分析的自动化标注策略。这类标注策略多用于预测以及规控模块，比如障碍物的未来轨迹预测，紧急规避场景的预判等。由于采集过程会包含某个时刻过去与未来的所有数据，因此可以直接作为真值使用。

举一个简单的例子，为了获取紧急刹车场景的数据，可以建立一个交叉碰撞模型，根据已经记录的他车和自车行驶轨迹以及一些行为假设，便可以估计未发生但极有可能发生的碰撞行为，并为这个序列建立一个标签，这些数据便可用于相关急刹预判场景的训练。

第二种是强化数据检索形成的半自动标注策略。除训练、仿真等常见系统外，实际上还有一类被广泛熟知的大数据系统也在逐渐作用于智能驾驶的标注生产，这就是数据检索系统。如图 7-19 所示，该系统以主动学习和标注辅助为主，其核心并不是自动产生标注，而是通过相似性线索使机器算法通过检索策略，大幅缩小价值数据的范围，并且协助完成大部分标注工作，最后交由人类进行小范围的微调和确认，其本质上仍然属于人工标注，但标注效率得到了极大的提升。对人类而言，当数据量达到万级别时，进行数据清洗的难度可能远高于标注本身。

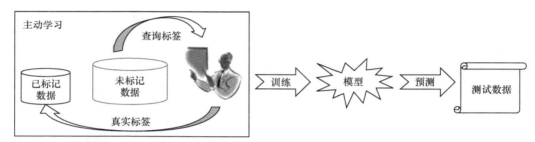

图 7-19 主动学习与数据检索系统

这类检索系统利用了嵌入式表征技术，将感知信息转化为向量并构成源向量集，将感兴趣的分类构成目标向量集，使用最邻近搜索（Nearest Neighbor Search）技术即可从源向量集中快速搜索与目标向量集相似的内容。如图 7-20 所示，Waymo 便使用了类似的技术来强化这种检索能力。

图 7-20 通过检索获得细分类样本（Waymo）

各种独立或者联合的分类检测和文字识别网络反复作用于每张图片，系统能够强化对数据内各种要素（行人、垃圾袋、婴儿车等）的详细理解（位置、细分类、关键属性等）。当我们对于采集到的每一个样本都形成非常详细的理解，从低维语义特征逐级发展到高维语义特征，便可以非线性地提升检索能力，甚至可以发现一些复合场景。可以辅助识别的内容越多,对后续人类标注员的确认和微调就会越友好。

最后介绍利用已有的系统和工具构建的标注系统,如图 7-21 所示。其一是仿真类系统,这类系统在服务其他领域的业务中已经积累了许多驾驶环境的模型,之前我们已经讨论过通过仿真软件完成对规划模块的训练过程。其二是使用 CAD 模型或者游戏模型来辅助生产感知标签,这些知识提供了大量训练的先验信息。其三是使用一种传感器为另一种传感器提供真值数据,目前主要的落地方案都围绕激光雷达和视觉摄像头展开。由于激光雷达在测距以及分辨率方面的优势,配合足够的远端算力,在识别障碍物位置方向、速度、外形尺寸、类型等信息时已经可以达到真值水平,从而可以直接用于图像障碍物识别的训练。

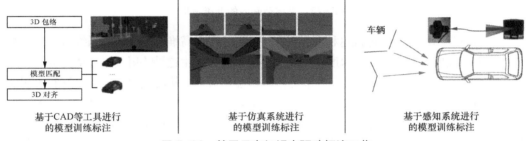

图 7-21 基于已有知识来驱动标注工作

不同的真值系统会作用于单一网络训练的不同部分。由规则方法驱动的真值标签通常有明确的领域特点,因此在联合训练中主要用于特定分支任务的训练。

7.4.4 低维流形与对比学习

在讨论主干网络的训练之前,我们先来了解"流形"的概念。如图 7-22 所示,流形(manifold)是局部具有欧几里得性质的空间。真实数据隐含大量冗余信息,但通过模型将其映射到低维流形上时,通常只有很少的几个维度。如果题库是一个高维空间中的点集合,则其低维流型就是有限的几个知识点。低维流形并非总是存在,由于图像、声音等信息可理解到的信息存在冗余,因此低维流形一般都能成立。然而,对于噪声则不成立。

流形主要诠释了数据隐含的内在关联性。在低维流形下,一个样本被其他相似样本包围,当参数在低维流形的邻域上移动时,高维空间中对应的某个特性就会发生变化,比如改变一个低维参数可以改变高维图像中人的肤色。在 4.4.1 节讨论坐标系时,我们已经了解了选择一个合理坐标系对简化问题的贡献。与低维流型的原理类似,我们可以通过机器学习算法探索一个"坐标系",来表征看似复杂却隐含内在关联性的问题。

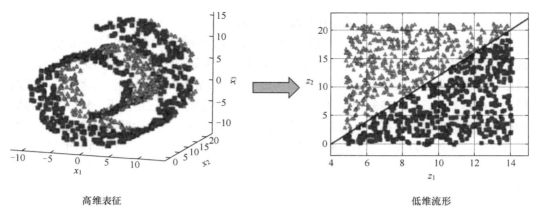

高维表征　　　　　　　　　　　　　低维流形

图 7-22　高维空间内的低维流形

弱监督学习的意义是挖掘这种内在关联性。为了得到高维空间数据和低维流形之间的映射关系，我们需要训练一个深度学习模型，来迫使其产生这种映射关系。从能量角度出发，就是使流形上的点能量最小，在非流形区域能量最大，从而使模型拥有更好的预测性能。这与智能驾驶基础理论中提到的自由能最小原理是一个概念。如图 7-23 所示，无监督学习中的自编码器是流形学习的一个简单示例，自编码器网络的内部存在一个"瓶颈"，其表征维度与输入和输出相比要小很多，将同一个图像作为输入和输出进行训练，可以迫使网络找到将图像压缩后仍可以最大化还原图像的模型，而中间的瓶颈就是图像数据的一个流形。这个流形通常更加凝练，对后续的处理任务有更大的助力。

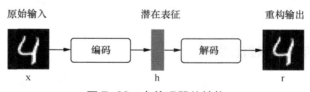

图 7-23　自编码器的结构

更为复杂的无监督策略称为"对比学习"，其通过一些数据增强手段自动构造相似实例和不相似实例来训练一个模型，使相似的实例在投影空间中的距离比较近，而不相似的实例在投影空间中距离比较远。这种构建基于一个简单假设，如图 7-24 所示，即对一张图片进行各种增强操作后，通常不会改变图像原本的数据内容。

如图 7-25 所示，以对比学习的经典模型 SimCLR 为例。模型首先建立一个 Batch，然后在某张图像的基础上经过图像增强生成互为正例的两个样本，并放入 Batch，接着将任意其他图像作为负例也放入 Batch，并将数据输入一个双塔双层（Encoder+Projector）结构的网络模型中进行训练。

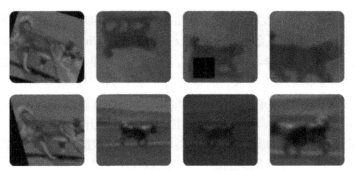

图 7-24　数据增强过程不改变数据内容

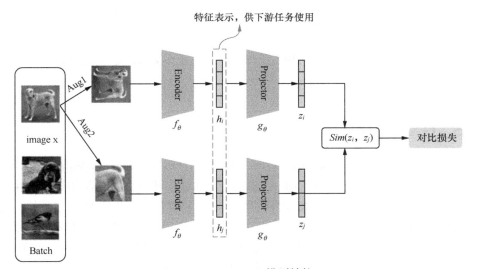

图 7-25　SimCLR 模型结构

  SimCLR 的损失函数采用 InfoNCE Loss，其目的是使所有正例之间距离越近越好，负例之间距离越远越好。完成训练后，SimCLR 会把更多包含低维通用特征的 Encoder 层拿出来作为预训练成果，用于后续其他任务，而抛弃可能隐含特定任务特征的 Projector 层。

  从原理上讲，SimCLR 实际上是把特征表示映射到了一个单位超球面（流形）上，并通过损失函数来达成两个关键目标 Alignment 和 Uniformity。Alignment 指的是正例映射到单位超球面后应该有更为接近的距离。而 Uniformity 指的是系统应该倾向于特征中保留尽可能多的信息，相当于使映射到单位超球面的特征尽可能均匀地分布在球面上。分布越均匀，意味着保留的细节信息越充分。

  损失函数 InfoNCE 是在 Alignment 和 Uniformity 之间寻找折中点。另外 InfoNCE 中还有一个温度超参 t 用来对正负例距离较近的（难以分辨的）的项给予惩罚，以更好地拉开正负差距。但由于是无标注数据，因此所谓的"负例"，其实也可能是正例（比如正例是金毛犬，而负例可能正好也是金毛犬）。超参 t 需要在鼓励 Uniformity 和容忍正负数据错误之间找到平衡，这也是对比学习训练过程中，少数几个需要人类控制的参数。

对比学习通过数据增强等手段，大量使用无标注数据对深度学习网络模型进行预训练，使其获取更多相关数据的内部关联，从而有助于其提取到更好的特征。将预训练成果"迁移"到实际的业务模型中，将有助于模型整体性能的提升。

结合自监督学习的整体框架，对比学习等基于无标注数据的无监督训练主要作用于多任务网络的主干部分，对主干网络的通用特征提取作出贡献。

一般而言，从头搭建并训练深度学习模型是一件耗时耗力的事情，更可行的策略是采用一个现有的成熟且领域类似的预训练模型，在原参数上进行微调来适应新的应用场景，这就是所谓的迁移学习（Transfer Learning）。实际上迁移学习的应用范围更大，将一个领域的知识应用于另一个领域的算法和系统都可以称为迁移学习，支持人类标注的辅助标注系统也是一种迁移学习。

7.4.5　GAN 与域适应

生成对抗网络（Generative Adversarial Networks，GAN）是一种受到博弈论启发的网络模型结构。如图 7-28 所示，系统由一个或若干个生成器和一个判别器构成，生成器捕捉真实数据样本的潜在分布，并生成新的数据样本；判别器是一个二分类器，判别输入的内容是真实的数据还是生成的样本，两者同步更新，其优化过程是一个极小化极大博弈（Minimax game）问题。GAN 训练的平衡状态是再完美的判别器也无法将生成的样本与真实的样本区分开来。两个模型达到纳什均衡，从而生成器可以估测到真实数据样本的分布。

深入理解 GAN，需要从条件概率和联合概率开始说明。假如要统计男生的体重，条件概率的意思是 P（体重|男生），即只调查男生，讨论的问题是"假设调查对象是男生，他体重为×××的概率是多少"。而联合概率是 P（体重，男生）=P（体重|男生）×P（男生），即把搜集到的所有样本作为分母，讨论的问题是"调查对象是男生且体重为×××的概率是多少"。

我们所使用的人工智能模型都可以划分为判别式和生成式两种，CNN 网络是一种判别式学习算法，而 GAN 则属于生成式学习算法。假设有一系列样本数据，每个样本都有输入 A 对应输出 B。判别模型直接学习条件概率分布 P（$B|A$），即在输入 A 出现的情况下观察 B 出现的概率。而类似 GAN 的生成模型则学习联合概率分布 P（A,B），即输入 A 和输出 B 共同出现的概率。如果给定 P（A），可以计算出条件概率分布 P（$B|A$）。

假如我们把图 7-26 中的潜在空间（Latent Space）看作输入 A，噪声看作一个额外的随机向量 z，取一个 z 值和输入 A 即可通过 $G(A,z)=B$ 这个网络模型生成一个图片 B，采样一组 z 即可生成一个联合概率分布 $P_g=P(A,B)$，训练的目标是通过判别器的鉴别促使 P_g 与真实分布 P_{true} 尽可能相似，P_{true} 来源于各种 A 条件下的图片 B。

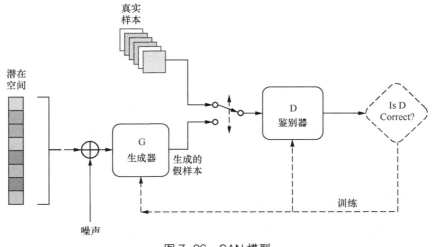

图 7-26　GAN 模型

GAN 模型的学习成果更多被应用于世界模型的右侧，即预测和规控模块。原因在于，GAN 生成模型是"演绎思维"的产物，其在处理一对多的问题时更加精准。预测和规控通常要处理未来的未知情况，是典型的一对多问题。而 CNN 等判别模型更擅长处理多对一问题，在处理一对多问题时会由于平均误差而模糊化判别结果。

在云端训练实践中，GAN 主要用于领域知识的迁移，由于其结构的灵活性，有许多种实施方法，如下两种比较典型。如图 7-27 所示，一种方法是把未标记数据作为判别模型的一路额外输入，利用真实环境域的隐藏能量，改善判别模型的性能。虽然未标注数据不会在结果上作出贡献，但真实数据自身隐含的真实性仍然会对判别器产生贡献。而另一种是考虑域适应的生成对抗模型，把一种生成模型的特性迁移到另一个生成模型上。比如使用仿真数据（源域/仿真域）训练出来的生成模型，可以迁移到真实数据进行微调，重新产生一个生成模型（目标域/真实域），从而将仿真能量注入真实业务。

结合自监督学习的整体框架，如果我们将自监督学习框架中讨论的云端多任务网络作为一个目标网络，那么 GAN 的一个作用就是将未标注的真实采集数据和不太真实的仿真系统等难以挖掘、费效比极高的潜在价值资源，转化为有助于网络模型性能提升的素材。整个自监督训练的各个环节都可能用到生成对抗网络。

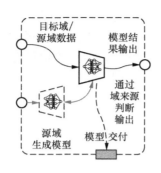 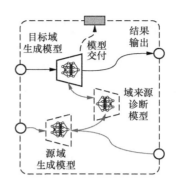

使用对抗网络引入未标注的真实数据来强化一个目标网络的能力　　使用对抗网络将仿真域的学习成果迁移到真实域下，来强化一个目标网络的能力

图 7-27　GAN 的典型应用

7.4.6　模型压缩与蒸馏学习

在感知神经网络的架构走向一体化的大背景下，云端正在以训练单一网络为目标推进研发，同时车端也在开始逐步部署单一网络。这个过程中会涉及云上单一网络的切割、压缩与迁移，以满足车端业务的要求以及算力的约束。云端算力充沛，可以训练出表现良好的网络模型，但实际在车端运行时通常算力有限，不能直接使用十分复杂的网络模型，因此在交付车端使用时，要对网络模型进行压缩和定制部署，提高网络在车端的运行效率。如图 7-28 所示，压缩过程主要有如下几种手段。

首先是从需求出发简化输入，比如最简单的调整 ROI 区域，通过较小的网络输入层来压缩整个模型的尺寸。然后对模型本身进行处理，比如选择 MobileNet 等小网络作为主干网络，降低计算量，并使用"蒸馏学习"等方法，通过一个云端"大网络"来训练一个车端"小网络"。网络模型本身也有很多精简手段，比如裁剪模型参数值变化较小的部分，并对模型进行定点化处理，将浮点运算转化为定点运算，减少算力消耗等。最后，由于车端控制器常设计有专用加速芯片，通过必要的模型适配可以进一步利用这些专用芯片，来加速整个网络的推理。

值得讨论的是压缩过程中的蒸馏学习，其原理如图 7-29 所示。蒸馏学习的核心思想是通过模型（教师网络）来训练模型（学生网络）。如果原来目标是被训练模型的 softmax 分布与真实标签匹配，那么现在的目标则是使被训练模型与另一个更大的模型在给定输入下的 softmax 分布匹配。

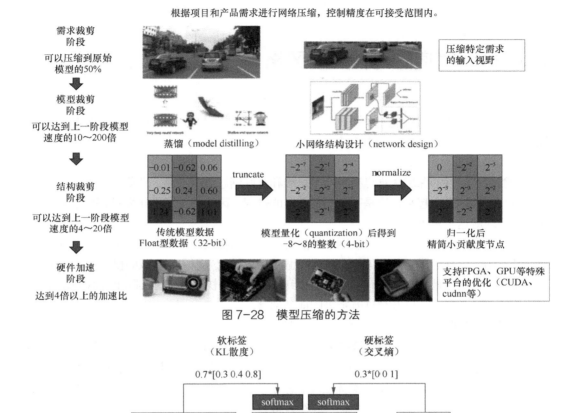

图 7-28 模型压缩的方法

图 7-29 蒸馏学习的原理

与真实标签输入相比，模型输入的缺点是对特殊长尾样本的表达不够清晰，无法充分体现 Hard Case 的训练价值。但其优点也较为明显，其模型隐含的概率性、泛化性和语义的相关性会为被训练模型提供更多信息。比如某个真实标签的输入是"这是一辆车，不是一个人，也不是一个锥桶"，而一个模型的 softmax 输入会是"它最可能是一辆车，不大可能是一个人，且绝不可能是一个锥桶"，其信息表达更准确。

在多任务训练中，使用样本训练一个多任务模型的效果通常并不理想，而使用蒸馏学习的方法可以有效缓解这个问题。为了兼顾长尾样本，我们通常会在实践过程中使用一个加权的损失函数，一部分使用大模型的 softmax 作为输入，另一部分使用 Hard Case 的样本作为输入。

7.5 数据管道的两种典型风格

前面我们已经讨论过地图、场景库、规控等云端数据管道的搭建过程。在工程实践过程中还有一个深层次的因素会影响整个数据管道的搭建，这必须从汽车思维和互联网思维的差异说起。

智能汽车研发的深层次难点在于汽车思维和互联网思维的冲撞，研发过程要将两个矛盾的思想强行地融合起来，这是一个非常艰难的过程。因此，为了使研发过程更加顺利，我们必须理解这种思维差异。

目前许多关于汽车思维和互联网思维的讨论都停留在浅层次。比如汽车研发没有类似敏捷开发团队这样的横向组织架构，但实际上在整车研发流程中，类似的横向团队比比皆是。还有一种说法是互联网没有对质量的预判，只能做到快速迭代，实际上互联网软件开发也非常关注架构设计以及测试方案等的前期部署。

可以说一个互联网思维指导下的造车团队拥有的所有构成要素，在汽车思维指导下的团队基本全部具备。从要素的角度去理解差异非常具有迷惑性。两者的差异存在于更深层次的维度上。也正因为如此，其影响更大，更不易被察觉。无论是工具链的搭建，还是团队结构、管理协同、开发测试等工作的开展，如果无法理解思维方式的差异，最终可能会导致项目的失败。

首先要说的是对最终产品的理解，如图 7-30 所示，从传统汽车思维看，智能驾驶功能与其他整车功能相比，没有本质上的差异。任何功能都是围绕"汽车"这个中心概念展开的。但对互联网思维而言，虽然是在研发一辆传统意义上的汽车，但实际上是将其视为移动机器人（智能体）的研发。许多新兴汽车企业都开始了对机器人产业的投入和布局，这并不是一种短期投资，而是为更长周期的转型提供基础。虽然目前智能汽车仍然不是一个完整意义上的智能体，但当下为"软件定义汽车"所做的一系列改变都是围绕构建一个智能体的"身体"存在的，是为最终的"智能体转型"打下的基础。

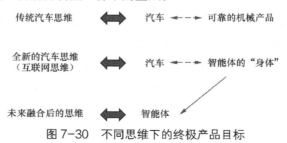

图 7-30　不同思维下的终极产品目标

再映射到工具链开发角度看，传统汽车思维下的工具链搭建的最终目的是更好地组织"人和人""人和文档""人和产品"之间的交互，整个体系构建以"人"为中心，其他因素则位于次要位置。客观地讲，互联网思维对工具链的重视程度更高，除上述工具链外，还有"机器和人""机器和机器""机器和产品""机器和文档"之间的工具链，工具链构建是智能产品的有机组成部分。整个体系围绕"机器"展开，人位于次要位置。

然后是在产品表现与可解释性上的侧重不同，如图 7-31 所示，我们在智能体的可解释性一节中，已经做了背景描述。虽然汽车思维也关注产品表现，但更为注重可解释性。文档是汽车流程的核心，绝大部分成果都必须建立在人类认知范围内的"因果"解释基础上。虽然互联网思维关注可解释性，但在产品表现更好的情况下，通常忽略对可解释性的追求，其底层思维建立在"相关性"的基础上。两种思维在相互靠拢。一类开发模式会强化各种智能化手段来辅助人类更高效地完成工作，而另一类开发模式则是在高度自动化的处理过程中尝试强化可解释性和人工检查过程。虽然两者从表面看非常相似，其实还有很大的区别，由于底层思维的差异，混合两种体系下的工具链可能会导致混乱。

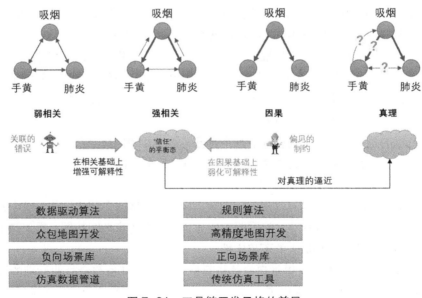

图 7-31 工具链开发风格的差异

高精度地图的人工更新系统难以维系的原因在于将人类的思维方式（可解释）硬性地切入机器的闭环中，其中的非必要转换过程会拉低管道的效率，并限制其自由。而众包的思想是将采集与使用过程整合，形成机器的自洽，从而消除这种"转换"，在更新效率、扩展能力与应对干扰上都有更大的优势。地图、仿真、测试等许多工具链都有类似现象。

最后是其标准和概念构建的顶层策略是不同的。在汽车思维下，以人为中心，通常借助绝对的概念，有明确的层次指标分解，强调行业标准，以及局部模块的复用所带来的规模效应。而互联网思维下，以机器为中心，通常借助相对概念，对指标的要求表现为一种闭环内部生产方和消费方的自洽，强调的是闭环应用内的标准统一和最终整个业务的规模效应。

无论是一个智能体还是一项业务，其目标通常是追求"绝对意义上的最佳"。然而向内进行分解时，比如分解为多个子目标时，这种"最佳"的追求通常无法实现。所有对内过程的"最佳"可能会导致对外输出目标的崩塌，"恰如其分"才是子目标要追求的。但如果有过多的"人"从各个局部维度去参与这场"恰如其分"的设计，又会不自觉地误入"最佳"这个陷阱当中。这也是不同思维会无法融合的深层次原因。

众包地图与匹配定位的配合是一个很好的例子，两者在自身的闭环内形成了自洽，满足了厘米级相对定位的核心要求，同时在绝对精度上的损失并没有影响其业务目标。但如果我们将其进行拆解，分层对其进行查验，结果可能并不理想。

同样将行业标准和业务闭环标准的差异映射到工具链，我们可以观察分析仿真平台的构建过程（其中隐含的标准最多）。汽车思维下构建的 SIL 平台主要为产品测试服务，是整个汽车研发过程的一大类工具。汽车行业认为，标准化仿真软件本身会有更好的规模效应，因此出现了许多关于仿真的行业标准。

然而奇怪的是，众多互联网思维下的企业已经逐步开始仿真平台的研发，却未将行业标准作为参考，只有少数企业会参考社区标准。其背后的原因是，目前仿真软件领域的标准太过独立，无法与闭环中的其他环节进行衔接。

比如 OpenDrive 地图是仿真常用的地图数据格式，但是这在智能驾驶系统中并非最优选择。如果要使用传统仿真软件，就需要额外准备一整套仿真地图数据。看似微不足道的改变都会产生高昂的成本和极大的不确定性。

因此研发和智能驾驶系统更加自洽的仿真软件似乎比准备符合行业标准的数据更值得尝试。虽然传统 SIL 平台也提供了一些二次开发工具，但灵活性远远不能满足业务需求，自主开发仿真软件可以更好地适配闭环的效率提升。过去，如果智能驾驶系统要进行 SIL

测试，还需要对软件进行适配，然而在全新的 SIL 平台下，仿真软件要更多地适配智能驾驶算法的迭代，一切效率向业务闭环看齐。

其中还会涉及沟通瓶颈的转移，在汽车思维下，虽然局部模块是复用的，但业务串联过程中各环节都有自身的标准，因此会在标准转换过程中产生一定的内部损耗。而在互联网思维下，主要要求面向业务标准的闭环自洽，业务内部的损耗较小，但进入另一个业务时就会出现问题。因此在进行跨业务合作时，互联网企业更热衷于吞并上下游，此类企业对产业链的侵入性也是由此而来。

两种体系在工程实践当中都广泛存在，根据业务要求不同，各有优劣，并没有绝对的对错。但两种体系很少出现在同一个公司当中，虽然两者使用的技术相似，但从一种体系切换到另一种体系并不容易，这不是技术问题，而是思路问题。

第8章 智能驾驶汽车的研发体系——人的流程

除机器的流程外，人的流程也非常关键。经过长期积淀的汽车研发流程，隐含了非常多的智慧。本章将围绕"人"来展开对研发流程的讨论。

8.1 从个人视角看研发流程全貌

智能驾驶汽车研发流程是一个非常复杂的体系，单纯介绍流程并不具有现实意义。在软件定义汽车的大背景下，我们已经讨论了软件开发过程中许多流程的设计过程，这些流程主要是人围绕机器展开的活动。但传统整车开发流程仍然是机器围绕人展开的活动，因此本书将从人的角度展开对整车研发流程的理解。

如果说要以一个"个体"视角来全面地了解智能驾驶汽车研发体系，智能驾驶软件工程师的身份更为合适。我们先来分析，如果智能驾驶软件工程师要安心地完成自己的开发工作，需要提前考虑哪些问题，表8-1对此进行了简单的罗列。

表 8-1 智能驾驶软件工程师的外围工作与依赖

大类	小类	内容描述
硬件依赖	工程样车	在不同阀点之间会发布成熟度不同的工程样车，用于软件在实车上的验证工作
	对手零部件	包括智能驾驶汽车依赖的传感器、执行器和人机交互设备。相对应的软硬件系统会优先于智能驾驶系统配置资源开发
	目标控制器	软件运行的目标控制器，在不同阶段提供不同成熟度的工程样件
	小型台架	调试用的实车通常数量有限，还需要准备足够数量的各类台架用于并行验证

续表

大类	小类	内容描述
软件依赖	上游软件	所开发软件模块的上游软件模块必须完成
	外部信号与网络配置	各个阶段在软件层面上必须锁定与其他对手件的交互协议，并落实在对手件的硬件上
	底层软件	软件运行所依赖的驱动、操作系统和中间件必须到位
开发工具链	调试软件	测试软件、云端训练软件、编译工具链、操作系统软件、依赖库（功能软件包）、版本控制软件的使用
	调试硬件	诊断设备、软件刷写设备、软件调试设备的使用
能力建设	专项培训	接受技术培训、流程培训、管理培训
	大型台架	整车 HIL 台架、LabCar 台架的使用
	知识积累	长周期的积累 Lesson&Learn
外部资源获得	研发外包	关联工作的硬件外包、软件外包、系统外包。一般都会签署一次性的开发合同，另外还会在生产过程中签署零部件采购合同或者许可证采购合同
	人力外包	经验丰富的司机（安全员）、测试工程师、辅助研发工程师、车间改制技师等，一般会签署框架合同
	服务外包	认证服务、测试服务等，一般会签署框架合同
整车级管控	进度计划	上述所有资源都需要提前计划，并识别风险，防止这些前续资源的完成时间出现偏差，影响后续交付
	资源计划	定义项目完成需要的资源类型、资源数量、完成时间等
	预算计划	需要估计获得所有这些资源所需的预算以及消费计划，防止成本失控
	人力计划	项目的人力资源和工作量评估，梯度结构合理性评估以及 RASIC 矩阵定义，保障人力资源满足要求
	变更管理	外部发起的任何整车级、系统级、对手件、软硬件的变化，都需要进行相关性评估。自身发起的变化，要发动各关联部门进行评估
	风险管理	利用整车定义的"红黄绿"风险等级来揭示各个方面的风险对计划推进的影响，利用"问题清单"来完成对风险的跟踪
系统级管控	需求分解与架构设计	将上游的需求转化成自身领域的需求，比如系统需求转化为软件需求，软件需求转化为架构设计，架构设计转化为模块设计。各类要素包括接口、功能、部署环境、安全要求等都需要对齐
	指标定义	在设计过程中逐步将指标量化到可以度量和测试的程度
	测试分解	依据指标和设计方案，展开测试用例、测试工具的设计开发
	开发执行	完成自己负责的软件开发工作

虽然在工程实践中，这些工作会由一个完整的开发团队而非个体来处理，但从这张清单中我们可以看到，为了推动产品的整体研发过程，个体除了完成自己的本职工作外，还有很多的外围工作需要考虑，这些是整车开发流程中重点定义的内容。

如图 8-1 所示，笔者将这些关联项分为了三个核心维度。第一个维度是脱离整车项目的平台级别构建。平台构建更关注长周期投入以及持续性的回报,通常以成本为中心。而整车项目级的构建则对应某个产品的具体开发,有明确的项目要求,以盈利为根本目的。

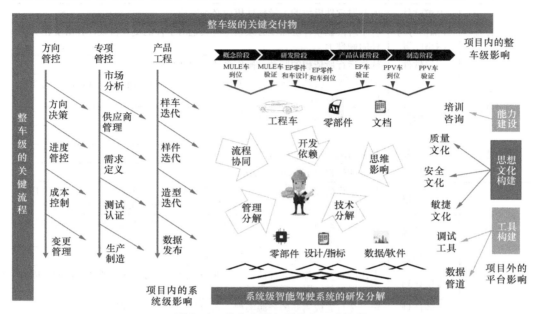

图 8-1 从个人视角看整车研发流程

平台级别的构建包括工具链构建、能力建设和文化宣贯。我们在第 6 章已经具体介绍过工具链构建,这里不再赘述。能力建设所涉及的范畴非常广泛,流程体系、标准体系、研发与测试体系、零部件供应链体系、数据资产积累、梯次人才储备、经验知识积累等,篇幅所限,也不再做过多扩展。本章后续会重点展开文化宣贯相关的内容,因为追本溯源,软件定义汽车架构下的难点问题,几乎都与"文化"有关。

第二个维度是项目内的整车级管控流程。在汽车研发体系内,有两个重要的管理层级,分别是系统级和整车级。智能驾驶系统的开发是一个系统级问题,类似的还有底盘动力、智能座舱等其他系统。但所有这些系统都要在汽车上进行整合,这类整合问题都属于整车级。这部分内容包括共性的管理维度,比如组织管理、进度管理、预算管理、风险管理、供应商管理,以及更广泛的技术问题,比如整车造型、电子电气架构、总布置等。

第三个维度是系统级别的智能驾驶开发流程。如上所述,整车项目有许多系统级别的团队来开发汽车的各类核心系统功能。本书选择智能驾驶的系统分解作为案例来进行分析。系统级别的核心任务通常是将整车需求作为输入并向下分解到软件和硬件中进行实现。本章将重点展开介绍系统需求分解与指标构建的部分。

8.2 整车开发流程

8.2.1 整车开发流程概述

整车研发流程覆盖一辆汽车从概念设计开始,经过产品设计、工程设计到制造,最后转化为商品的整个过程,具体落实为各业务部门的责任分工和关键活动。整车产品开发流程是构建汽车研发体系的核心,直接体现研发模式的思想。相比其他流程模型,整车开发流程的精髓在于对长周期"集成型工业产品"的质量管控。具有良好的整车研发流程的企业,在成本、进度、质量和风险等方面的控制会非常精准。

目前通用的流程标准继承于"IATF 16949 汽车行业质量体系要求"。各个整车厂商的整车开发流程虽然各不相同,但基本都是根据 IATF 16949 要求定制的。以上汽采用的 GVDP 流程为例,其是在罗伯特·G.库珀博士的理论指导下,参考 IATF 16949 的要求形成的一套标准。IATF 16949 的核心是五大质量工具 APQP、PPAP、FMEA、SPC 和 MSA。其中最能体现整个流程思想的是前期产品质量规划(Advanced Product Quality Planning,APQP),因此我们从 APQP 开始展开讨论。

APQP(GVDP)流程的最大特点就是其"阀点"机制,这个"阀点"不同于项目的里程碑,其时间要求并不精确,而是要求在进入下一个阶段前,所有这个阶段的交付物都必须齐全并经过审批。每个"阀点"的交付物清单都会有严格的定义和罗列。通过这种手段能够防止"风险"传递到下一阶段,避免导致更为严重的后果。完整的 GVDP 流程如图 8-2 所示,由架构阶段、战略阶段、概念阶段、开发阶段、生产阶段构成。

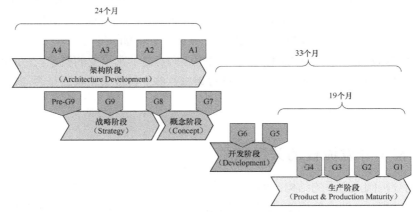

图 8-2 标准 GVDP 流程的研发周期定义

架构阶段是整车开发过程中的先导过程，对应不同车型的共性平台技术开发。一般由四个阶段组成，架构开发启动（A4）、架构策略意图确定（A3）、架构方案批准（A2）和架构开发完成（A1）。A4 之前主要识别初始的架构目标，A4～A3 之间定义架构的性能和带宽，A3～A2 之间确定架构方案，A2～A1 之间完成架构开发。

战略阶段是产品型谱向产品项目转化的阶段。除完成公司产品型谱自身的迭代外，更重要的是决定是否从"型谱设计"向"产品开发"迁移。战略阶段从 Pre-G9 至 G8，约经历 5～9 个月，分别为战略准备 Pre-G9、战略立项 G9 和项目启动 G8。概念阶段是在产品正式启动后，完成产品方案的开发。概念阶段从 G8 至 G7，经历 3～6 个月，主要任务是明确项目的核心需求、关键指标、重要的技术方案和能力规划等内容。

架构阶段的"型谱设计"与战略/概念阶段的"产品开发"之间是一一映射的。架构策略批准节点（A3）通过之后启动整车项目的战略立项（G9），架构方案批准（A2）完成之后启动整车项目（G8），平台架构开发（A1）完成之后启动整车项目方案批准（G7），确保架构平台有匹配的项目落地。

对整车产品而言，以上这些阶段的主要目的是论证而非开发。G6 是一个重要的阀点，在 G6 之后，会下达各类成本较高的整车研发指令，重心会转移到执行和落地，聚焦于解决整车战术层面的问题。如果战略层面经过论证后判定相关项目不具有可行性或者经济性，便会在 G6 节点上关闭整个项目。

G6 之后便会正式进入开发阶段，开发阶段主要涵盖 G6 至 G5，占用 7～14 个月。这一阶段的主要任务是对产品进行开发设计与早期验证，发布最终面向量产制造的工程数据和图纸。G5 之后所有设计会被冻结，项目正式进入产品认证阶段及生产成熟阶段。

认证与生产阶段涵盖 G5 至 G1，约经历 9～19 个月，需按照量产标准，完成从零部件到整车的各项指标认证。批量制造环节还会对评估供应商的供货能力，验证工装模具的精度，持续性完善制造工艺，对产线人员进行针对性培训。经过长期磨合，伴随阀点的推进，生产效率和一致性会逐步提升，G2 阀点后生产出来的汽车已具备对外销售的条件。

以上是 GVDP 流程的概要描述，在整个流程中阀点是非常重要的概念。在每个阀点上，所有研发活动会根据流程要求完成交付，通过审核这些交付成果来判断是否通过当前这个阀点，进入下一个研发阶段。

8.2.2　整车开发流程的关键结构

具体到分析阀点之下的结构，如图 8-3 所示，从粗糙与不确定的研发逐步走向细致与确定的研发过程，一般会经历 2～4 次核心迭代，每一次迭代都是一个完整的 V 模型，在每个 V 模型过程中，整车与零部件都会进行一次全面的升级。

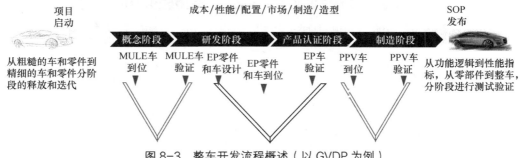

图 8-3　整车开发流程概述（以 GVDP 为例）

整车开发流程的关键要素如图 8-4 所示，一个完整的 V 模型是由大量嵌套的小 V 模型组成的。每个 V 模型的流程环节都有对应的文档要求、团队要求和工具要求。文档、工具和工程师本身又有各自的组织形式。这四个要素的有机组合，构成了研发过程的核心结构。接下来我们从工程师、工具和文档三个角度继续分析。

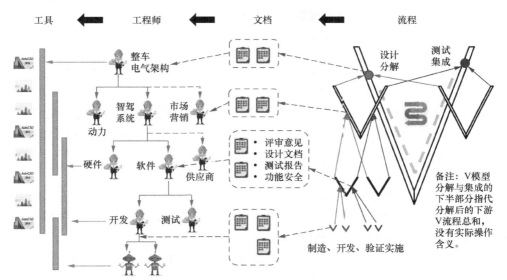

图 8-4　整车开发流程的关键要素

整车开发的组织架构如图 8-5 所示，从人的组织看，业务需求（左侧）会从整车部门逐层向下释放到各子系统部门，系统完成分解后会继续释放给对应软硬件部门，任务最终会分解到各个工程师。验证测试（右侧）则会不断从每个工程师汇聚研发成果，逐级向上进行集成和验证。

第 8 章
智能驾驶汽车的研发体系——人的流程

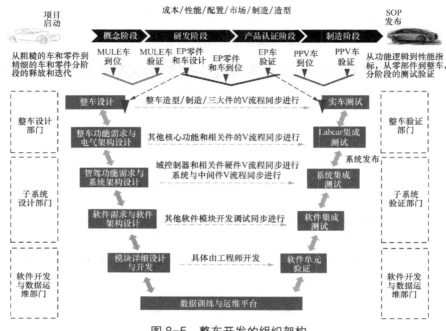

图 8-5 整车开发的组织架构

整车项目团队的详细构成，如图 8-6 所示，考虑到整车职责分离的思想，无论零部件级、系统级还是整车级，团队都是配对出现的。整车级的 VLT 团队会负责项目关键目标的制定、对外的市场分析等任务，而 VAPIR 团队则主要关注研发相关的落地与问题解决。系统级各个 SMT 和 PDT 团队也同样如此，一个负责向上协同整车集成，另一个负责向下进行零部件分解和推进。这与我们已经讨论过的"演绎"与"归纳"，"安全边界"与"功能实现"的概念是类似的。

在传统分布式架构下，零部件级别多由供应商提供，OEM 与供应商之间是采购关系。而在集中式架构下，OEM 也开始自建团队，这时一般会进行零部件级别的再分解，继续拆分为系统、软件、硬件等功能研发团队。

三个层次之间以及同一个层次不同团队之间的协同由 DRE 和 VSE 两个角色串联。不管从哪个粒度上来看，整个组织架构都是一个纵横交织的结构。纵向通过业务领域的设计实践将一种成果转化成为另一种成果。横向通过跨领域的协作沟通来完成与依赖项的平衡。

从工具的配套看，如图 8-7 所示，智能驾驶汽车的研发工具链品类非常多，越靠近底层工具链越复杂。顶层设计和测试过程主要是人与人协同的工具，包括整车常用的 TeamCenter、Doors 以及互联网常用的 Jira、Confluence 等，中层开发和底层数据闭环优化过程中多采用专用工具。

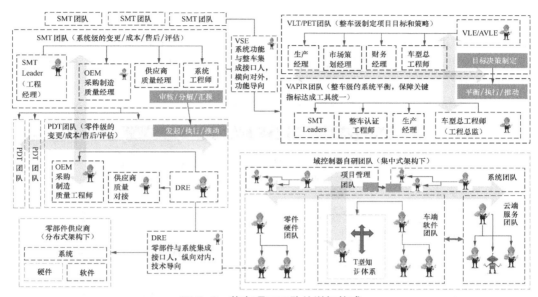

图 8-6 整车项目团队的详细构成

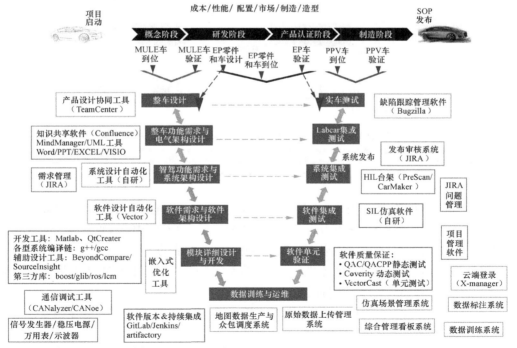

图 8-7 智能驾驶开发的工具体系

如图 8-8 所示为整车开发的文档体系，从整车需求开始，对结构、安全、制造、性能等维度的需求进行分解和传递，形成各层次需求分解和详细设计文档，除向下分解需求和设计外，还会向右对目标进行量化，方便测试团队进行对应的验收方案制定，确保设计和开发的一致性。

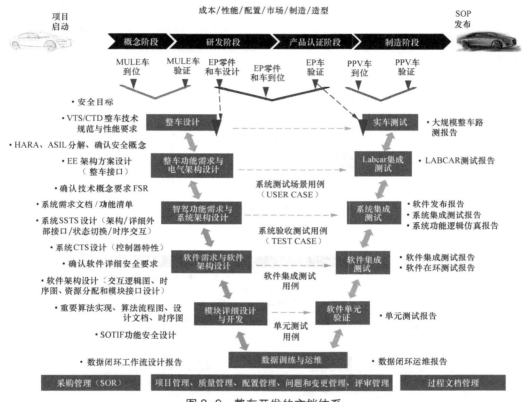

图 8-8 整车开发的文档体系

总体来说，流程依托工程师、工具、文档三个要素完成落地。工程师推动流程的工作，工具承载文档与工程师之间的交互，文档细化流程思想。在流程中，我们从几个关键的视角出发，来分析围绕每个阀点有以下几项需要并行关注的活动。

- ❑ 整车项目管理：负责把控整个项目的节奏和方向，处理项目进度与风险、项目预算、项目团队搭建等先导问题。
- ❑ 整车需求定义与分解：结合市场反馈的信息以及公司自身的技术积累出发，进行整车级别的初级分解。
- ❑ 造型、产品工程与制造：整车核心的执行过程直观反映了一辆车的诞生过程。

- 整车采购与供应商管理：主要是管控设计、研发、制造全流程的外部资源支持，其核心围绕项目开发成本和整车成本展开。
- 整车质量保证：保障汽车的需求定义与设计准确落实到产品，其过程包含测试验证和预防性的设计。

接下来，我们围绕"阀点"从不同方向展开讨论。

8.2.3 整车项目管理

整车项目管理并不是单纯的进度管理，而是一种层次化的决策管控，由各层级各版块负责人及项目团队完成。

该过程主要负责把控整个项目的进度和方向，对关键技术问题进行综合判断和审核。具体内容包括战略立项、项目启动、项目方案批准等阀点的决策；各层次关键风险识别与问题跟踪；造型方向、整车 EE 架构等关键技术方案决策；供应链管理与供应商定点；关键性能指标、工程方案、需求定义的变更管理等。把握好这些内容，即可保证项目的"基本面"。接下来对关键内容展开讨论。

首先是风险管理，一般由各级别的项目团队组织。如图 8-9 所示，人们通常采用类似"红黄绿灯"的机制，各层级单位都会据此统一对风险的理解。对于存在风险的问题，不仅要根据严重程度进行分级，还要进行汇总上报。这样做不仅是为了提升重视程度，还可以调用更多资源解决相关问题。

- 高风险：问题原因未确认，补救解决措施未制定、未实施。对项目关键节点有重要影响，对关键指标（比如成本）有致命影响。需要决策进行上升处理，调整计划或者终止项目。
- 低风险：问题原因确认，补救解决措施获得批准并推进，不影响关键节点或者关键指标。可以继续推进，但需要严格控制和跟踪，直到完全关闭。
- 无风险：按照进度计划推进的其他工作，不做特殊处理。

图 8-9 "红黄绿"三级风险

底层的风险主要出现在技术层面，通常以"问题清单"形式进行管控，由责任工程师负责组织。其一般过程如图 8-10 所示，这是结合 8D 问题解决方法和 PQCP 质量管控过程做出的一个简单总结，包含的要素较为全面，在具体工程实践过程中，可以根据问题复杂程度进行精简。

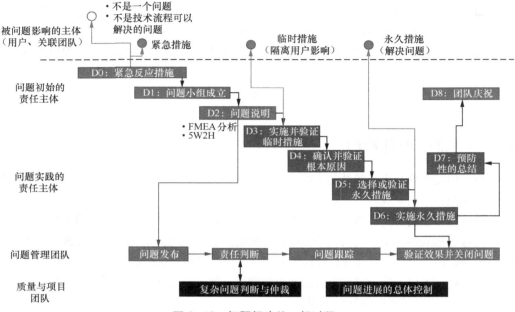

图 8-10　问题解决的一般过程

整车变更管理流程如图 8-11 所示，产品规划、设计和关键指标的更改一般通过 CR/DN（Change Request/Decision Notice）完成。这些变更通常涉及单车物料成本改变、开发投资成本超限、多平台共性问题。当变化发生时，需要发起 CR（Change Request）申请，关联部门会对 CR 中与自身关联的部分进行评估，最后在管理层进行综合决策，结论将通过 DN（Decision Notice）告知所有关联方。

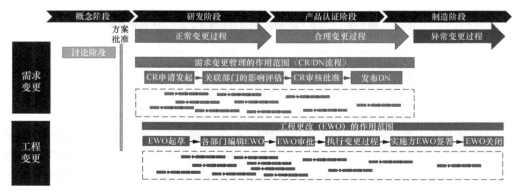

图 8-11　整车变更管理流程

另一种变更称为工程更改指令（Engineering Work Order，EWO），是公司内部工程数据更改沟通和批准的电子系统，是车企生产活动持续改进的载体。EWO 是产品工程的一个重要环节，同时也是一种变更，因此与 CR/DN 结合起来介绍。相对而言，CR/DN 是功能需求的调整，而 EWO 是工程数据的变更，CR/DN 是导致 EWO 的其中一个因素，但绝不是唯一因素。EWO 的工作流程比 CR/DN 更加复杂，不仅要对变更进行审核，还要对变更成果进行确认，成果确认后才会关闭 EWO。

变更在整个 GVDP 流程中分为三个阶段，研发设计阶段的变更属于正常变更。在产品认证过程中，由于产品设计需要与生产制造磨合，生产工艺相关的变更或者与系统关联较小的变更属于合理变更。但进入制造阶段，所有维度基本已全部锁定，该阶段的变更属于异常变更，一般不会在当前车型实施。

最后是整车财务管理流程，如图 8-12 所示。财务管理有两个主要方向，一个是研发预算，这是车型研发的一次性投入；另一个是物料成本目标，反映车辆的单位成本，一般与销量关联。整车研发预算会在概念阶段进行，经过自上而下的分解，以及自下而上的汇总，确认整个项目的预算目标并初步确认物料成本目标。研发预算的释放和跟踪通常会分为两个阶段，第一阶段释放相对少量的预算进行方案的细化评估和锁定，第二阶段才会正式释放所有预算支持项目推动。研发预算和物料成本都是关键的产品维度。与其他变更相同，在设计方案批准之后，所有的相关变化都需要进行变更管理。

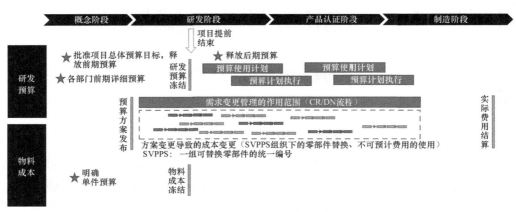

图 8-12 整车财务管理流程

作为一种通识的管理活动，项目进度管理会覆盖整个研发过程。阀点并不代表进度，而是相关问题的一种阶段性对齐和审核。

8.2.4 整车需求定义与分解

无论是汽车产品还是互联网产品,转化和分解外部客户诉求都是需求分析的第一步。整车的需求设计主要分为两个阶段,第一阶段的核心是分析产品在产品型谱中的定位,确认整车项目启动后需要达到的项目边界条件,比如销量、投资、成本、产品特征、开发周期、赢利能力等。第二阶段则是在边界条件的基础上,细化市场、造型、工程和制造的需求,识别项目中的冲突。

如图 8-13 所示,从市场维度看,主要是市场细分规范(Market Segment Specifications,MSS)的撰写,其定义了客户和市场对于产品的要求,包括质量、寿命、经济性、特性、外观、安全、操控性、舒适度、环境要求等。

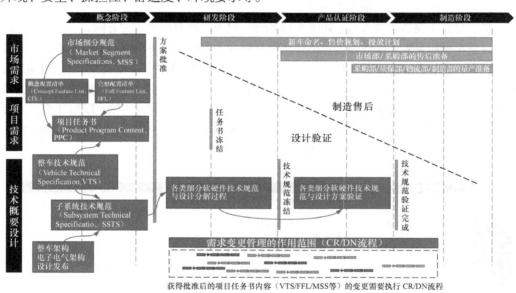

图 8-13 整车的需求分解流程

从系统功能的角度上,主要是从概念配置清单(Concept Feature List,CFL)到完整配置清单(Full Feature List,FFL)的过程,市场部门提出 CFL 后,与工程部门沟通并锁定 FFL。

从产品工程角度出发,动力总成方案、整车技术规范、全尺寸主题模型、关键零部件的设计方案、电子电气架构等也会完成发布。

所有这些方面的关键信息最终会汇总为产品项目任务书(Product Program Content,PPC)用于指导项目后续分解、设计、验证、制造和售后活动的推进。

如图 8-14 所示,从智能驾驶这条主线进行深入分析,智能驾驶研发流程主要是从整车技术规范（Vehicle Technical Specification，VTS）到子系统技术规范（Subsystem Technical Specification，SSTS）再到零部件技术规范（Component Technical Specification，CTS）的过程。

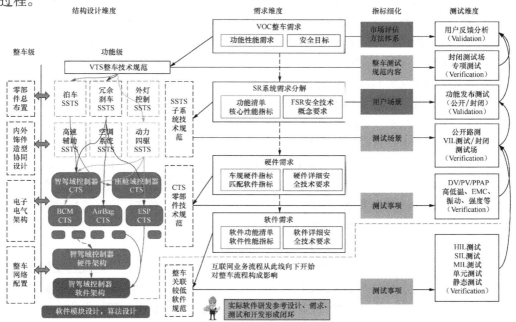

图 8-14　智能驾驶研发流程

VTS 是智能驾驶系统设计的顶层输入，主要内容围绕用户对车的核心关切以及具体性能要求，通常包含汽车空间配置、总成配置、性能要求、气体动力学、尺寸空间、底盘系统、汽车刚性、外界接口、车辆人机界面、空调系统、各种模式 NVH、操控性、刹车系统、生命周期、耐久性、道路安全、车辆回收等方面。除了参考过往经验、团队能力外，目标客户期望以及未来趋势也是性能目标设定的关键因素，设定性能目标通常需要大量的对标工作以及经验判断。

从 VTS 到 SSTS 的过程是对设计需求的细化。SSTS 实现承先启后的功能，满足上一层 VTS 需求，并建立对下一层 CTS 需求。SSTS 对复杂的功能进行结构性的拆解与分析，并且定义多个部件的组合行为，以及各个子系统的交互信息及方式。从整车（VTS）的角度看，智能驾驶是一个子系统（SSTS），除此之外，整车还包括智能座舱、动力系统等。整车级和系统级之间较为独立，但又有诸多的协同与妥协。整车级别（总布置评估、热管理评估、物流质保、改制安装对接、成本控制等）和电子电器架构级别（ICD 原理、线束设计、信号需求交换等）这些与不同 SSTS 重叠覆盖的区域，通常需要大量的沟通和协调工作才能正常推进。比如智能驾驶系统控制器需要与整车总布置沟通可行的安装位置，智能驾驶系统的传感器需要与整车造型的外露面（A面）进行协同设计。

从 SSTS 到 CTS 的过程是将系统功能分配给不同部件来实现的过程。一个功能点可能与多个部件相关，而部件的描述就是 CTS。CTS 的内容一般由零部件供应商提供，包括控制器设计原理、控制芯片要求、电气原理图、控制功能逻辑、交互信号、睡眠唤醒、电气特性、性能测试等方面。在域控架构下，整车厂商也开始承担 CTS 的工作。不同 SSTS 的责任方会交叉与涉及的 CTS 责任方进行需求沟通。所有 SSTS 责任方沟通锁定后，会发布整车网络配置，并传达给各 CTS 的责任方进行开发。

VTS、SSTS、CTS 三者的关系可以简单总结为：SSTS 相较于 VTS 更加具体，会描绘信号交互、功能逻辑、场景分析等内容；而 SSTS 相较于 CTS 更加抽象，通常不涉及实现方案、详细原理、环境测试等内容。正是因为抽象性，SSTS 才具备通用性的特点。SSTS 能够独立于实现方案而存在，同时为实现方案约定一种设计边界，使供应商在这个框架中能够进行各种创新或者降本设计，避免偏离初始的设计需求。整车厂商在选择供应商方案时，能够基于 SSTS，去挑选品质与成本最优的方案。

在整个需求分解过程中，有几个需要注意的要点。

首先是明确的指标体系和文档规范，整车开发的质量管控核心之一是文档交付物，整车开发对文档有非常精细的要求，是后续环节可实施的基础。文档并不特指纸质材料，也可以是电子流程文件。其主要作用是确保每个责任方都对各自负责的研发内容已经有了全面而细致的考量，也是后续功能安全责任追溯的依据。

然后是可追溯的传递链路，文档之间要形成映射，确保可追溯。智能驾驶系统设计最终都会形成需求清单，涵盖智能驾驶系统对关联系统的需求以及智能驾驶系统自身的功能需求。一个软件需求必须向上链接一条系统需求，向下链接一条模块需求，平级链接一条测试用例。每条需求对应的描述都必须有能够高效应对的测试方法，否则需要再次分解和量化。另外，从安全维度看，有安全等级的需求必须链接到其上级的安全需求中，不能出现不明确的安全需求分解，比如 A 需求是由 B 需求分解出来的，那么 B 需求必须是来源明确的。

最后是需求、设计与最终成果的对齐。文档和可追溯链路是手段，而最终目的是确保对齐，成果与设计对齐，设计与需求对齐，新需求与旧需求对齐。这其实就是质量管控的过程，或者说 V 模型的开发过程。

8.2.5 造型、产品工程与制造

在整车开发流程中，造型设计、产品工程与批量制造可以看作最直观地反映一辆车从

无到有、由粗到精的整个过程的三个核心流程。图 8-15 所示是造型、产品工程与制造的关键流程。造型关注的是一辆车的外观，产品工程关注的是内容，并把外观有机整合在一起，制造是指将外观和内容的各类零部件批量生产出来再进行组装的过程。

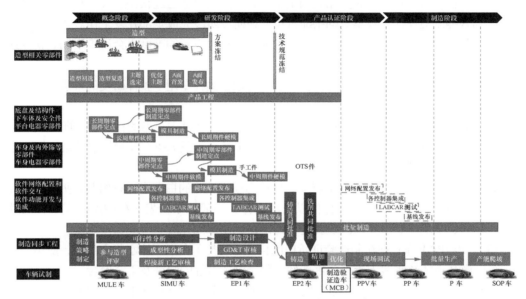

图 8-15　造型、产品工程与制造的关键流程

具体展开整个流程，首先是零部件的设计开发。零部件的数据模型最能反映开发进展，根据数模的精细程度划分，由粗到细可以分为三个阶段，第一阶段是概念样件，比如常见的油泥模型、虚拟仿真样件等。第二阶段是 Prototype 样件，比如手工样件、软模样件、3D 打印样件等。第三阶段是工装样件（OTS 件），一般是由零部件生产线生产出用于正式批产的样件。

大量零部件并行地进行设计、采购、开发、制造、交付、集成和验证过程，大体可以划分为前后两个阶段。第一阶段一般从概念阶段开始，整车的关键构件需要优先启动并完成，主要包括造型件、底盘及结构件、下车体及安全件、平台电器零部件。造型工作和产品工程关键零部件的工作大部分会在方案冻结前结束。第二阶段，其他零部件的相关工作一般是在方案被批准后开始。

白车身（Body in White）是另一个重要的概念，指的是完成焊接但未进行涂装的车身，不包括四门两盖、内外饰、电子系统、底盘系统、动力总成等运动件，是所有零部件安装到位的"骨架"，能够较好地反映进度状态。无论是车间制造的工程样车还是工厂制造的批产车，都可以划分为白车身完成（BIW），所有零部件物料到位（MRD）以及零部件组装完成（FIV）三个关键里程碑。

白车身及所有零部件都有一个最后的设计锁定时间。一般在产品认证阶段之前锁定整个白车身，白车身锁定意味着产品架构定型。后期问题只能通过软件解决。整个电子电气架构中的各控制器软件以及整车网络配置也会在研发阶段完成全部开发工作。考虑到正式样件会屏蔽绝大部分的调试接口，在产品认证阶段软件更新的难度也会逐步增加。软件通常也会在制造阶段之前完成锁定。

从整车角度看，每个阀点之间都会组装一定数量的样车用于整体研发的推进，可以粗略分为三类。

- Mule/Simu 车：指产品概念阶段的样车，是改装过去车型的白车身，即安装有待验证底盘或动力总成的杂合车。一般用于概念阶段的整车关键性能验证，拼凑零部件在试制车间完成。
- EP 车：指产品设计阶段的样车，采用为项目设计的白车身进行组装，使用的零件是为该项目定制的手工样件以及沿用件，一般用于研发过程中所有零部件的性能、功能和制造验证。组装过程通常在试制车间完成。
- PPV/PP/P 车：指在制造验证阶段的样车，此类车在工厂流水线上组装，使用供应商从正式流水线上下来的零部件，用于制造过程的验证及工艺磨合。

整车制造环节会与造型和产品工程同步启动，包括造型评审、制造可行性评估、新工艺的验证等，在产品认证阶段开始之后，工作重点会从产品工程和造型转移至制造部门。在边界位置上，许多重要的制造启动指令会由产品工程和制造部门共同批准。之后的每个阀点之间的环节都会生产一批样车用于生产工艺和制造过程的验证和磨合，数量逐步增大。

8.2.6 零部件采购流程

采购本质上是外部资源的管理流程，车企只是整车研发生产的其中一个环节，其背后还需要一个复杂的供应链来确保。在讨论采购流程之前，我们首先要理解物料清单（Bill of Material，BOM）的概念。BOM 是针对某个具体车型的物料清单，利用该清单中的物料可以制造出一辆完整的车。对整车制造而言，实施任何活动都需要量化对于零部件的理解。研发、生产、财务、采购、售后等多个环节都使用 BOM 数据，但数据与数据之间相互割裂，并不能发挥 BOM 的价值。BOM 管理是企业数字化管理中的一个环节，无缝贯穿整个产品的生命周期。BOM 通常用于统筹，根据不同环节的业务需求特点，BOM 还分化出了工程 BOM、采购 BOM、制造 BOM、售后 BOM、决策 BOM 等许多细分项。图 8-16 所示为 BOM 跨越多个部门完成一辆工程样车制造的典型过程。

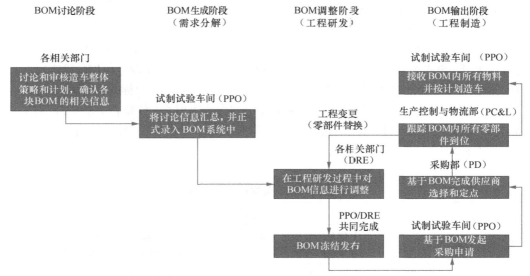

图 8-16 BOM 跨越多个部门完成一辆工程样本制造的典型过程

如图 8-17 所示，在采购流程中，有初始 BOM 输入后，工程师（DRE）会进行产品设计成本分析表（Design Concept Sheet，DCS）的制定，DCS 会对零部件设计（不同工艺、不同用料等）进行对比分析（Benchmark），目的是在保证产品目标性能的前提下，将成本控制在项目许可范围内。DCS 完成后将会为后续 SOR/SOW（Statement of Requirements/State of Work）的撰写提供必要的输入，包括较详细的零件工程设计（尺寸、材料、零件分块）及成本信息。

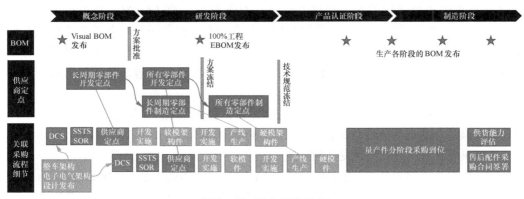

图 8-17 整车采购流程

SOR/SOW 是在项目初期用于供应商定点和开发零件的技术文件。SOR 强调对产品、硬件、实体的需求，SOW 强调软件、算法、服务的需求。这些文档中通常会规定功能/性能、尺寸/布置、法规要求、试验/测试要求、交付时间要求、数量要求、工程师和供应商的职责等内容。SOR/SOW 由技术部门编写，经各部门会签后，由采购部门统计归纳后进行招标定点。SOR/SOW 一般在整车概念阶段开始撰写，在研发阶段之前均会完成定点，以防对开发构成影响。SOR 和 SSTS 有明显的区别，SOR 是宽泛的目标要求；而 SSTS 是具体的实施方案。供应商负责设计的零件 SOR 中会包含释放相关零件或者子系统的 SSTS 或者 CTS，但更加精细的设计是黑盒的，没有明确要求时并不会提供。整车厂商与供应商的分工如表 8-2 所示。

表 8-2 整车厂商与供应商的分工

科目	整车厂商	供应商
核心设计材料	整车厂商将在 SOR 文档中明确需要的内容	供应商负责具体设计，提供整车厂 SOR 中规定的相关内容
核心角色	集成零部件	开发零部件
试验规范、试验设备和试验方法要求	采用整车厂商的方案和要求进行验收	采用供应商方案发布，但不一定提供整车厂商的具体方法
测试验证阶段	Onsite/LabCar/HIL 测试	HIL/SIL/MIL 测试
安全责任的界定	整车厂商和供应商协商定义相关的设计边界与安全责任，各自负责边界两侧，并自行承担边界内问题的安全责任	

采购人员根据研发人员的供应商推荐，结合采购名录确认对标的供应商清单。采购名录是采购流程管理的又一个核心环节。对于整车厂商（OEM）来说，下级供应商的进入条件非常严格，原因在于整车构成非常复杂，如果任何一个零部件在制造环节出现断货，都会影响整车下线。曾经出现过因为一些微不足道的小零件断货，导致整车生产停滞的情况。因此 OEM 对供应商有一定要求，内容包含但不限于如下几个方面。

- ❏ 拥有 ASPICE 等流程认证，具备正向开发和质量管控的基本能力。
- ❏ 具备功能安全、信息安全与数据管控的能力。
- ❏ 具备良好的设计、开发、测试能力。
- ❏ 团队人才储备是否充足，能力建设（固定研发设备等）是否落实到位。
- ❏ 如果涉及硬件，还要评估是否具有生产车规级零件所需要的生产与测试设备。

- 具备稳定零部件供给的生产线、物流与售后资源。
- 公司规模、现金流稳健性等可能影响零部件稳定供给的其他因素。

供应商的选择过程通常分为两个阶段，首先经过审核的公司会进入整车厂商的采购名录，然后根据当前项目的需求与报价，在符合要求的公司中最终选择一家作为定点供应商。简单零部件的采购过程非常成熟，根据材料、工艺、人工可以清晰地核算。目前采购的难点主要集中在紧密电子电气设备以及软件采购方面，其价格估算更为困难。

在 GVDP 流程中，采购工作主要集中在前期与后期，前期确保所有零部件开发和制造供应商的定点，后期主要是确保不同阶段造车过程以及售后过程的零部件采购以及持续供货能力的评估。

8.2.7 质量保障体系

质量保障是整车研发制造过程中最重要的一个话题。图 8-18 所示为整车及零部件质量管理流程。在项目管理中，问题管理、变更管理等都属于质量管控的范畴。8.2.1 节讨论过的 GVDP 流程中的关键概念"阀点"是质量保障的其中一个概念。汽车企业大大小小的流程设计都是围绕质量展开的，这是汽车思维的根基。

理解质量首先需要明确的一个概念是，质量并不完全赖于测试，高质量产品通常是设计出来的，而不是靠测试补救出来的。质量管理的设计过程有许多方法论，其中最为经典的是失效模式与影响分析（Failure Mode and Effects Analysis，FMEA），其会对产品设计阶段的每个子系统与零部件，以及过程设计阶段的每一个工序进行逐一分析，找出所有潜在的失效，并分析这种失效可能造成的后果，从而预先采取必要的措施，以提高产品的质量和可靠性。

FMEA 细分为三大类，SFMEA 分析的对象是整个系统，DFMEA 的对象是子系统或者零件，而 PFMEA 则针对生产过程（装配）。SFMEA 是 DFMEA 的输入，DFMEA 是 PFMEA 的输入。一般而言，SFMEA 由整车厂完成，DFMEA 主要由设计方负责，可以由整车厂或者一级供应商完成。PFMEA 则由生产方负责，可以由整车厂、一级供应商或者二级供应商完成。

虽然前道的设计过程是整个质量管理体系的重中之重，但相对而言，后道的测试验证过程体量更大。在整车开发过程中，涉及测试验证的环节非常多，核心包括软件层面、零部件层面、系统层面以及整车层面。

智能驾驶的软件层面的测试过程已在第 6 章进行过详细描述，这里不再赘述。

第 8 章
智能驾驶汽车的研发体系——人的流程

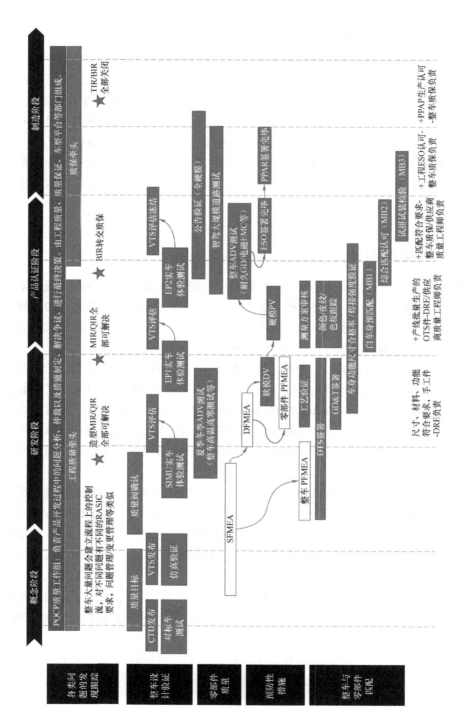

图 8-18 整车及零部件质量管理流程

零部件层面的测试验证方法及其指标体系会根据安装位置与所处环境的不同,以及功能要求或者寿命要求的不同而有所区别。针对车上的每一个零件,研发人员会根据需求以及法规标准分析制作试验清单,由于品类过多,这里只进行简单总结。

首先,所有的物理零部件都会对使用寿命、材料(热形变、金属防腐蚀)、结构强度与连接强度(卡脚、螺栓、镶嵌)、仓储运输配套等提出要求。外饰件要考虑外部环境要求(振动、阳光照射、风沙侵蚀、石子打击、温湿度变化等),内饰件要考虑内部环境要求(环保、霉变、有害物质、阻燃性、温湿度变化等),电子电气零部件要额外考虑电磁兼容性(Electro Magnetic Compatibility,EMC)、供电异常(长时高低压、交流影响、负载突降)等影响。

其次,不同类型的零部件有不同的功能要求,比如保险杠要关注行人保护,外饰件要关注颜色变化。与智能驾驶相关度比较高的电子部件,还要考虑不同种类的软件适配性。比如对于控制器来说,要顾及硬件算力、内存是否满足算法要求,硬盘的 EMMC 最大刷写次数是否满足算法更新要求。传感器执行器要考虑其工作范围、感知范围、工作频率、分辨率等是否满足功能算法需求等。

最后,在制造过程中,各零部件之间还需要进行匹配验证。在研发阶段,造型、工程、制造部门会共同签署尺寸技术规范(Dimension Technical Specifications,DTS),几何尺寸与公差(Geometric Dimensioning & Tolerancing,GD&T)以及其他制造相关的设计文档,保证零部件制造与安装过程中的尺寸数据完整,保证模具、夹具和检具有精确而统一的基准。

以此为基础,各零部件会在制造阶段进行现场匹配验证,发现关键零部件(车身冲压单件、焊接总成、车身外覆盖件、内外饰件等)在多个关键装配指标上(尺寸、配合、缝隙、平整度、色差等)的缺陷,并指导工艺改进(模具改进、工装设备调整、工艺参数优化)。

这个过程一般分为三个阶段。

- ❏ 预匹配认可:通过整车白车身,对产线生产的零件进行预匹配分析,对已经存在或者可能发生的缺陷进行分析改进。
- ❏ 综合匹配认可:针对车身和内外饰件进行匹配分析,对零件的尺寸、缝隙、平整性、色差、外观、装配性能等进行测量分析和评价。
- ❏ 试拼试装检验:零部件在车身车间和总装车间进行拼装、焊接和装配检验,发现零部件在这些过程中产生的问题。

与匹配验证并行推进的,是单个零部件的验证与认证,分为 DV、PV、ESO、PPAP 几个阶段,其核心定义如下。

- 设计验证（Design Verification，DV）的零部件可以是手工件或者模具件（Off Tools Sample，OTS）。如果是由于设计错误导致的问题，则属于 DV 验证的范畴，比如性能测试、高低温测试等。DV 根据被验证对象的结构自外向内推进，越靠近内层，验证科目越多。

- 产品验证（Product Verification，PV）的零部件必须是 OTS 件，即供应商提供的通过验收确认的批量生产使用的模具、夹具在非生产节拍下生产出来的零件；如果是由于生产导致的问题，则属于 PV 验证的范畴，PV 试验在 DV 试验的功能验证基础上增加环境模拟试验，包括粉尘、温度震动、温湿冲击、老化测试等。PV 通常自内向外展开，越向外科目越多，PV 不关注内部设计，主要关注产品表层的功能与质量问题。

- 工程核签（Engineering Sign Off，ESO）是一个认可过程，验证 OTS 件的尺寸、材料、性能、安装匹配等已满足设计和法律法规要求。ESO 是生产环节重要的文档记录，是 PPAP 必需的材料，明确了量产零件本身满足制造要求。

- 生产件批准程序（Production Part Approval Process，PPAP）规定了包括生产件和散装材料在内的生产件批准的一般要求（PSW 文件、PFMEA、控制计划、工艺流程图、重复性再现性报告、PP&PPK 等），也是一个认可过程，确定供应商已经正确理解了规范的所有要求并具备必要的生产能力，可以在实际生产过程中按规定的生产节拍满足顾客要求。实际上是在 ESO 的基础上，进一步认可其制造能力。完成 PPAP 审核代表供应商具备项目量产供货的资格。

从理论上来讲，一般零部件在 DV 阶段会手工制作 10~20 份，一般耗时 3 个月左右。在 PV 阶段会小批量试生产 100 份，修正部分设计后，开始 ESO 认可，一般再耗时 3 个月左右，然后大批量试生产 300 份。如果一切顺利，即可提交 PPAP 资料至生产部门，与此同时生产部门完成人员培训、工装参数记录、生产工艺文件编制等工作，一般耗时 2 个月。从 DV 的内部逻辑性验证，到 PV 的生产过程以及生产成果的验证，再到 ESO 的设计认可，最后到 PPAP 的量产制造认可，形成一个完整的零部件的质量管控过程。

零部件层面之上是系统与整车层面的测试验证。在讨论这两个层面之前首先要理解验证（Verification）和确认（Validation）的区别，以及 Use Case 和 Test Case 的差异。实际上产品的测试与认证过程通常会分为两个阶段，第一阶段要确保设计被正确开发，第二阶段要确保开发成果与需求保持一致。

第一阶段是对内的，对应 Test Case。Test Case 是指对一项特定的软件需求进行测试所做的量化描述。本阶段的验证过程一般称为验证（Verification），意在提供客观证据确保既有设计功能的开发与设计一致。

第二阶段是对外的，对应 Use Case。Use Case 的设计通常会专注于用户行为（有主角、情景、剧情），隔离内部详细设计，一般使用 UML 用例图描述。本阶段的验证过程一般称为确认（Validation），目的在于检查产品是否达到顾客使用要求。

整车和系统都存在直接面向用户的需求，用户可以直观地感受到整车和整车系统对自身的影响。因此整车和系统层面都存在 Validation 的过程，而分解到 CTS 级别的软硬件通常只有 Verification 过程。

我们在第 6 章已经介绍过智能驾驶系统层面的验证过程，这里不再赘述。本节主要讨论整车层面的质量管理方法。整车级别的测试验证主要面向电子电气架构、整车性能、标准法规等要求。

首先来看电子电气架构测试，也称为 LabCar 台架测试。如图 8-19 所示，其本质是绝大部分电子电气设备组成的硬件在环（HIL）测试系统。通过模拟外围传感器与执行器信息来检测整个电子电气系统是否工作正常，同时 LabCar 还可以人为注入故障（短路、断路等）来检测非正常情况下整个架构的反应是否符合预期。

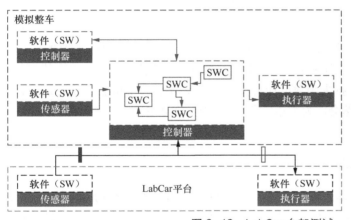

图 8-19　LabCar 台架测试

然后是整车级别的开放道路测试，如图 8-20 所示，不同于系统级的实车测试。该过程关注的并非单个功能，而是可能存在综合影响的整车问题。这些问题出现在单体台架试验、系统级台架试验中，且无法复现，仅仅在整车测试中的某些特殊工况下才会出现。类似的测试还有在极端环境下的三高测试（高原、高寒、高温）、耐久性测试等，满足法律法规以及行业测评要求的公告测试、强制检验标准认证、C-NCAP（中国新车评价规程）测试等，与整车性能相关的 NVH（噪声、振动与声振粗糙度）测试、"五大性能"测试（动力性、经济性、制动性、操稳性、通过性）以及平顺性的校调等。

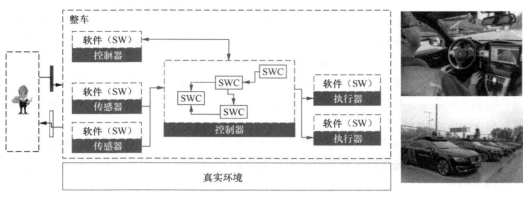

图 8-20 开放道路测试

8.3 智能驾驶系统的指标体系

指标体系是整个流程中非常关键的一个维度，将设计、开发、测试串联起来的核心就是指标体系。虽然详细的逻辑设计更加重要，但是在数据驱动的背景下，强调逻辑的软件算法已经开始侧重指标定义（损失函数设计），并将算法调优转移至机器实现（深度学习网络优化）。未来指标体系必然会作为主角贯穿各个层次领域的设计。

8.3.1 系统功能边界的定义

虽然智能驾驶系统的指标体系盘根错节，但一般认为其源头是系统功能边界的定义，或者说智能驾驶等级的定义，指标体系直接决定了系统在技术构建上的方向。在讨论智能驾驶的功能边界设计或者智能驾驶等级之前，有几个重要的概念需要理解，分别是 ODD、DDT、DDT Fallback 和 OEDR。

设计运行域（Operational Design Domain，ODD）是指智能驾驶系统工作的前提条件及适用范围，系统只能在界定的环境边界内才能启动，超出这个范围就必须退出，其描述的内容主要是外部环境的复杂性。核心内容包括如下几个维度。

- ❏ 物理设施：道路类型、道路工况、道路连接复杂程度。
- ❏ 操作空间：交通拥堵情况、车速要求、车辆类型。
- ❏ 障碍物：行人、障碍物和车辆的数量。

- 设施支持：是否具有外部 V2X、道路传感器支持。
- 环境因素：雨雪、侧风、飞石颗粒物等。
- 行驶区域：高速、城区、小区、校园周边、事故多发区域等。

在 ODD 的工程设计中，我们要尽力避免对外部环境提出过高要求，应尽可能使用能够可靠感知的维度，或者尽可能使用人类容易理解的维度。

动态驾驶任务（Dynamic Driving Task，DDT）指汽车在行驶过程中需要处理的动作空间，不包括行程安排、目的地选择等战略上的一次性操作，包括但不限于横向控制（转向）、纵向控制（加减速）、意图表达（灯语）等。下文会提及的 OEDR 也是 DDT 的一部分。在 ODD 范围相同的情况下，OEDR 越强，DDT 可以支持的动作空间越大。

动态驾驶任务支援（DDT Fallback）指的是系统性的失效发生或出现超过系统运行设计范围（ODD）时，需给出风险最小化的解决路径，比如控制车辆进入最低风险状态或者使用户接受驾驶任务。其更像是 DDT 的一种"补充和善后"，人和机器在这个问题上的参与比例决定了系统的无人化程度。

目标和事件探测与反馈（Object and Event Detection and Response，OEDR）指的是对与驾驶直接相关的环境因素的探测与响应能力，是 DDT 的子任务。核心是驾驶环境检测（交通规则、环境障碍物等）以及对检测对象和事件执行适当的响应。工程上需要对感知信息提出一定的需求，但是由于真实世界的维度过多，通常需要筛选关键要素。过多的感知信息会降低单个信息的稳定性，对于决策而言也并非都会起到正向的作用，因此在设计过程中必须进行筛选。

图 8-21 所示为智能驾驶等级的关键概念，L1 级别的 DDT 设计通常只包含横向或纵向控制中的一个维度，不存在同时控制，比如自动紧急制动功能。L2 级别会同时控制横向和纵向，比如 Pilot 功能。L3 级别主要的变化是 OEDR 的完备性，在 ODD 范围内，机器在感知和认知层面已经具备了完整的态势把控能力，但是仍然要求司机时刻准备接管车辆，在故障超出 ODD 范围后给予司机提醒，并在司机接管前继续控制。L4 级别进一步要求在 ODD 范围内，系统要替代人处理 DDT Fallback 任务，无须司机介入。而 L5 级别会将 ODD 从特定范围扩展到任务范围，该级别还处于理论阶段。辅助驾驶主要工作于 L2 至 L3 级别之间，有些高阶辅助强化了部分 OEDR，因此也称为 L2.5 级别。

在工程实践过程中，虽然很多人都了解这个概念，但真正从源头开始分解的并不多见。最难界定的是 L3 级别，而最容易混淆的是 L2 级别和 L4 级别，我们常常在处理细节工作时忽略了这些概念，从而尝试通过产品实现其他级别的设计，进而导致设计失误，需要特别注意。

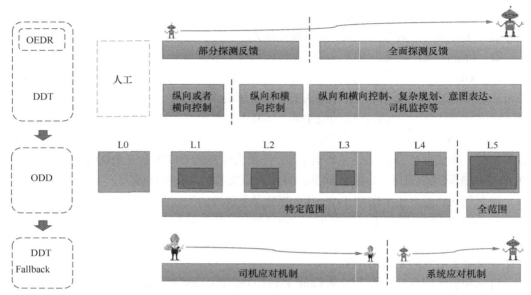

图 8-21　智能驾驶等级的关键概念

8.3.2　层次设计的分解与量化

在任何领域中，量化都是一个产品设计必须经历的过程。上一节讨论的功能边界（智能驾驶等级）就是量化的第一步。在一些顶层需求的描述中也常常出现需要量化的内容，比如安全（降低事故概率）、预防（避免系统可预见的安全风险）、文明（不对环境施加有害动作）、舒适（优化原车性能）、效率（达成形式目标）、体感（信任感、可控感）、友好（人机交互简单）等。

这些感性的概念非常直观地表达了用户对于一个系统的需求，但对于研发而言，上述概念过于抽象不够量化，并不能有效地支持研发活动。因此我们需要将这些模糊的感受或者抽象的概念转化为可以被度量的数值。笔者认为主要有以下五大类：物理量、评分体系、完成比例、可靠-健壮性、精度（方差与偏差）。

物理量一般都有明确的定义和测试规范，比如最高速度大于120km/h等可以直接被测量的内容。

虽然许多感受无法被量化，但可以通过合理的调查和定义确认一个分级系统，评分体系是指使用级别和分数来明确好坏程度，比如使用A～E级来评估一个人的专业能力。评分体系是一个单纯意义上服务人的指标，方便大家形成对复杂事物的简单理解。

相对而言，后续几个指标则较为复杂，在对其进行介绍之前我们先来理解一个概念。复杂的量化过程通常会依赖业务逻辑和技术架构的进一步转化。比如舒适性可以转化为百公里急刹率，安全性可以转化为安全事件的接管率。如果是某些用户的特殊感受，比如"晕车"，则需要根据经验分析。如果晕车是轻微蛇行导致的，则可以被量化为方向盘摆动频率。

上述复杂的量化过程多集中于将系统设计逐步分解为软硬件设计和测试用例的阶段。在这个阶段，指标分解与技术架构交织在一起。如图 8-22 所示，整车级的输入首先需要分解为功能需求（FDS）与功能安全需求（FSR），然后切换工程和技术语言，将需求转化为子系统技术规范（SSTS）以及技术安全要求（TSR）。在硬件层面上，基于此可以逐步开始零部件级别的采购和验证测试。在软件层面则需要继续分解为架构与模块设计、软件安全要求（SSR）等内容，用于支持进一步的量化过程。

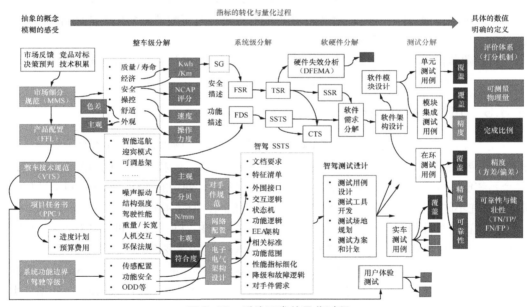

图 8-22 系统研发的量化过程

完成比例是在进行大量转化的基础上经常使用的指标。比例与清单列表相关，如果可以把描述梳理成量化的清单，则清单的完成比例可以被观测。比如，考核一个程序员的能力可以使用 Bug List 统计 Bug 的修复率来评估。

在智能驾驶业务中，典型的场景库主要用于功能性验证，本质上是一个"测试清单"

的大集合，一般可以分解为配置层（Configuration）、测试集（Test Suite）以及测试项（Test Item）。配置层通常会针对不同的背景（不同阶段、不同车型）从场景库中筛选出特定的测试集。测试集包含一系列测试项，一个测试项是一个用户用例（User Case），对应功能需求（Feature）的确认（Validation）。一个用户用例还会继续分解为多个测试用例（Test Case），用于技术设计的验证（Verification）。

测试用例则来源于具体需求，是对需求的一种量化。简单举例说明，我们可以将"对障碍物的及时确认"这条需求翻译为类似"假定刹车反应时间为0.3s，系统软件决策时间为500ms，时速为120km/h，最大减速度为1g的情况下，感知要在120m的距离稳定识别障碍物才能满足规划要求"的多条量化用例。再如，车道偏离抑制功能可以分解为一系列类似"在车速为72±2km/h时，在直道和500m半径的弯道中，车辆以0.4m/s的速度偏离车道时，车前轮外边缘不得超过车道线外侧0.4m"的量化用例。

这些测试用例最终将一个对功能好坏的感性判断，转化为"多少用例被满足"的理性判断。测试工程师可以针对每一条测试用例的特点进行对应测试方案和测试计划的组织，保证每个测试用例都有最合适的测试手段与之匹配。

下面两节我们将讨论可靠性与健壮性，以及精度（方差与偏差）的量化指标。

8.3.3　可靠性与健壮性

在工作过程中经常会遇到一个问题："这个算法对障碍物的检出率非常高，为什么不采用？"要回答这个问题，我们需要真正理解"正确识别"的概念。当我们希望通过统计某个系统反馈的"对错"比例来评估一个系统的优劣时，使用的指标通常是"可靠性与健壮性"，在不同的领域中描述这个概念的名称各不相同，但是本质相同。

在讨论可靠性与健壮性之前，我们首先需要了解TP、FP、TN、FN四个概念。如图8-23所示，TP（True Positive）和TN（True Negative）比较容易理解，即本身是对的东西，机器也认为是对的；本身是不对的东西，机器也认为是不对的。FP（False Positive）叫作第一类错误，也就是实际上是不对的，机器认为是对的。FN（False Negative）叫作第二类错误，也就是实际上是对的，机器却认为是不对的。

如果仅仅从"正确识别"的角度出发，有两个常用的指标，即精确率和召回率。

- 精确率（Precision）：其值为TP/TP+FP，是从预测结果的正确性角度出发，计算预测为正例的样本中有多少是真正正确的。
- 召回率（Recall）：其值为TP/TP+FN，是从样本角度出发，计算有多少正例样本被预测正确。

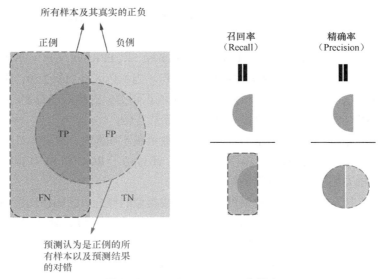

图 8-23 TP/FP/TN/FN 四个概念

"正确识别"并不能完全判断一个系统的优劣,有些情况下将"负例"判断为正确也非常重要。评估结果具有两面性,需要根据产品要求做出平衡。比如一个报警器,如果用作家庭用途,并且用于保护一些低价值的东西,我们可能不希望误报警太多,因此正确判断负例更重要。但同样的报警器,如果用作商业用途,并且用于保护高价值的资产,银行可能会希望避免出现漏报警,造成太大的财产损失,因此更强调正例的判断。准确率与ROC 曲线如图 8-24 所示,表示同时考虑正负例情况的指标有两种。

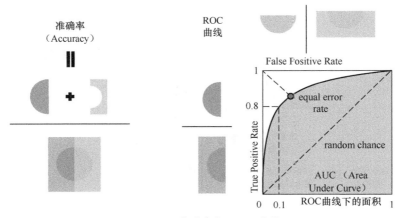

图 8-24 准确率与 ROC 曲线

- 准确率（Accuracy）：（TP+TN）/（TP+TN+FP+FN），代表正确分辨正负所有样本所占的比例。
- ROC 曲线：以 TPR=TP/（TP+FN）为纵坐标、以 FPR=FP/（FP+TN）为横坐标构成的坐标系，AUC 为 ROC 曲线下的面积。当白色区域面积为 0，灰色区域面积（AUC）为 1 时，即可在理论上构成完美的识别类似的指标还有 PR 曲线，相对而言，ROC 曲线兼顾正负例，而 PR 曲线聚焦正例。

这两个指标的含义类似，但是当正负例样本数量极不均衡时，准确率并不能反映真实情况，无法较好地脱离测试数据对模型进行评价。不过由于 ROC 和 AUC 指标将两者进行了分隔，因此可以规避样本不均衡问题。

在其他领域中，一个系统的对错可以被定义成类似的概念。比如指代检测任务时，如果有障碍物是正例，没有障碍物是负例，那么评估漏检是计算 FP，评估误检是计算 FN。

产品体验设计同样如此，如果把负例认为是异常环境，把正例认为是正常环境，则可靠性就是强调正常环境（正例）下的正确反应，而健壮性则强调异常环境（负例）下的正确反应。健壮性与可靠性的量化理解如图 8-25 所示，安全导向的设计会聚焦健壮性的提升，即降低（FP）的比例。而功能导向的设计则会聚焦可靠性的提升，即降低（FN）的比例；

由此考虑 L2 和 L4 的设计，策略上也会有很大的区别。对于 L2 智能驾驶来说，由于人承担主要责任，因此 L2 更需要关注的是误检（FN），频繁的错误刹车动作，会极大地影响用户体验。比如，辅助驾驶 ACC 功能用到的毫米波雷达在检测静止物体和对向来车工况时存在许多错误检测，如果加入这些信号导致用户体验变差，用户可能并不买单，因此通常会选择忽略这些雷达信号。但由于在 L4 级别中机器承担责任，安全要求更高，这种信号不能被简单忽略，而是要考虑增加传感器或者优化算法来改善这些工况下的漏检（FP）。

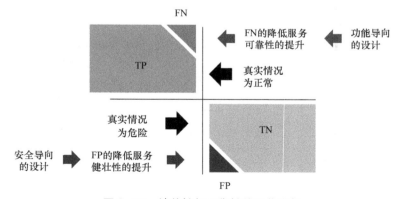

图 8-25　健壮性与可靠性的量化理解

8.3.4 方差与偏差

无论是整车制造过程中的钣金公差，还是视觉测距功能的准度，描述某个数值的精度通常都是对其方差与偏差的讨论。偏差描述的是预测值与真实值、实际值与理论值之间的差距。偏差越大表示结果越偏离真实数据。方差描述的是预测值或者实际值的变化范围或者离散程度。方差越大，数据的分布越分散。如图 8-26 所示，在"Understanding the Bias-Variance Tradeoff"一文中，作者使用靶标形象地描述了两者的关系。

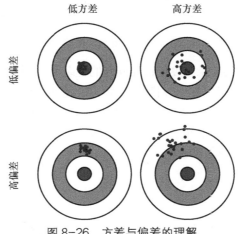

图 8-26 方差与偏差的理解

偏差通常是系统误差导致的，而方差则与随机误差有关。对于制造业或者成熟的软件产品，我们更关心理论值和实际值在统计意义上的误差。在这个过程中，系统误差是一种人为的失误，通常会尽力避免，而更多被讨论的是方差，因为这在物理层面是不可规避的。

评估方差最常见的是"3sigma"方法（参见图 8-27），比如图像识别误差是±5μm/3σ或者某个零件精度是±2μm/1σ，实际上是通过 3sigma 方法来对精度做出描述。通过对成品或者输出结果进行一定量的输出统计后，通常会呈现正态分布，由此我们可以获得标准差 σ，以了解被测对象在特定概率下的精度。举例来说，假设计算得出的 σ 为 1cm，则结论是在 68.27%概率下精度为 1cm，在 95.45%概率下设备精度为 2cm，在 99.73%概率下设备精度为 3cm。根据这个结论即可判断后续任务中，这个精度是否可以被接受。后续任务可以是多个零部件组装的总成，也可以是结合融合预测规划后的智能驾驶系统。

对于模型估计问题，我们更关心预测值和真实值在统计意义上的误差。在这个过程中，偏差和方差同样重要，系统误差的成因并不可知，且同时夹带了随机误差。在工程实践中,如果不能找到更好的特征描述同时改善偏差和方差,则必须在既定的状态下进行平衡。

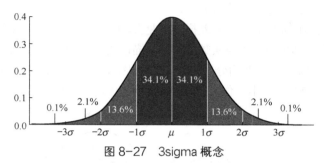

图 8-27　3sigma 概念

从理论上来说,模型的复杂程度要适配问题的复杂度。如图 8-28 所示,相对而言,模型的参数越少,结果的通用性越高,对噪声的包容性越强,然而这也会导致偏差,即预测的结果不准确,模型呈现欠拟合状态。模型的参数越多,模型越不通用,对噪声也越不包容,其结果会越准确,但通常有更多的前置条件和适用范围。一旦超出这个条件或范围,则有可能获得更加不准确的输出结果。

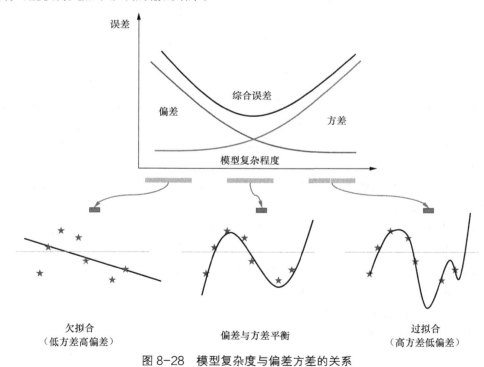

图 8-28　模型复杂度与偏差方差的关系

8.4 智能汽车文化

传统的研发体系更强调"流程"而非"文化",因为整个系统的复杂性已经被"流程"充分消化,按照流程按部就班地推进,足以满足研发要求。但智能驾驶汽车的复杂性距离完全消化还有很大差距,因此需要研发团队的工程师依赖"主观能动性"进行补偿。

8.4.1 文化宣贯与产品力

汽车产品主要可以从成本、安全、质量、敏捷、体验等几个重要维度进行考量。成本对外是客户有能力接受一种产品的基本条件,对内是研发过程中严格控制的方面。

安全的核心是产品失效的危害问题,是从用户视角出发需要梳理的内容。质量的概念不同于安全,是一种对内的思考,体现的是设计和交付的一致性。质量是其他产品维度的前提。

体验是一种纯粹的用户感受,其评价取决于对用户已有需求和潜在需求的洞察和梳理。为了保障这些需求可以被快速洞察和快速满足,我们就需要敏捷开发。

如表 8-3 所示,我们对传统汽车产品与智能驾驶汽车产品在以上评价维度的区别做了一个简单总结。

表 8-3 传统汽车产品和智能驾驶汽车产品的对比

产品维度	汽车产品	智能驾驶汽车产品
产品定位	被操控的移动工具	自动/半自动操控的智能节点
研发重点	司机的体验感	体验感之上的任务替代性 与产品方向切换
质量	通过流程保证的设计验证,测试验证与制造的一致性	相关质量保障复杂度的激增
安全	从被动安全到主动安全	从主动安全到承担安全主体责任
体验	在被动接受中,获得感受最好的产品和服务	期待差异性,乐于交互,期待精细,期待主动提出的诉求被持续满足
敏捷	用户接受的整车开发周期级别的变更(1~2年)	用户希望的类似手机应用级别的变更(1天~1个月)
成本 (性价比)	更关注物理实体层面的性价比	开始关注软件,并逐步接受为软件功能支付费用

无论从哪个维度出发，当下智能驾驶产品的开发难点都与过去的产品有天壤之别。化解产品相关的问题有什么好的方法？这就需要谈到"文化宣贯"。"文化宣贯"旨在提升工程师对于某个产品维度的理解，促进一些跨领域问题的解决。当下流行的"安全文化""敏捷文化""成本意识""质量意识""客户导向"等概念，其中"意识"和"文化"正是工程师对各个产品维度的理解。

某个产品维度越复杂，参与的工程师越多，则这一维度的"文化宣贯"就越重要。因为跨越产品的问题，主要是沟通问题，而不是技术问题。沟通的前提是统一的价值观和判断准则。"文化宣贯"就是为此而存在的。接下来，我们分别来看几种"文化"的构建特点。

8.4.2 质量文化

这里的质量并不指代耐用性，而是确保设计与产品的一致性。如果没有质量管理，产品理念则无从读起，因为我们无法确认设计理念是否真正贯彻到产品中。项目是一个"熵增"的过程，项目并行冲突、人员严重短缺、关键人员撤离、需求变化、前序流程延迟等都会带来设计和交付的巨大差距。质量管控需要通过预防设计、版本控制、递归测试、发布管理等各种手段来抑制差距扩大。

质量文化存在的原因是当下域控架构下的质量问题通常贯穿设计、开发、测试、制造整个链路。在实际研发设计过程中，很多小问题一开始被判别为技术问题，经过深入分析发现是架构问题，解决架构问题后，又会发现工程化跟不上，进而演变为能力建设和管理问题，最终都归结为人的问题。总之，质量问题会不断蔓延到整个研发体系中。

因此，质量文化的构建追根溯源还是需要做好人的工作。一个在领导力、需求、硬件、架构、工程化、软件算法、项目管理上都有质量意识的团队才是质量的核心保障。比如职能部门领导要注重团队组织架构、团队梯度的搭建、岗位 AB 角设置以及团队能力平衡等。质量流程相关部门要注意前期研发体系和自动化流程的搭建，确保持续迭代工作的稳定性。项目团队要注意资源投入的控制，避免"人海战术"。软硬件开发人员需要注意严格按照质量流程推进，完善必要的文档。注重培养人才的质量意识，对应措施有保障，才能确保质量。

另外质量文化的构建还有一定的侧重性。在关键环节处理问题，可以提高整体效益。比如，在上游模块可能只需要 1 行代码就可以轻松解决问题，如果侧重出现了偏差，比如强制增加 200 行代码去解决上述问题，那就是"噩梦"的开始。如果上游来解决该问题，代码可能因为不必要的调整而沦为技术债，同时由于在错误的环节实施了策略，可能导致技术方向的错误。

任何一个成熟的系统，通常都是前道重、后道轻。问题的解决越靠前越好，无论是算法上的前道感知模块、流程上的前道需求、前道的测试体系搭建或者管理层领导的前道决策。良好的前道工序才能保证后道的品质，也为后道留出更多时间和精力灵活解决意外问题。如果一个不成熟的系统，前道出现纰漏，后道在逐级消化这些问题时，常会出现架构混乱和节奏失调的问题，最终无法收场。团队不能确保每个人都非常认真且专业，但将认真和专业的人部署到前道，会提高项目收益。

质量文化在汽车研发制造流程中是慢周期的，讲究预判风险；而在互联网研发当中是快周期的，通过快速迭代来控制风险。核心问题是软硬件的固有特性差异。当下的智能驾驶研发体系已经串联了快慢两个周期，形成了一个更加综合的质量保障体系。无论是制造业的硬件还是互联网的软件，质量保障的思路都是殊途同归的。对长周期的变量（架构、制造、人）给予充分的预判，建设体系架构，将一切可以标准化、平台化的东西自动化，为短周期变量（用户需求、软件算法、功能应用）的快速迭代提供支撑，综合化解质量风险。因此对工程师的要求也是复合的，需要同时掌握这两种思维方式。

8.4.3 安全文化

安全文化贯穿产品设计、开发、营运、终结等全生命周期。整车架构、电子电气架构、终端与通信架构、软件架构和整个研发体系架构都在功能安全的讨论范围内。其中的关键词"安全"实际是一个统称，作为一个被误解最多的词汇，这里先梳理其细分构成。

如图 8-29 所示，汽车行业常把安全分为安全（Safety）和防护（Security）。安全的定义是，由于外部自然环境、设备软硬件概率故障和用户的自然行为导致的安全问题，比如由于下雨、发动机损坏、用户忘记戴安全带等因素导致的安全事故，其通常是某种"自然概率"引发的。而防护多针对由于非自然因素导致的安全问题，比如黑客攻击等，含有蓄意的成分。

驾驶安全其实是一个很大的话题，道路、用户（使用主体）、车（设备本身）都会为安全作出贡献，将安全问题维持在一个成本和能力可接收的范围内。汽车安全设计是关联软硬件的失效危害评估与设计预防，主要反映在两个维度。

一个是功能安全（Functional Safety），一般指车自身的软硬件失效，整车厂要设计策略，防止这些失效发生，并且在遇到无法解决的问题时告知客户。另一个是网络防护（Cyber

Security），指的是车辆在更换零件、升级软件和连接网络过程中，防止车端节点被蓄意篡改和破坏所做的设计。

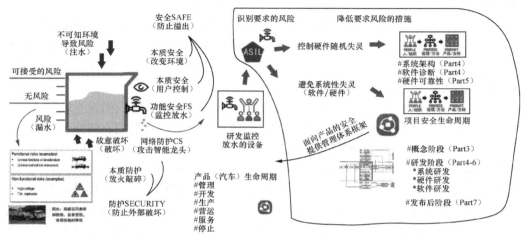

图 8-29　安全的基本概念

当下功能安全主要遵循 ISO 26262 标准，对内依赖 ASPICE 等流程的支撑，同时关联 SOTIF 等延伸标准。每个公司执行的安全流程会各有侧重，对 ISO 26262 感兴趣的读者可以在本书的配套资源中获取。

功能安全的实施过程首先需要确认功能安全的目标、并对安全目标进行梳理和分解，根据严重程度、可控性、暴露概率综合确认每个零部件、软件和系统的 ASIL 等级，分为 QM、A、B、C、D 五个级别，其中 QM 要求最低，而 D 要求最高。安全等级提升，则对应的设计复杂度、测试完备性或者物料成本也会上升。完成分解后，根据每个 ASIL 等级的不同要求，流程会有针对性地从多个维度（组织架构、产品研发过程、软硬件设计细节等）给出需要实施的安全措施和方法论。比如，自下而上要实施多少探测手段，自上而下要实施多少预防设计手段。

对智能驾驶来说，功能本身和其关键软硬件构成都需要达到 ASIL-D 级别，比如硬件故障率要小于 10 FIT（10 亿小时 10 个故障）等。但并不是说任何部分都必须达到最高等级，智能驾驶的核心软件算法达到 ASIL-B 已经是行业高水平，可以通过增加外围冗余手段或者分解功能安全目标来使系统整体达到 ASIL-D 级别。

冗余设计是功能安全具体设计中的常用方法，冗余的核心思想是从多个维度去思考同一件事情，防止单一维度失效。对于任何系统来说，如果所有组件针对一个输入都会有相同的反应，可能是高效的，但也容易导致系统失效。冗余是牺牲部分效率或者成本来换取健壮性的提升。如表 8-4 所示是冗余设计的典型模式。

表 8-4　冗余设计的典型模式

结构	安全模式	典型案例
同质	相互叠加，失效后性能降低	☐ 冗余转向系统，两个电机会同时作用于转向系统，当其中一个电机损坏时，另一个可以提供 50%的助力 ☐ 电源冗余，一路失效后，剩余设备可独立维持部分功能
异构	相互叠加，失效后性能降低	☐ 卡尔曼滤波或者粒子滤波等算法，从多个角度获得目标值结果，并进行动态融合，稳定结果
异构	"与"关系，任何单元失效，则异常告警	☐ 智能驾驶启动前的功能安全检查模块，任何检查项不满足需求，不允许智能驾驶功能启动 ☐ EGAS 三层架构，一层实现功能，二层监控功能，三层在独立芯片上监控"监控功能"所在的芯片
同质	2～3 套独立系统进行投票决策	☐ 无人机飞行控制系统，安装多套独立控制单元与电源系统；智能驾驶双驾双控系统
异构	主从系统，一套低安全性系统负责全功能，一套高安全性系统负责降级（任意失效后降级）	☐ 主控制芯片与备份安全芯片的智能驾驶域控制器，主芯片连接复杂传感器，实现复杂功能，备份芯片连接可靠传感器，实现避险功能 ☐ 汽车功能的跛行模式，任何动力、车身、执行系统都不会因为部分故障而导致不可掌控的安全问题

对于安全问题，设计和执行固然复杂，但最难实现的是安全与其他因素的平衡。缺少安全设计可能导致安全事故，而过度进行安全设计会导致成本和进度失控，还可能会增加更多的安全漏洞，其核心是平衡，表现在如下几个层面。

首先是整车厂商负责的功能安全和网络安全与其他安全措施之间的边界。由其他主体（用户、政府）去满足某些安全目标，相比整车厂商而言，效率更高。

然后是可靠性与故障应对措施之间的平衡，功能安全和网络安全中存在两部分内容，一部分是故障发生后的安全措施设计，另一部分是对系统不发生故障能力的评价。两者是相互嵌套的关系，故障应对措施设计到位可能增加零部件的可靠性，而零部件可靠性的增加又可以缓解上层系统中故障应对措施的设计压力。两种思维都可以对安全做出贡献，并非一定要求更多的故障应对机制，或者追求无法达成的可靠性。

最后是可用性和容错能力的平衡。合并可靠性、功能安全、网络安全等概念，是在提升本身的容错（Fault Tolerance）能力。而可用性指的是一个功能可以正常启动的能力，容错能力的提升通常会导致可用性的降低，而可用性的降低可以提升容错能力。

这里我们通过一个"不系安全带不能启动车辆"的安全设计示例进行说明。所有人都知道安全带对于保障安全非常重要,但整车厂商普遍只是在没有系安全带的时候给予提醒,这是因为:第一,人在系安全带这件事进行欺骗的成本太低,如果把用户欺骗理解为一种组件失效,整个组件就没有可靠性可言,需要提升更高层系统的功能安全要求,比如监控司机防止欺骗,这显然不可行。第二,这个失效的安全策略太复杂,如果安全带的插拔影响了车辆启动,则需要考虑汽车在有紧急启动需求时(比如高速公路),在安全带失效情形下的应急处理。仔细分析可以发现,风险不降反增。最后,综合分析可用性和容错能力,所有措施都没有带来更强的容错性,反而可用性损害十分严重。权衡之后的结果是没有整车厂商愿意去完成这个设计。产品安全的目的并不是使系统时刻维持在最佳状态,而是在可控的成本范围内,使系统在出现故障后及时发现,并有效控制产生的风险和影响。

从对安全的一系列分析中,我们可以发现安全问题的解决,设计是复杂的,但平衡更加复杂。各种策略排列组合的成本和收益都不同。如果需要寻找一个最优解,工程师必须有强烈的责任担当和对安全技术的全面认知,绝不放过任何一个安全隐患,纵观全局而不是过分强调某一个细节的安全设计。这是"安全文化"的核心内容。

8.4.4 敏捷文化

智能汽车各个层次的变化都是围绕"敏捷"展开的。

从能量的使用看,电力相比汽油和压缩氢气具有更好的流动性,更便于能源的负载均衡,因此电力逐渐成为汽车的主要能源选择。汽车零部件的精简、平台化的构建都服务于硬件迭代周期的缩短。从芯片到域控制器再到整车电气架构,产业链的合作从"硬件和接口"转换为"软件和IP"。

在软件算法开发中,深度学习替代规则算法成为主流,通过减少人工设计来提升效率。其背后的闭环自动化系统,特别是完整数据管道的构建进一步加速了整个迭代速度。从获取需求到功能实现的整个过程的时长甚至可以缩短到月级别。

敏捷文化的真正障碍来源于其与安全文化形成的冲突。在资源投入一定的情况下,追求前者通常会牺牲后者,反之亦然。这个矛盾如何破解?

这里我们要从更深层次看待"敏捷文化"。安全与敏捷本身是矛盾的。但行业并没有因此停止探索,原因是矛盾本身是成长的动力,我们从矛盾中找到差异,从差异中获得成长。智能汽车的很多安全问题的解决也是利用敏捷来达成的,比如功能安全场景库的自动化测试就是安全的助推剂。

敏捷并不是单纯的资源投入问题,而是模式调整问题。过去我们是在手工打磨一个产品，对安全的考量会分散我们在敏捷方面的精力投入，因为两者是冲突的。而现在我们更倾向于为产品本身提供某种流动性，消除所有低效且不灵活的闭环组件，然后将需求的调整和安全的检查交给机器解决。

机器如何解决"安全和敏捷"的平衡呢？我们可以借鉴脑科学的观点，大脑的运作是在无序和有序的临界状态下的一种波动，这个描述非常贴切。有序（安全）和无序（敏捷）之间是一个震荡上行的过程。

简单的功能模型配合简单的安全模型，向用户发布一个低阶的辅助驾驶系统，并通过返回的数据继续训练功能模型，并借此找到安全模型的漏洞，然后发布一个改善后的功能和安全模型，再次发送给用户，周而复始。在这个层面上敏捷与安全之间没有矛盾，反而是安全的强大助力。

8.4.5 敏感数据的保护

互联网思维为汽车开发带来了新气象，但同时也引发了新问题。敏感数据的保护就是其中的热点。目前智能驾驶的数据保护问题核心表现在如下几个层面：地理空间的安全、网络攻击的防范以及个人隐私信息的保护，分别对应环境、汽车和司机三个层面。

首先是地理空间安全，大范围定位和测量数据的搜集都属于测绘行为，相关单位必须依法取得相应等级的测绘资质证书才可以实施。导弹能准确命中目标的原因是其所使用的算法和传感器与智能驾驶的定位模块原理相同，其中包含地图匹配定位，因此地图数据保护对于国家安全非常关键，非法测绘是一种非常严重的犯罪。业界专业人士正在积极寻求方案，化解产业发展与地理信息安全之间存在的矛盾。

然后是用户隐私与合法权益保护，车端产生的数据归车主所有，第三方不应僭越。如果第三方出于业务要求需要收集个人信息，必须经过用户授权。一般情况下，智能驾驶汽车在收集敏感数据时也会有针对性地对数据进行"脱敏"处理，比如不上传 FaceID 等识别信号。在数据闭环过程中，部分由用户采集到的价值数据也具有版权问题，整车厂商使用数据也需要通过用户授权，这类数据的"脱敏"也是目前深度学习的热点之一。分布式训练是在车端完成部分训练，而仅将训练后的参数上传，从而规避隐私问题。另外，智能驾驶相关的"黑匣子"标准也在逐步完善。当发生相关事故时，在没有用户授权的情况下，技术必须保障禁止对相关数据进行篡改，维护用户的合法权益。

最后是整车的网络安全问题，与智能驾驶的关联性较高，因此我们将详细讨论。智能驾驶的智能化程度越高，可能被黑客攻击的节点就越多，对信息安全的需求量越大。除了要考虑隐私安全外，信息安全还需要考虑黑客攻击可能造成的其他风险，包括恶意操作、植入木马等。

汽车网络安全主要参考 ISO 21434 标准，与功能安全 ISO 26262 标准类似，涉及软件、硬件、后台等多个层面。例如芯片级签名授权机制、内存保护与隔离、OTA 升级安全、网络通信和异常事件监测等。所有这些机制背后都是非对称加密算法在发挥作用。这类算法常被嵌入安全芯片，用于保护敏感信息。

这类加密算法有一对密钥，其中一个用来加密，另一个用来解密。这一对密钥中可以选择一个作为私钥（自己保存），另一个作为公钥（对外公开）。用私钥加密的内容只能使用对应的公钥解密，反之亦然。这种技术主要应用于两类网络安全威胁。一种是来源不合法，属于签名验签过程要解决的问题。另一种就是内容被篡改，属于加密解密过程要解决的问题。

举个简单的例子，比如有用户 A 和 B，B 向 A 发送信息的同时，会将发送信息压缩成一个摘要，并使用 B 的私钥对这个摘要进行加密，这个加密摘要被称为 B 的签名。A 收到 B 发送的信息和签名后，使用相同算法将接收到的消息压缩成一个摘要，然后使用公钥解密接收到的签名，得到另一个明文摘要。如果两个摘要相同，则说明该信息确实是 B 发送的且信息本身没有被篡改过。

总体来说，地理信息安全、隐私安全、网络安全都属于数据安全，其重点并非技术或者产品，而是反映企业和个人对数据所有权的尊重和敬畏。

8.5　混合思维下的研发策略

智能驾驶汽车的开发过程融合了汽车思维和互联网思维。汽车思维和互联网思维看似雷同，其中也包含矛盾。两种思维的冲突不可避免，但融合的问题势必要解决，因此需要一些策略来平衡。

首先，要找到两者的合理断面。强行将两种思维的构成要素混合在一个任务中并不可取，因为矛盾的概念无法有机地结合在一起。我们可以从归纳与演绎思维的配合中寻找合理的解决策略。演绎思维在认知中起到了边界作用，可以界定范围但不参与直接的行动，只会在超出边界时作出应激反应或者间接地给予指导。而归纳思维直接作用于行动，但受到边界的约束和引导。

通过明确是否介入行动来区分两个独立任务各自的执行方式，并通过两个任务的配合来达成最终的融合目标。比如在团队管理中，无中心的管理可能导致失控，但完全集中的管理也会产生问题。在现代管理理念中，应对顶层复杂问题时，领导并不参与具体决策，而是利用"一票否决"划分边界，具体的决策过程由中层管理团队执行。智能驾驶系统中，汽车思维代表安全边界，互联网思维代表决策执行。

然后是充分理解两者各自的技术特点。当下智能体"身体"的构建是分层次的，有强调决策的顶层，也有注重执行的底层。靠近"大脑"的部分才是我们的重点位置，框架的变化周期并不会很快。互联网新技术的采用并不是对汽车传统技术的抛弃，而是将传统技术与新技术整合在一起。用户体验强相关的"快周期"零部件，例如智能驾驶、智能座舱可以借鉴互联网的思维进行开发。与用户体验不直接相关的"慢周期"零部件，例如机械执行机构、安全类控制器等则完全可以沿用汽车行业的方法论，例如采购商用货架产品（Commercial Off-The-Shelf，COTS）进行集成。无论是数据驱动算法还是面向服务通信，都不是对规则算法或者面向信号通信的一种替代。

另外，在两个思维体系下，还有许多共性的研发技巧，由于领域不同不能被相互理解。但强化这些技巧有助于混合流程的顺利推进，主要涉及以下三点。

第一是整车流程中的质量阀概念，其在整车中的形式多样，但本质上都是通过对前道质量的强制审核来提高后道研发的效率。软件流程中也有类似的质量阀概念，但通常以质量工具存在，嵌入整个数据管道中。层级设置的质量阀在软硬件研发过程中的作用是类似的。

第二是解耦策略，在复杂度集中的系统研发过程中，各类解耦策略是项目控制不确定性的关键手段。串行的研发过程通常是失控的，解耦能够使大量的研发工作并行化。比如 FOTA 更新是解耦软件开发周期与整车开发周期的技术手段。各种验证台架和平台是解耦实车调试周期与软件开发周期的技术手段。各类软件断面模拟工具是解耦不同软件之间开发节奏错位时采取的手段。解耦的策略越多，进度的不确定性就越容易被控制，可对比的技术断面就越多，排查问题的效率也会更高。

第三是数据管道自动化，这是互联网思维下的概念，但对软硬件研发都有指导意义。人的效率提升是有限度的，犯错不可避免，且在紧张环境中还会产生内耗。人海战术无法解决复杂问题，甚至会起到反作用。机器可以真正"赋能"整个研发过程，加速问题解决。每当在开发、集成、测试、管理、认证等各个环节消除一个人工过程，都是对矛盾化解的巨大贡献。否则，持续的变更和错误最终会相互放大，使项目走向失控。

最后，从业者要完善跨领域知识体系，强化"共情"。混合流程的核心是思维的融合，由此增加的沟通难度需要工程师借助更大的"能量"化解。举例说明，在 ECU 时代，供应商为了提高硬件产品的费效比，通常会不遗余力地进行优化工作，然而在域控制器下，硬件作为部分软件的集成方，通常不会对软件表现进行优化，并提出非常保守的资源需求，最后导致整体资源需求超限，这就需要整车厂商开发人员理解全局进行平衡。再比如在软件较少且由供应商负责的前提下，整车项目团队会利用整车思维进行软件进度管理。而在域控架构下，软件执行团队会直接面对由复杂性集中带来的一系列新问题，需要高层决策进行平衡。

第9章 新时代背景下的行业与从业者

至此，本书基本完成了对智能驾驶各个维度的技术讨论。汇总所有这些变化，观察智能驾驶汽车这种新产品，我们隐约可以窥探这个时代的一般规律。本章将对这些规律进行总结，并重新回到智能驾驶行业与从业者本身，继续展开第1章对于核心困境的讨论，思考从业者在这个时代下需要做足的准备。

9.1 时代趋势之下的从业者

用户需求的快速变化，摩尔定律的失效以及复杂性的飙升，三者共同导致了从软件到硬件、从电子电气架构到整车系统、从车端到云端的一系列颠覆性变化。有别于过去，现在我们在各个层面上，使用一系列全新的闭环策略来加速产品各个维度的共同成长。安全与敏捷的矛盾依然存在，复杂性也不会消失，但在闭环加速策略下，我们将不断迭代前进，最终完成智能驾驶的技术突破。这是只有这个时代下才可能产生的新模式。智能驾驶汽车的研发是这个模式下产生的一个关键而典型的样板。

这场变革需要付出的代价会由从业者来承担，特别是软件相关的从业者。笔者作为一个软件算法出身的技术管理者，处于新一代智能汽车研发的矛盾中心，在承担着巨大工作负荷的同时也更清楚地看到了这个过程的全貌。抛开一切技术不谈，笔者认为对当下趋势变革比较好的总结就是"客户的一切快乐都会建立在工程师的痛苦之上"。这也是笔者撰写本书的核心动因，在新旧架构交替的当下，通过知识共享，促成新旧知识体系的交替，缓解过渡阶段从业者的焦虑和迷茫。

当然，适当的"焦虑"仍然是必需的，因为时代的发展并不会等待"落后者"。时代的变迁，其实都是主体（行业的公司与从业者）、客体（提供的产品与服务）和空间（承载的软硬件技术）三者螺旋上升的过程，每一次上升都会伴随一个"时代主题"。目前我们正在经历从硬件为王向软件为王的发展过程，而未来我们很可能会从"软件为王"逐步迈向"数据为王"或者"智能为王"的阶段。螺旋上升的动力来源于从业者的创新、客户的需求和基础技术的突破等很多方面。然而螺旋上升的阻力会聚焦于从业者本身，这本质上是人的思维滞后性导致的。时代必然会孕育一个"英雄"来向上突破，从业者应该做的是主动地去了解时代发展的规律，处理好个人知识体系的升级。

9.2 变革对用户的影响

9.2.1 用户的需求层次上移

当前量产智能汽车的生产需求还是以消费者为中心，要着重考虑汽车作为"私有产品"的特点，这一点与传统汽车的设计思路是有继承性的。笔者认为"私有产品"的设计深度会有三重境界。一重境界是工匠精神，二重境界是设计品位，而三重境界是人文精神。

工匠精神的产生来源于时间的积累、技术的积累、品质的控制和成本的投入。钣金缝隙是过去评价一辆车好坏的重要指标，因为这需要工人和工程师之间的长期磨合，最能体现一个整车厂的技术积淀。这个层面是目前传统整车厂商控制较好的部分。但是从用户角度出发，行业对这一块的关注度正在逐步降低。

设计品位包括汽车外形的设计、内饰的设计、核心功能的交互设计。前两项一直为整车厂商高度关注，但简单的功能堆砌是其中的典型问题，这不仅会导致成本升高，还会强加给用户不需要的功能。当下交互设计的特点是智能、简约和无感，一切都是复杂向内、简约向外，这逐渐成为用户关注的重点。

人文精神通常是最难展现的，其反映的是对用户的关爱和尊重。针对司机的设计自不必说，"女王座椅""宠物模式""迎宾模式"等个性设计也应运而生。这些需求通常具体而多变，具有差异化的特性，用户对此的关注度正在急剧提升。

通过分析当前的市场，我们可以发现，用户的需求层次正在不断上移，虽然代表质量和安全性的"工匠精神"仍然是基础，但用户逐渐默认其是一个基本要求，并且开始关注设计品位以及设计中体现的人文精神。

整个产品理念升级的焦点是智能驾驶与智能座舱系统。智能座舱是一系列人机交互设备的统称，包括司机监控、主动降噪、电子后视镜、语音辅助系统等。智能驾驶与智能座舱的映射如图 9-1 所示，在需求上移的过程中，智能驾驶向内，强化汽车本身作为移动工具的属性；而智能座舱向外，为汽车增添高于"移动"属性的其他意义。智能驾驶直接决定了人文设计的上限，而智能座舱决定了逼近上限的程度。伴随着智能驾驶成熟度的上升，智能座舱也会相应地发生调整。再豪华的座舱都只是附属品，智能驾驶系统还是专注于驾驶功能。因此智能驾驶和智能座舱通常是一种配合演进的关系，本质上是人和机器分工的逐步转移。智能驾驶正在逐步消除人类对人工驾驶的底层需求，促使智能座舱设计的需求层次上移。

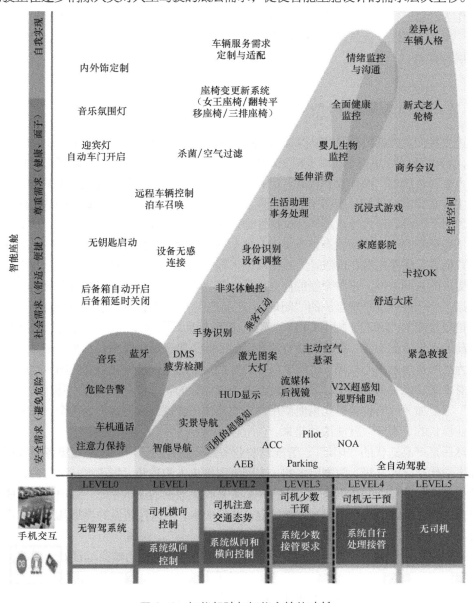

图 9-1 智能驾驶与智能座舱的映射

在 L0～L2 级别，人工驾驶仍然是产品核心，座舱关注的是辅助但不干预驾驶行为的应用。进入 L2～L3 阶段（或者说 L2.5 阶段），辅助驾驶功能逐步成熟，良好的交互过程被强化，研究表明大量的安全事故发生在机器与人的操作切换过程中。进入 L3～L5 阶段，车辆作为"第三空间"的属性增强，与人类进行交互的场景已经不再限制于驾驶过程，整车的"类人"属性会全面爆发。所有能够通过车辆与用户进行交互的应用都会成为智能座舱发展的重点。

9.2.2 用户为软件付费

过去我们更愿意为看得见摸得着的东西付费，而现在我们开始愿意为服务付费，为软件付费，为知识付费。用户也在逐步转变对价值的理解。汽车的盈利模式也需要随之做出调整。

大家对传统的"硬件收费模式"已经非常熟悉，销售与维修保养是主要的盈利手段，利润主要来源于口碑和品牌带来的溢价以及规模生产所降低的成本。新兴的"软件收费模式"区别于传统的最大特点是其会试探性地以持平甚至亏损的价格出售汽车。这是传统模式最不能理解的——产品没有整车 BOM 成本吗？降价对品牌溢价没有影响吗？对软件收费模式而言，硬件的潜在价值是为软件提供了同类用户场景下的唯一入口，由此为软件打开了更大的盈利空间。这种全新的商业模式，笔者认为是由三个闭环构建起来的。

这三个闭环分别是现金流的"闭环"、产品迭代的"闭环"以及用户情感的"闭环"。首先是现金流的"闭环"。相比 L4 自动驾驶，高阶辅助驾驶研发的现金流通常要稳健得多。从目前的市场情况来看，高阶辅助驾驶升级包的购买量呈现较快增长趋势，相关功能也逐渐成为品牌竞争的核心战场。不同于以往，付费带来的不只是一成不变的固定功能，还隐含了对未来功能更新的期望，更容易被追求新奇体验的客户接受。同时"限时免费""VIP 包月"等更加灵活的收费模式也促使用户更愿意作出尝试。只要客户为这个系统买单，这个商业模式的"雪球"就能滚动起来。

然后是产品迭代的"闭环"。智能驾驶业务需要庞大的用户群体来搜集各类数据，来支撑下一代产品的升级。数据更多的一方能够占据更大的优势，每获得一个客户，就相当于获得了一个持续性的数据来源。与自建车队来收集数据的成本相比，亏损的硬件成本能够快速弥补。硬件销售只是通过规模效应来降低成本，但软件销量的增加几乎不会产生额外成本，但规模效应带来的收益是巨大的。

最后是用户情感的"闭环"。对于用户黏性的培养，软件的效应远远好于硬件。智能产品与用户之间的交互相比单纯的工具更加灵活生动。同时，情感标签可能会替代固有品牌产生更大的溢价，不再拘泥于通过产品的售价来维持品牌形象。当汽车软件业务逐渐深耕与用户产生更强的黏性，用户只能从产品内部寻找差异标签来彰显价值。"标签"必然会代替"品牌"成为新的溢价元素。毕竟后者是可以被替代的，而前者不是。

另外，在整个闭环框架中，用户还将享受到数据时代带来的红利。产品的提升逐步开始依赖数据闭环驱动，而用户又拥有数据的所有权。个体数据在闭环中流动，对产品的优化做出贡献，在获得更多收益的同时，一部分收益也将返回给个体，由此便形成了一个数据闭环的"正反馈"。这种模式已经在很多互联网产品中有所体现，现在这种趋势正蔓延到智能汽车行业。过去用户与产品之间是购买和使用的关系，而现在用户与产品之间已经是一种共赢关系，整个商业模式上升了一个层次。

对闭环而言，无论是软件收费还是数据盈利，"量"才是正道，其他业务都可以在量的基础上进行拓展。因此硬件成本始终不是最重要的问题，与用户建立更加深层次的闭环，并逐步扩大规模才是智能汽车盘活整个模式的关键。

9.2.3　智能驾驶系统的用户体验差异

用户体验是智能驾驶系统的一个核心产品维度。相比其他维度，其对用户构成的影响更为直接。智能驾驶作为进入用户视野的一个全新功能，与传统汽车功能相比有很大的区别，智能驾驶正在改变汽车与司机的角色关系。如果处理不好，会面临很多严重问题。当前的高阶辅助驾驶系统是一个极易引发误解的系统，常与自动驾驶概念混淆。从技术维度看，目前高阶辅助驾驶和自动驾驶的算法是高度趋同的。但从产品维度来看，则是全然不同的两个概念。对辅助驾驶系统而言，安全的主体责任仍然在用户。因此辅助驾驶系统需要重点处理司机和智能驾驶系统之间的交互关系，这是自动驾驶不需要过多考虑的。

目前高阶辅助驾驶为了得到市场认可，在体验感和安全性之间进行了平衡，大致存在两种产品设计风格。一类是追求体验的设计，尽力释放智能驾驶的功能表现，辅助驾驶系统的表现堪比自动驾驶。这类系统在体验方面的表现良好，但问题在于，出色的表现会导致用户出现不合理的"乐观估计"。即使整车厂商反复强调"辅助驾驶"的概念，监督者（司机）在使用初期也完全理解。但在长期交互后，用户在没有任何教育的情况下会逐渐失去对这个系统的正确判断，缺少对危险的预判。根据墨菲定律，出现问题是必然的结果。谷歌曾宣布放弃辅助驾驶的开发，也是出于这个原因。他们发现自动驾驶汽车上的用户在系统稳定运行一段时间后，普遍出现开小差、化妆、睡觉等危险行为。当一种表现持续符合预期时，人们自然地便会对其"可以继续符合预期"持乐观态度。以这种思想对待辅助驾驶是非常危险的，因为很可能不会有第二次机会来修正自己的评估。

另一类是追求安全性的设计，系统体验与用户的预期有很大的差异。比如，在没有清晰标线的情况下，智能驾驶系统会直接退出，这符合机器逻辑。但用户会认为环境信息非常明确，系统表现较为愚钝。当一种表现持续不符合预期时，人们会不自然地对其"可以继续符合预期"持悲观态度，从而对系统保持极高的警惕。但这反而是用户对待此类系统本该有的正确态度，因此安全性有更大的保障。但也有可能用户会因为体验不好，而不再进行尝试。追求安全性的智能驾驶设计与传统 AEB 的设计逻辑非常相似。AEB 的启动条件非常严格，一般很难触发。这样整车厂商就不会承担额外的责任，同时也不会干扰司机的正常判断。

从用户对两种风格的接受程度来看，目前无法确认孰优孰劣，但关键点并不在于设计风格，而是人机沟通，用户预期需要与系统表现尽可能相符。一方面，用户有必要接受相关的教育培训，并与系统进行长期而谨慎的磨合，熟悉其特性。另一方面，系统本身也需要关注司机的驾驶风格，并充分地将自身所处状态传达给司机，由此缩小司机和系统之间的认知差距。

9.3 变革对行业的影响

9.3.1 产业链与核心竞争力

在传统供应链体系中，行业存在整车厂商（OEM）、一级供应商（Tier1）和二级供应商（Tier2）等主要角色。整车厂商负责开发、制造、销售整车，这类企业被用户所熟知，例如一汽、上汽、广汽等老牌整车厂商，也有蔚来、小鹏、理想、智己等新兴整车厂商。

一级供应商主要为整车厂商提供关键系统功能或者关键零部件，例如博世、采埃孚、大陆、麦格纳、德尔福、电装、法雷奥、舍弗勒、伟世通、联合电子等。

二级供应商则更多为一级供应商提供关键零部件的一些子零部件。以热门的汽车电子芯片为例，主要包括德州仪器（Texas Instruments，TI）、瑞萨电子（Renesas Electronics Corporation）、恩智浦（NXP Semiconductors）、英飞凌（Infineon）等。实际 Tier2 的覆盖的范围要更加广泛，这里不再一一列举。

OEM 和 Tier1、Tier1 和 Tier2 的合作绝大部分是以"硬件交付"为基本形式。比如需要 ADAS 功能就安装一个 ADAS 控制器，需要车窗升降功能就安装一个车窗控制器，然后通过 CAN 通信网络连接就可以形成功能，虽然实际情况更加复杂，但简单理解就是这样一个过程。目前由上述角色构成的供应链体系已经非常成熟。

随着互联网造车思维的引入，智能驾驶整体上由分布式向集中式转移，汽车产业链也不例外。汽车产业链变化方向如图 9-2 所示，左侧是传统供应链体系，右侧则是全新的合作模式，新模式下"软件和服务交付"成为主流，硬件的交付开始集中并减少。虽然这种转换仍然不完整，实际情况还是混合式的存在，但区别已经非常明显，其背后的影响也十分深刻。

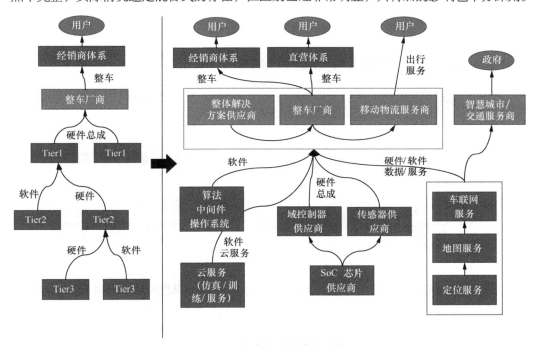

图 9-2　汽车产业链变化方向

行业内称这个变化过程为"软件定义汽车"，但笔者认为其背后更深层次的内核是"集中化"。各个环节之间的距离被拉近，而边界变得更加模糊且复杂。这在带来产品灵活性的同时，为组织和个体增加了更多交互性。传统行业体系的核心思想是"分担复杂性"，供应商和整车厂商的复杂度不分伯仲，而在全新的行业格局中，"复杂性"是不平衡的。整车厂商所承担的复杂性远高于传统供应商，这是目前行业合作过程中面对的最大挑战。

另外，公司核心竞争力的构成也在发生迁移。根据市场的一般规则，核心技术拥有者会占据产业链上的绝大部分利润。比如 PC 的大部分利润由芯片和操作系统占据，而传统汽车由关键零部件厂占据。但新的业态下产生了新的核心竞争力，除芯片和关键零部件外，围绕数据的竞争越发激烈。直接面向用户服务的企业可以拿到第一手数据，因此在新的行业模式下拥有更大的话语权。

企业自身能力的构成也从单一走向多元。一个有成熟产品体系的企业产品开始呈现"T"型配置。基础业务可以水平集成到其他公司的产品和服务中，同时又有自有的核心服务，在某一个垂直领域贯穿技术、产品、用户、数据与商业模式。比如主打人工智能的企业，可以通过交付核心算法驱动多个领域的业务产品，同时也可以下沉到硬件，从而研发人工智能产品。企业立体化的产品线与个人立体化的知识体系类似，在全新的竞争格局下更有优势。

9.3.2 时代的主旋律与发展的"轮回"

行业产生如此大规模的调整，并不是第一次。回顾历史，图 9-3 展示了智能驾驶行业的发展规律。

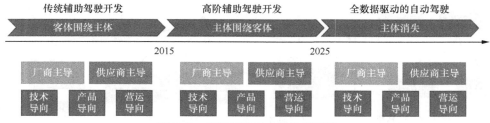

图 9-3 智能驾驶行业的发展规律

从时代的角度看，我们正处在由客体围绕主体转向由主体围绕客体，并即将面对主体消失的时代浪潮之下，机器正在逐步成为主角。在时代背景下，从行业角度出发，又可以细分为整车厂商导向和供应商导向两个阶段。汽车产业发展初期是整车厂商导向的阶段，供应商大都需要从整车厂商学习技术，并转而服务其他厂商。在这个过程中，供应商变得愈发成熟，规模化带来的优势也愈发明显。行业便进入了供应商导向的阶段。这个过程中面临的最大问题便是同质化。目前，软件定义汽车蓬勃发展，集中化的域控制器打乱了整个行业的合作方式。原来供应商提供软硬件一体解决方案的策略逐渐失效，整车厂商重新拿回主导权以满足客户对差异化和迭代速度的要求。

从公司角度出发继续分解，可以划分为技术导向、产品导向和营运导向三个阶段。在新产品发展伊始，用户并不关心界面和体验，所有人都沉浸在功能的颠覆性变化中。因此，所有人的关注点都在技术层面，Google 首次发布无人驾驶汽车时就是这个状态。在技术导向阶段，企业追求的是"人无我有"，开发出独家产品，就能掌握核心竞争力。但是新产品发展到中期，各家企业在技术层面的差距逐渐缩小，甚至出现了很多开源软件或者第三方供应商，开发一个产品所需要的技术已经难以构成核心竞争力，这时就要考量产品的能力，即来到了"产品导向时代"。各厂商高阶辅助驾驶逐步落地，大量体验信息充斥网络，便是产品导向时代到来的标志。这个阶段企业把打磨产品作为自己的核心竞争力。但是当市场上出现大量同类的产品时,产品性能已经不足以吸引用户。"营运导向时代"到来后,需要充分对接用户诉求,并定制化特色服务与活动增加客户对车的黏性。这个发展阶段也基本接近尾声,等待下一个颠覆性潮流的到来。技术、产品、营运这三股力量轮番扮演重要的角色。

虽然产业变迁本身也需要时间,但无论是公司还是个人,适应变迁而进行的转型通常需要花费更多的时间。摸清行业发展规律并进行提前预判,才能够掌握行业发展的主导权。

9.3.3 市场与营运策略的变化

伴随智能汽车产品属性的调整,其销售策略、市场营运、商业模式等也在发生转变。传统汽车销售的核心是经销商模式,经销商会根据需求超额向整车厂商全款提车,并另行组织销售,这分担了整车厂商资金、仓储、渠道环节的很大一部分压力。整个体系粗犷但有效,销售的复杂性在整车厂商和经销商之间分担。但是,其代价是用户和整车厂商的距离更远。在这种模式下,整车厂商对经销商没有足够的管控能力,在价格管控、用户反馈、品牌维护方面出现了很多问题。

而当下出现的销售模式则围绕直营模式展开,即由整车厂商直接负责销售行为的组织。这并非没有缺点,资金、仓储等都需要自行承担风险,但是其优势同样明显,在服务质量管理、用户需求收集方面有更多优势。伴随着"智能制造-物流-营销"一体化,整车厂商在弥补直营模式的缺点上的策略越来越成熟。实际上,由经销商模式转变为直营模式,还表现在盈利模式的变化。在互联网思维下,产品盈利通常发生在后期的营运阶段,而不是产品售出阶段,因此与客户更紧密的沟通就变得尤为重要。汽车和用户之间构成的"闭环"是汽车从前期一次性销售转化为后期持续盈利的标志性特点。

从市场推广的角度看,过去的产品宣传渠道较为单一,用户会无条件接受市场产品,或者在有限的几个产品中进行选择,信息不对称的情况非常严重,公共媒体的广告发挥着较强的影响力。

但随着互联网的发展,私域流量爆发,个人媒体、短视频媒体、知识媒体开始主导市场。同时,用户开始关心产品的细节和体验,部分用户逐渐乐于对产品做出必要的反馈,无论是积极还是负面的点评。其他沉默的大部分也逐步更愿意相信同为用户的"声音"。人们不再过多关注公共媒体的"表面宣传",转而更相信个人或独立团队的"深入测评"。媒体展现从充满"意识流"的广告话术,转变为更为硬核的整车拆解与专项对标。

企业也开始调整策略,逐步向私域靠拢,通过等级、排行、勋章、奖励等手段激励用户给出反馈,培养大流量博主而不是聘请明星来为产品代言。与公共媒体相比,私域媒体的推广效果更加容易"量化"。企业也更愿意通过后端数据的分析(转化率、跳出进入率等）来确认营销效果。

新的商业模式也正在形成，围绕智能出行和智能物流等 B 端业务的企业开始增加。如果汽车行业采用直营模式是拉近了公司和车主之间的距离，那么智能出行和智能物流的目标则更为远大，其希望拉近公司和移动需求（乘客或者货物）之间的距离。在共享出行领域，许多出行服务供应商已经开始与营运车司机一起主导移动出行资源的分配，集中化调度带来了更高的效率。伴随智能驾驶系统的发展，更多无人出租车和无人货车开始出现，效率得到了进一步提升。

9.3.4　汽车成为智慧城市的核心节点

从物联网角度出发，智能汽车是智慧交通、智慧城市的一个核心节点。智能汽车、智能交通与智慧城市的交互如图 9-4 所示，车联网通信构建了信息的连接，纯电动汽车与电网的负载均衡构建了能量的连接，两者都预示着汽车与城市的进一步联动。

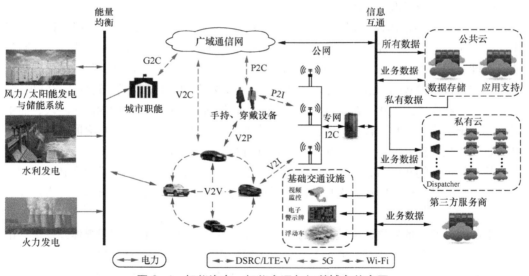

图 9-4　智能汽车、智能交通与智慧城市的交互

更大范围的系统整合正在发生，核心设计正在从车端转向云端。回顾计算机的发展历史，我们可以理解，这种变化主要得益于通信的发展。5G 时代，无线通信可以达到的最高速度已接近计算机总线。如果我们把计算部件移到云端，客户端的芯片成本就可以通过按需分配、负载均衡等策略消减。云端系统可以在低廉的成本下，实现十倍甚至百倍于过去的性能。对于智能驾驶来说，系统需要的计算力可以通过云端分配，部分传感器可以由路侧传感器代替。

单车智能驾驶难以解决的业务问题也可以交给智能交通系统和智慧城市解决。

在这种状态下,整车成本将大幅下降,这对智能驾驶目前的技术体系来说是颠覆性的。但是仔细分析,这种技术体系也并非没有缺点。本地存储的隐私保护是绝对的,但对于云上的计算机系统而言,用户没有隐私可言,这带来了很多社会问题。智能汽车和智能交通的博弈也是如此,过于集中的设计可能导致司机失去操控自由,而过于分散则会降低交通系统的整体性能,这个过程需要平衡。目前我们正在走向集中化的过程中,但并不代表集中化是行业的终极目标。

9.4 变革对从业者的影响

时代的发展是非线性的,复杂度的提升也是非线性的。被时代验证过的成熟体系,可能很快被时代抛弃。时代的加速发展是不可逆的,也不会顾及从业者的个人看法,个体能做的只能是配合时代的发展规律并改变自己。对时代的思考越深刻,对命运的把控才能越从容。当理解变革与从业者的关系后,我们才能及早意识到职业发展的问题,并施加正确的策略。

9.4.1 产品复杂性与人力资源的关系

产品复杂性与人力资源投入的关系,可以分层理解。第一层理解是,越是复杂多变的事情就越需要投入更多人力资源来支持,这符合直觉,但非常片面。研发过程中,"三个和尚没水喝"的故事,每天都会发生。第二层理解是,面对复杂性,我们要通过提升人与人之间的协同效率来进行化解。这也是正确的,但效果有限。对协同过程的改善,通常只是"生产关系"的变化,即更多会导致利益分配的变化,但本质上没有任何"生产力"的注入。第三层理解是我们要介绍的核心内容,复杂性的提升需要通过降低人的参与比例来化解。这个逻辑是反直觉的,但是更加深刻。人工智能影响深远的原因是它在替代"人"。

传统汽车行业认为产能爬坡需要的时间不可能被缩短,本质原因是装配工人的磨合时间是不可压缩的,但机械臂的应用正在改变这条规则。在智能驾驶测试环节中,测试工程师正在转变为软件工程师,繁重的场地实车测试任务正在被远程控制的场地机器人代替。维护基于规则算法的软件模块通常需要很多工程师,但伴随数据驱动算法的发展,软件工程师的岗位规模也在缩小。

对于智能驾驶的未来,笔者也提出过类似的担忧。这些担忧已经不是"赛博朋克"般的幻想,而是正在发生在身边的真实故事。每个时代都存在人类工作被工具代替,从而走向更高层次工作的情况。过去,工业流水线代替了手工作坊。而现在,人工智能正在替代人类完成部分低阶的智力活动。但不同的是,智力活动的替代会产生更多的副作用。牙刷的普及可以认为是提升了人类的物质生活水平,但类似短视频 App 的普及却造成了"信息茧房""壳世界"等问题。人类在面对人工智能时,已经不能像面对牙刷时那么淡定,其正在某些层面超出人类的认知。人类需要更强的"定力"来面对人工智能的正面冲击,把控住则能实现超越,被控制则会崩塌。

无论是作为智能驾驶从业者还是普通用户,都在面临接受这类产品却又在被这些产品抛弃的两难境地。迷茫或者逃避一定是无济于事的,我们更应该正视和机器之间的关系,防止意识受到"人工智能"的反噬,并加快自身知识体系的调整。

9.4.2　复合知识体系的意义

笔者在交流中发现,很多人并不认为复合的知识体系非常重要,而是认为在有成熟流程体系的情况下,工作更像是大机器上的小螺丝钉,复合型人才只在小范围短时间内被需要。笔者并不认同这个观点。社会大分工的观点在这个时代仍然成立,但合作方式发生了变化。复合型人才并不一定是全栈型人才才可以消灭分工,而是复合型人才的合作相比于专业性人才的合作有更大的灵活性。

对于任何一个任务,如果不同节点上的人不能相互理解,就不可能在全局获得一个最优解。在大量知识盲区的干扰下,甚至会产生盲目决策的行为。未来低价值区间,类似"螺丝钉"的工作必然会被"人工智能"代替,人类的工作会逐步转向高价值区间。但这一部分工作也会更加艰难。第一,在主体围绕客体的背景下,工作需要匹配"机器"的效率与灵活性,因此个人的知识体系需要更加立体,以缓解由于沟通"盲区"导致的损耗。第二,需要更强力的"绑定"来强化目标,强化共情。企业需要实施更多激励机制,从业者则需要培养更多创业心智。笔者从社会招聘和高校招聘的案例中看到了这种转变,未来的工作差异化会更明显。对从业者来说,不仅需要更多精力去构建知识体系,还需要更大的决心来适应变化。

知识体系内容的构成是多层次且立体化的。顶层需要考虑跨领域的知识点,中层需要体系化的知识和技能,而底层需要实践打磨的细节。没有广泛的积累,几乎不可能在某个专业更加深入,知识广度通常是深度的副产品。假设要成为一个功能算法专家,希望将性能做到极致,除算法优化这个本职工作外,还会涉及很多系统设计问题和软件底层问题,这就需要进行额外的知识补充。知识体系在广度和深度的延展是迭代进行的。

如图 9-5 所示，知识体系信息的来源也是多元化的，包括网络信息（论文/知乎）、技能知识（网课/培训课程）与图书（特指经典著作），其信息量构成就像一颗柠檬，中间的信息量最大，但是两头的收集和思考更为关键。网络信息的时效性最高，但体系性不强，是很好的思考素材。图书的体系性好，但时效性较差，可以构成思考的起点。而中间部分则比较庞杂，信息量大，起到承上启下的作用。

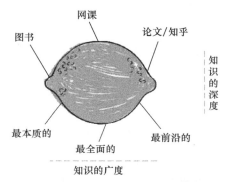

图 9-5　合理的知识体系构成

知识构建需要跨越多个学科，这决定了复合型人才的稀缺性。知识的储备需要有层次性，并且兼具时效性、深度、速度，这决定了知识利用的效率。立体的知识体系会促使从业者获得更强的竞争力。

9.4.3　构建高效知识体系的方法推荐

网上各种高效学习的方法很多，有一种方法对笔者的工作学习帮助很大，这就是 GTD（Getting Things Done）工作法，同时笔者也对这个方法进行了一定扩展。

GTD 的核心结构如图 9-6 所示，回顾智能驾驶软件架构的内容就会发现两者非常相似。重要的步骤只有两个，首先，随时随地收集信息进入 Inbox。然后，每周对 Inbox 的内容进行归档整理。循环往复地做这两个动作即可，笔者坚持了 6 年。

第一步的意义在于及时收集。其实我们的学习素材更多来源于如下各种场景。走在半路，突然有一个想法想记录下来；在公众号、知乎等媒体上看到一篇有用的文章，希望日后慢慢消化；参加一个会议，其中一张 PPT 吸引了你，想要仔细分析。GTD 工具（比如印象笔记）可以通过各种插件，从各种终端以各种形式将信息自动保存到同一个文件夹（Inbox）。整个收集过程只需要 10 秒，效率非常高。

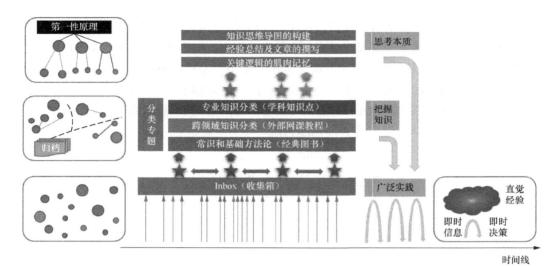

图 9-6　GTD 工作法及其扩展

在繁忙的工作中我们几乎没有大量时间持续进行有效学习，如果我们在上述场景直接进行保存，由于来源分散，常导致保存即遗忘。如果手动迁移到同一个地方又会导致操作过于烦琐，会被手头的工作干扰而无法执行。如果跳过这一步，当你有时间进行思考时，又会发现缺少思考素材，导致整个思考过程效率低下。通过日常生活中大量的"10 秒操作"，就可以充分利用碎片时间搜集到大量的思考素材。

第二步的意义在于信息消化。每周定期抽半天时间，对 Inbox 文件夹进行整理，删除一些垃圾片段，把内容分门别类地转移到对应的其他文件夹内，与过去整理的知识进行合并，并做思考整理。Inbox 清零后，开始下一周的工作。坚持一段时间，你就会发现自己的知识体系发生了实质性变化。

我们经常要面对的，是一个个复杂性高且反馈时间短的任务，如果想保持高效，就需要前期准备，对质量和速度进行适配。

这也是为什么笔者可以快速输出技术文章的原因，各类技术、逻辑、数据在笔记里已经进行整理，只需要一个脉络把素材组合起来。

笔者对 GTD 进行了扩展，这里有一个细节容易被很多人忽视，就是反复实践。反复实践的意义在于把完备的认知转化为一种经验和条件反射，加快决策产生的速度。

9.4.4　给新入行的朋友一些建议

笔者在线下或者线上接收到很多有关职业发展的咨询，也从中发现很多的共性问题。

有一位整车厂发动机岗位的工程师咨询是不是可以入行深度学习开发，话语中充满了焦虑。这个咨询对笔者是有触动的，要知道在笔者入行的时候，整车发动机工程师是使人羡慕的高薪岗位，现在也面临压力和挑战。这里有一些建议分享给各位读者。

在择业这个问题上，笔者认为有两个点是不变的。一是时代发展呈现复杂度的非线性增长，二是人类学习新知识的时间是极难压缩的。但是，学习过程有速度的约束，而思考过程没有。我们已经讨论了，在智能驾驶系统中，如果内部反应时间固定，环境变化快，那么我们需要的是预测。同样，对行业进行必要的预判是尝试进入高价值工作的第一步，我们具体分为新入行和转型两个方向来讨论。

对新入行的从业者，笔者的建议主要有四点：首先，避免为了追求工资上涨而非追求发展去频繁跳槽。如果每年的工资是一个维度，整个职业生涯的年限是另一个维度，覆盖的面积代表你职业生涯的总收入。一般而言，工资通常会在一段时间增长后逐步放缓并最终趋于静止。可以看到决定面积大小的并不是第一年收入的高低，而是增长趋于静止时的最高位置。而这个最高位置其实与第一份工作的工资关系不大。在一个热门行业跳槽确实可以快速提高自己的工资水平。但如果不是出于成长的需求，则会使自己的履历非常糟糕，最高位被拉低，静止状态提前到来，总收入也会随之迅速降低，得不偿失。

其次，谨慎地选择第一份工作。第一份工作对于个人至关重要，我不止一次见识过由于第一份工作的闭塞，导致很长时间事业没有起色的案例。因此第一份工作应该把职业的成长潜力放在第一位。第一份工作选对方向，持续耕耘，可以少走弯路。20~35岁是比较合适接受和创造新观点并由此收获价值的年龄，对应的工作一定要与这个特性匹配，35岁以上由于受到很多约束，不可避免地会希望通过经验和积累获得价值。年轻时候的新观点很可能成为35岁时候的成熟观点，如果第一份工作不利于完成积累，则35岁就没有有效的经验可以依靠。

再次，通识教育和基本能力塑造仍然很重要。笔者发现很多学生有一些危机意识，了解到学科知识已经过时，就会花更多的时间去实习。我个人并不推荐，学校注重通识教育以及个人基础能力的培养，笔者也是接触深度学习后才意识到高等数学的重要性。因此建议读者在接受学校高等教育时心无旁骛，坚持不懈，才能在进入职场后学以致用。

最后，掌握快速学习的能力且不要停止学习。时代的脚步不会因为个人落后而停止，快速学习和持续学习是我们唯一的捷径。我们要以扎实的通识教育为基础，同时需要保持强烈的学习意识，并且掌握一些学习技巧。

如果你已经有一段工作经历，希望转型，我认为有两点必须注意。第一点，任何行业都没有不重要的岗位，不要执着于热门岗位。任何行业从头部岗位到基础岗位都呈现金字塔形状，其风险与收益对等。选择岗位关键要看岗位与自身的匹配程度。算法岗位近年来已经呈现出过饱和的状态，但是大量其他专业岗位非常稀缺。智能驾驶产业链具有多元性，架构、产品、仿真、大规模测试、底层调度等都有强烈的市场需求，一个成熟的产业链需要的是均衡的人才分布。第二点，转行可以从与自己过往经历相近的领域开始，避免跨越式转型带来的"水土不服"。比如你是一个资深的汽车工程师，转型至深度学习并不是一个好的选择。智能驾驶还涉及功能安全、质保、零部件管理等与传统汽车行业关联度较高但又存在些许区别的岗位，可以优先转型到这些相近的岗位上，在行业积累一段时间后，再考虑下一步工作的调整。

如果希望向深度学习方向发展，但没有基础，同样有很多选择。可以先掌握数据分析的技能，再逐步接触机器学习，让自己具备一定的算法能力，最终掌握深度学习的专业知识，这个路径往往更为实际且具有可操作性。除深度学习外，智能驾驶行业内的岗位选择非常多，转型路径通常不体现为直线而是曲线。在本书的配套资源中，笔者也整理了一个智能驾驶岗位图谱，方便读者参考。

后记

虽然智能驾驶行业发展迅速,信息量巨大,但其内核的变化却是缓慢而凝练的。笔者认为大量地撰写网络文章并不适合呈现关于这一过程的思考,图书才是一种合适的表达形式。当下人工智能基础理论的缺失,仍然是悬在智能驾驶发展过程中的"达摩克利斯之剑"。当新的突破开始影响业界,笔者会择机更新本书的第二版内容。当然,笔者平时闲暇之余,仍然会在知乎专栏更新感想。

撰写一本书并不容易,笔者在知乎上撰写一篇文章至多只需要 1 小时的时间,因为没有太多的约束。但是为了写好一本书,笔者花费了整整三年的时间。大量内容的组合需要考虑起承转合、首尾呼应以及脉络串联。达到这些要求非常难,对笔者也是一种历练,笔者也因此发现了写书的魅力。

写作的过程非常痛苦,但是当我决定把这本书作为第一份生日礼物送给刚出生的女儿时,勇气油然而生。作为一名新晋爸爸,简单地希望女儿可以健健康康,享受在这个世界上的每一份体验,无论是快乐还是痛苦。希望她长大后读完这本书,能够对自己"生命的意义"有些许新的理解,并续写自己的篇章。

本书洋洋洒洒写完后发现有 800 多页,最后由于各方面原因,做了很多必要的精简,未详尽部分可以访问本人的知乎账号"殷玮"或者微信公众号"元环驾驶"。笔者并不期望写一本工具书,而是希望把哲学、管理学、计算机科学、车辆工程学、人工智能理论等多个领域的理念和方法论在智能驾驶这个大锅炉里"熔合"起来,使读者初步了解智能驾驶这个典型的"类人"系统以及这个产品的发展对行业从业者究竟构成了什么影响。

繁忙工作之余,笔者希望大家能放慢脚步,了解"智能驾驶的大环境"以及"智能驾驶的深层内核",也许对中长期的个人发展有借鉴作用。即使不从事这个行业,也可以了解其中的思维方式,笔者反复说明的就是智能驾驶架构和人的思维架构的相通性。删减的内容中也有很多笔者认为有用的经验总结,计划在下一本书中以更加聚焦的专题展现出来。

有一句话个人非常喜欢,在这里送给大家:"训练在未来重复已经完成的过去,教育将未完成的过去延续到未来。"人类如此,机器亦然。在每天的工作中,笔者感觉不仅在研发一个产品,也在不断思考生命的意义,这是一种奇妙的体验。希望更多人和我一起,参与到这个行业中来,也希望所有的从业者都有一个美好的未来,再见!